시진핑 시대의
중국

시진핑 시대의 중국

중국은 과연 세계의 지배자가 될까

사토 마사루 지음 | **이혁재** 옮김 | **권성용** 해제

청림출판

한 그루의 나무가 모여 푸른 숲을 이루듯이
청림의 책들은 삶을 풍요롭게 합니다.

시진핑의 중국을 맞이하는
한국의 기회와 위기

중국의 미래를 예견하고 기술하는 것은 쉬우면서도 어려운 일이다. 특히 올 가을로 다가온 새 지도자 시대의 변화상을 언급하는 것은 자칫 진부한 답습 또는 무모한 도박일 수 있다. 하지만 달리 생각해보면 세계 최대 인구와 소비시장, 제조 경쟁력과 첨단 기술력, 미국에 버금가는 외교 및 군사적 영향력 등 외연만 보더라도 답은 의외로 명쾌할 수 있다. 또 조금만 시각을 달리하면 중국의 미래를 불투명하게 할 수 있는 요인들도 어렵지 않게 찾을 수 있다. 해소되지 않는 경제 경착륙 우려설, 부동산 버블, 글로벌 시대에 역행하는 중앙집중적 계획경제, 민족 간 갈등, 국제 영토 분쟁 등 거대 국가에 상응하는 잠재 리스크가 곳곳에 산재해 있기 때문이다.

한국에게 중국은 매우 각별한 국가다. 역사적 흥망성쇠를 함께하면서 최근까지도 양국은 역사적 사실을 규명하기 위해 대립의 각을 세우는 한편 양국 정부는 시대적 조류와 국익을 위해 수시로 반목과 동맹을 반복하고 있다.

이러한 가운데 한중관계의 중심축이 조금씩 기울고 있다. 양국 간 교역 규모가 2,000억 달러를 넘어서며 한국의 대對 중국 수출 비중이 미국과 일본을 합친 것보다 높아진 반면, 중국의 관점에서 한국은 예전만 못하다. 여전히 단일 국가로는 미국과 일본에 이어 세 번째 교역국이지만 과거에 비해 성장세가 둔화되고 있으며 양안관계兩岸關係에 따라 교역 규모가 크게 위축될 가능성이 높다. 10년 전만 해도 경제성장을 위해 구원의 손길을 내밀던 중국 정부가 이제는 입장을 바꿔 한국의 자본투자에는 관심이 없고 오로지 일부 첨단기술에 대해서만 선별적으로 수용하려는 태도를 보이고 있다.

시시각각 격상되고 있는 중국의 위상과는 달리 한국은 여전히 시대착오적 사고를 견지하고 있는 듯하다. 2004년 이슈화됐던 '동북공정東北工程'을 시작으로 양국 간 '반중反中 감정'과 '반한反韓 감정'이 표면화되고 있으며, 중국의 굴기崛起가 강화될수록 그 강도는 더욱 심해지고 있다. 한국은 각 정권마다 '당근과 채찍' 정책을 반복하며 북한을 중심으로 미국과 중국 사이에서 균형을 잡느라 분주하다.

중국 역시 아무리 규모와 영향력이 커졌다 해도 외교 및 군사적 관점에서 한국을 대하는 것이 녹록지만은 않은 듯하다. 중국이 고도의 경제발전을 유지하며 대국으로 성장하기 위해서는 한반도의 안정과 평화가 필요하기 때문이다. 한반도 평화가 유지돼야만 내적으로 경제성장에 주력할 수 있다.

　그렇다고 중국의 입장에서 남북 간 협력이 확대되는 것도 수수방관할 수는 없는 일이다. 남북의 협력관계가 확대될수록 중국은 한반도를 둘러싼 미국과의 글로벌 거버넌스global governance 쟁탈전에서 위축될 수 있기 때문이다. 다양한 시나리오를 적용해보더라도 남북 간 평화통일 또는 무력통일은 가능성이 낮고, 경제적 협력을 전제로 한 점진적 상호 문호 개방을 염두에 둔다면 한국에 대한 중국의 입장은 '경제적 협력자'를 넘어선 그 이상의 '전략적 동반자' 관계 유지가 필요한 상황이다.

　1992년 한중 수교 이후 양국관계는 빠르게 변화해왔다. 중국은 경제성장을 기반으로 안으로는 중앙집권적 모델을 안정적으로 정착시켰고, 국제관계에서도 강약을 조절하며 대국으로서의 위상을 과시하고 있다. 중국의 변화와 함께 한국도 상생의 길을 모색하고 있다. 중국의 역동적 변화는 궁극적으로 한국의 미래에 직접적인 영향력을 행사할 것이 자명하다. 2012년 가을 시진핑習近平의 당 총서기 취임을 시작으로 2013년 중국의 지도부 교체를 앞두고 각국이 정치와 정책, 대외관계 등 다각적 측면에서 중국을 재조명하고 있는 가운데, 우리는 중국을 좀 더 객관적이고 균형적으로 바라보고 접근해야 한다.

　중국은 경제 규모에서 이미 일본을 넘어섰다. 세계 경제학자들은 앞다투어 중국이 미국 경제를 추월하는 시점을 계산하고 있다. 유럽연합권 경제가 끝을 알 수 없는 늪으로 빠져들면서 중국이 세계경제에서 차지하는 위상은 더욱 치솟고 있다.

21세기 국가 경제력은 글로벌 거버넌스를 결정짓는 바로미터다. 위안화 평가절상 압력은 더 이상 안정세에 접어든 중국 경제의 성장세를 위협하기에 역부족이고, 3조 달러를 훌쩍 넘어선 중국의 외환보유고는 2008년 글로벌 금융위기를 방어하는 버팀목이자 거침없는 대외 영향력의 원천으로 활용되고 있다. 중국 기업 역시 더 이상 '글로벌 생산기지'라는 간판을 내건 저가 상품 생산 공장이 아니다. 2010년 〈포춘 Fortune〉이 선정한 500대 기업에 중국은 46개(한국은 10개)가 올라 있고, 첨단산업 분야에서도 거대 자본력과 글로벌 인재를 앞세워 빠른 성장세를 실현하고 있다.

한국 경제의 미래는 중국에 달려 있다고 해도 과언이 아니다. 특히 지금까지 경제성장을 독려했던 중국의 경제 기조가 시진핑 정권 출범을 앞두고 8퍼센트대의 안정적인 경제성장 유지와 부의 재분배로 전환하면서 중국의 생산과 수요에 의존하던 한국 경제에 비상이 걸렸다. 국내 대기업을 포함한 수많은 중소기업에게 중국은 여전히 대체 불가능한 제조 거점이자 소비시장이다.

1949년 건국을 선포한 지 60여 년 만에 세계경제를 호령하는 강국으로 성장한 중국은 지난 30년간 유지해온 '도광양회韜光養晦(때를 기다리며 힘을 키운다)' 정책에서 '저우추취走出去(대외진출)'를 장려하며 본격적으로 세계무대를 향해 영향력을 확대하고 있다. 그 성과 또한 눈부시다. 과거 '시장과 기술의 교환' 정책을 통해 육성한 자동차산업과 중화학산업, 합자기업 설립을 모태로 기술 모방 전략을 도입했던 가전산업과 IT산업은 이미 글로벌 기업들과 어깨를 나란히 하고 있고, 1990년대 중반 이후 정부 주도로 추진된 신에너지 산업은 세계 최고의 기술력을 확보했다.

현재 실행 중인 '제12차 5개년 개발계획(12·5 규획)'에서는 2030년까지 중국 경제를 견인할 에너지, 정보기술, 바이오 등 7대 산업에 대한 로드맵과 투자 방안을 구체화시키며 미래 중국의 모습을 단계적으로 형상화하고 있다.

G2를 향해 팽창하고 있는 중국과 안정적 경제성장 아래 내실을 강화하려는 차세대 리더의 부상을 앞두고 우리는 어떻게 대처해 나아가야 할까? 지난 20년간 중국 경제의 초석 마련에 일조했던 한국에게 중국은 '필수적 동반자'이지만 과연 중국에게 한국도 마찬가지일까? 이와 같은 막연하면서도 중대한 화두의 단초를 얻기 위해서는 좀 더 현실적이고 역학적인 팩트fact 분석이 필요하다.

먼저 중국 경제의 경착륙을 우려하는 근원에는 중국의 '일당 지배체제 사회주의'라는 정치적 요인이 도사리고 있다. '일당 독재 공산주의'라는 단어에 익숙한 우리로서는 중국의 정치구조를 오인하기 쉽다. 중국은 광대한 영토를 가지고 있고, 인구의 90퍼센트 이상을 차지하는 한족과 55개의 소수민족이 어우러져 있는 국가다. 이러한 국가가 단일 목표를 위한 무한 동력을 만들어내기 위해서는 강력한 리더십이 필연적이다. 더구나 종교와 문화, 종족을 고수하기 위해 끊임없는 투쟁을 벌이고 있는 서부 자치구들을 국가 경제 발전이라는 공동 목표에 동참시키려는 노력은 만만치 않은 일이다. 이 과정에서 수많은 시행착오와 마찰이 불가피할 수도 있다.

제1세대 지도자인 마오쩌둥毛澤東을 시작으로 덩샤오핑鄧小平, 장쩌민 江澤民, 후진타오胡錦濤 시대를 거쳐 제5세대 지도자에 오를 시진핑은 과거의 역사적 과오를 반복하지 않기 위해 '실용주의'와 '현장 중시' 철학을 기반으로 정치적 이념보다는 지역 경제 발전과 부의 재분배를 통해 계층 간의 마찰을 최소화하고 국민 정서 융합에 주력할 것으로 전망된다. 특히 사회적으로 문제가 되고 있는 정부 관료의 부정부패를 근절하기 위해 젊고 근면하며 중산층을 중시하는 검증된 정치인을 지도부에 등용할 것이 확실시된다. 이와 같이 역사적 당위성을 가진 공산당과 서민 경제의 중요성을 인식하고 있는 신新정치 세대가 운영하는 '중국식 사회주의' 정국은 그 어느 때보다 안정적인 정국 운영을 실현할 것으로 보인다.

반면 경제 부문은 여전히 해결해야 할 문제가 산적해 있다. 만성적 인플레이션은 서민의 생활고를 가중시키고 규모 산정조차 힘든 지방정부의 부채는 부동산 버블의 뇌관을 자극한다. 기업 생산력을 저해하는 전력 부족 현상은 동부 지역을 중심으로 확산되는 한편 서남부 지역에서 반복되는 자연 재해는 해마다 주요 식품 가격 폭등을 견인한다. 구미 선진국들은 각종 환경 규제를 앞세워 중국을 압박하고 있으며, 2008년 베이징 올림픽을 전후하여 잠시 호전됐던 대도시 오염도 다시 원점을 지나 악화일로에 있다. 첨단기술을 중심으로 국가 산업 업그레이드를 추진하는 정부와 기업은 인재 수급난에 직면해 있고, 생산력 증진이 절실한 공장 지역은 '노동 권리' 쟁취를 위한 노사 마찰에 발목이 잡혀 있다.

결과적으로 시진핑 정국이 주창하는 '안정적 성장과 공정한 분배'를 위해서는 이러한 문제를 근본적으로 해결할 수 있는 대책 마련이 절실하다.

미국의 미래학자 존 나이스비트John Naisbitt는 "중국은 완전히 새로운 사회, 새로운 경제체제를 만들어내고 있다"고 말한다. 이는 향후 10년의 변화 속도와 모습이 과거 수십 년의 모습을 능가할 것이라는 의미로 해석된다. 2013년 시진핑 시대의 중국은 경제적, 정치적, 사회적으로 새로운 변화를 맞이하는 한편 새로운 도전과 도약의 기회를 맞이할 것이다. 우리가 이러한 중국의 변화를 기회로 삼을지 아니면 변화에 휩쓸려 침몰할지는 전적으로 현실을 직시하고 분석하며 통찰할 수 있는 능력에 달려 있다. 중국은 아는 만큼 보이고, 보이는 만큼 가치를 창출할 수 있는 시장이다. 이를 위해서는 우리가 중국을 제대로 이해하고 있는지 묻고 동시에 우리의 수준은 어느 정도인지 철저한 점검이 필요할 것이다.

삼성경제연구소 베이징사무소 수석연구원
권성용

'수퍼파워' 중국의
진짜 전략은 무엇인가

내가 담당했던 정치인이 일본 총리가 돼서 도쿄 나가타초永田町에 있는 총리관저로 그를 만나러 갔다. 집무실에 들어섰을 때 그는 텔레비전을 보고 있었다. 프로그램 제목은 〈생활에 도움이 되는 정보〉였다. 총리는 나를 보곤 "무슨 뉴스거리라도 있습니까?"라고 물으며 뉴스 채널로 돌렸다. 총리는 온갖 정보를 전달받는다. 또 분초 단위로 돌아가는 정신없이 바쁜 일정에 시달린다. 내가 방문했을 때도 그는 다음 날로 예정돼 있던 개각 인사를 검토하고 있었다. 대화 중에도 수없이 전화를 받았고, "오늘 밤 집무실에서 만나기로 했다"며 전화 상대에게 개각 인사에 대해 설명했다.

그렇게 바쁘고 긴박한 가운데 일국의 총리가 텔레비전 생활 정보 프로그램을 시청하고 있었다는 것은 뜻밖이었다. 총리를 지낸 다른 정치인들도 집무실에서 곧잘 텔레비전을 보았다고 한다. 알고 보니 거기에는 나름대로 이유가 있었다. 이들은 세상에 어떤 문제가 있고, 지금 국민의 관심사가 무엇인지는 정부의 공식 조직을 통해 보고받는다. 하지만 정책을 결정할 때 필수적인 '민의民意'를 신속히 파악하는 데 텔레비전만큼 유효한 수단은 없다. 그것이 바쁜 총리가 텔레비전을 보는 이유였다.

일본 정치인들은 지역구 유권자와 밀접한 관계를 유지하며 평소에도 자주 깊이 있는 대화를 나눈다. 그것이 일본 정치인의 강점일 것이다. 유권자와 밀접한 관계를 유지하기 때문에 텔레비전을 대충 보기만 해도 민의의 소재가 어디 있는지 감을 잡을 수 있다고 한다. 또한 정치인들은 자신들이 언론에 어떻게 보도되는지 촉각을 곤두세운다. 역대 총리들은 자신들의 주장이 정확히 전달되지 않으며 언론의 시각으로 (잘못) 재해석되고 있다고 불만을 토로한다.

중국으로 시선을 돌려보자. 후진타오 국가주석(공산당 총서기)이나 원자바오溫家寶 총리는 베이징의 중난하이中南海 집무실에서 어떤 식으로 일하고 있을까. 우선 일본 총리 같은 텔레비전 '시청 방식'은 아닐 것이다. 중국 텔레비전 뉴스의 핵심은 국가 지도자의 동정을 알리는 것이다. 때문에 후진타오 주석이 모르는 뉴스가 보도되는 일은 없다. 국영 언론이 후진타오 주석이나 원자바오 총리의 뜻에 반하는 해설을 내보내는 경우도 없다.

따라서 후진타오 주석은 보도 내용을 감독하는 입장에서 텔레비전을 볼 것이다. 중국 언론의 보도는 사회 불안을 유발하지 않아야 하기에 당국의 '실질적인' 사전 검열을 받고 있다. 결국 텔레비전은 중국 최고지도자에게 민의를 파악하는 효과적인 수단이 되지 못한다.

대신 중국 최고지도자는 인터넷 댓글에 큰 관심을 나타낸다. 원자바오 총리의 주요 일과 중 하나가 인터넷 열람이다. 많은 날은 하루 30분에서 한 시간씩 댓글을 본다고 한다. 식품 가격과 월세 급등, 강제 퇴거, 취업난, 값비싼 의료비 등 인터넷을 통해 표출되는 국민의 불평불만을 관심 있게 지켜보고 있다.

중국 최고지도자들은 종종 지방 시찰을 통해 민중과 직접 대화하는 모습을 과시한다. 그런데 지방의 책임자들은 문제가 드러나는 것을 꺼리기 때문에 사전에 치밀한 선정 작업을 통해 최고지도자와의 대화 상대를 고른다. 후진타오 주석이 현장에서 만난 사람에게는 사례금이 지급된다는 말도 있다. 상황이 이러하니 민중에게서 진실을 듣기는 힘들다. 민중이 실제 어떤 고충을 겪고 있는지 파악하기 어렵다.

중국의 인터넷 인구는 4억 5,000만 명이 넘는다. 하지만 인터넷 댓글은 강경론으로 흐르기 쉬운 법이다. 따라서 인터넷 여론만을 보고 민의를 파악하는 것이 과연 최선의 방법인지는 의문이다. 중국과 일본은 최고지도자의 업무 방식에서도 큰 차이가 있다.

2012년 가을, 후진타오 중국 공산당 총서기의 후임으로 시진핑 국가 부주석이 취임할 전망이다. 시진핑은 2013년 봄에는 후진타오로부터 국가주석 자리도 물려받게 된다. 이후 2022년까지 10년간 최고지도자로서 중국의 앞날을 좌우하고 전 세계에 영향을 미치게 된다.

시진핑은 어떤 인물일까. 정치인을 직접 만나면 그에게서 뿜어져 나오는 독특한 오라aura를 느끼게 된다. 텔레비전으로 봤을 때는 느끼지 못하지만 직접 보면 오랜 세월이 만들어낸 경험과 식견이 응축된 오라로 분출된다. 그런 오라는 상대를 아군으로 끌어들이는 매력이 되며 적을 위협하는 무기가 되기도 한다. 실제로 쿠바의 피델 카스트로Fidel Castro 전 국가평의회 의장, 미국의 콜린 파월Colin Powell 전 국무장관과 지근거리에서 만났을 때 그들의 오라에 압도당한 경험이 있다.

시진핑의 첫인상은 따스함과 평온함, 그리고 신비한 대범함과 여유로움이 느껴졌다. 주위 사람들이 크게 긴장하지 않았던 것도 주위를 화합하게 만드는 그의 성격 덕분이었을 것이다. 2007년 10월 중국 최고지도부인 공산당 정치국 상무위원이 된 시진핑은 한 달 뒤 일본의 주요 인사 중에서는 처음으로 다니가키 사다카즈谷垣禎一 자민당 정조회장(현 자민당 총재)과 회담했다. 당시 첫 만남에 대해 다니가키는 "중국 역사에 등장하는 대인大人을 보는 느낌이었다"고 소감을 밝혔다.

시진핑은 일본 국회의원, 그중에서도 부모로부터 선거구를 물려받은 '2세 의원'과 공통점이 있다. 그가 보여주는 여유도 일본의 2세 의원을 연상케 한다. 일본에서는 2세 의원에 대한 비판이 많다. 하지만 이들로서는 유리한 점도 있다. 부모로부터 선거 기반을 물려받은 데다 지명도가 높기 때문에 정치 기반이 비교적 안정적이다. 자금 면에서는 정치 헌금 공급원까지 물려받아 자금을 모금하기 위해 이리저리 뛰어다니며 아등바등할 필요가 없다.

시진핑 역시 돈문제로 어려움을 겪지 않는다. 혁명 원로와 고관 자제들이 모인 '태자당太子黨' 소속 고위 간부 자제 특유의 깊은 인맥을 자랑한다. 체격도 다부지다. 내가 보기에 시진핑이 뿜어내는 오라는 일본 정치인의 그것과는 다르다. 일본에는 시진핑 같은 오라를 분출하는 정치인이 없다. 그 이유는 크게 두 가지다.

첫째, 그것은 중국 특유의 정치인 양성 시스템이 낳은 결과다. 중국에서는 리더가 되는 데 오랜 시간이 걸린다. 지속적으로 인사 발탁되는 과정을 거치며, 그런 과정을 통해 제왕학을 배워간다. 발탁 초기 단계에 '미래의 리더'로서 주목받으면 자연스럽게 사람들이 주위에 모여들고 그 결과 온갖 정보가 들어오게 된다. 이런 과정을 거치면서 미래의 리더는 옥석을 가리는 눈을 키우며 정책과 정국을 판단하는 노하우를 몸으로 익힌다. 환경이 사람을 키우고 지위가 사람을 만드는 것이다.

시진핑은 젊었을 때부터 미래의 리더로 지명됐다. 2002년 중국 공산당 상위 약 200명에 해당하는 중앙위원이 됐고, 2007년 10월에는 최고지도부인 당 정치국 상무위원(총 9명)에 발탁돼 서열 6위로 부상했다. 최고지도부는 민간 기업으로 치면 '이사회'라고 할 수 있다. 이사에서 최고경영자에 해당하는 총서기에 오르기까지 걸리는 준비 기간은 5년이다. 그 뒤로 10년간 총서기를 맡게 된다. 연임으로 최장 8년까지 가능한 미국 대통령보다 최고 권좌에 앉아 있는 기간이 길다.

둘째, 중국 정치인은 치열한 권력 투쟁 속에서 살아남은 인물들이다. 시진핑은 문화혁명 때 아버지가 실각하는 바람에 큰 고초를 겪었다. 모순투성이인 권력 투쟁에서 피해를 입은 사람은 혼돈으로 가득 찬 세상을 이겨나갈 담력과 권모술수를 부릴 줄 아는 노하우를 갖추게 된다.

일본에서도 정권 쟁탈을 둘러싼 치열한 싸움이 전개되지만 중국은 차원이 다르다. 일본은 정치자금법 등 '정치와 돈'에 관한 법률이 정비돼 있고, 언론의 감시 등 '검증 시스템'이 갖춰져 있다. 따라서 불법적인 돈 거래와 부당한 탄압은 생각하기 어렵다.

반면 중국의 경우, 국민이 볼 수 있는 정계의 모습은 빙산의 일각에 불과하다. 중국의 정계에서는 수면 아래서 거액이 오간다. 인사권과 인허가권을 이용해 상대를 아군으로 흡수하는 공작도 일상다반사로 벌어진다. 정쟁에서 패하면 천시퉁陳希同 베이징 시 당위黨委(중국 공산당의 각급 위원회—옮긴이)서기(장쩌민의 반발을 사서 1995년 해임)나, 천량위陳良宇 상하이 시 당위서기(후진타오가 상하이파 해체를 위해 2006년 해임)처럼 하룻밤에 쫓겨나는 신세가 된다. 요컨대 중국과 일본 리더의 차이는 정치인을 육성하는 정치 시스템의 차이에서 비롯된다.

중국은 지금 어디로 가고 있을까. 세계의 정치·경제·안보 분야에서 중국의 영향력이 커지면서 중국에 대한 분석이 활발하다. 많은 지식인들이 주장했던 '중국 붕괴론'은 시들해진 반면, '중국 위협론', '중국 이질론'이 나날이 힘을 얻고 있다. 중국의 실상은 과연 무엇일까.

중국의 경제와 사회 상황, 안보 환경, 국제관계가 어떻게 변화할지 예측하고, 중국의 행동 원리를 분석해 '시진핑 시대의 중국은 어디로 향할 것인가'란 질문에 대한 답을 찾는 것이 이 책의 목표다.

중국의 미래를 좌우하는 요인에는 시진핑 개인의 자질도 포함될 것이다. 그러나 중국은 더 이상 마오쩌둥, 덩샤오핑 등 강력한 카리스마를 가진 한 명의 최고지도자에게 좌우되는, 즉 '인치人治'로 움직이는 국가가 아니다. 시진핑 시대의 중국은 경제성장과 정계의 파벌 싸움, 공산당의 현안 대처 능력, 대미관계 등을 변수로 한 방정식에 의해 움직일 것이다. 중국 최고지도자들의 행동이 100퍼센트 심모원려深謀遠慮의 책략에서 나오는 것은 아니다. 그들의 행동은 때로는 내부의 노선 대립에서 나온 결과물일 뿐이다.

각 장의 주요 내용은 다음과 같다. 먼저 1장에서는 '중국 모델'의 유효성을 살펴본다. 노벨평화상을 수상한 민주인사 류샤오보劉曉波는 구속되기 전 인터넷 민주혁명론을 주장했다. 그러나 일당 지배체제를 유지하기 위한 중국 공산당의 통치 능력은 막강하다. 일당 지배체제가 붕괴될 가능성이 전혀 없지는 않지만 2020년대 초반까지는 유지될 공산이 크다.

2장에서는 '시진핑 시대의 중국'의 기본적인 정치 구도를 풀어본다. 2017년까지 1기는 전임 후진타오 총서기의 영향력이 남아 있을 수밖에 없다. 따라서 후진타오 총서기가 2012년 가을 공산당 대회에서 어떤 섭정 체제를 구축하느냐에 초점이 모아지고 있다. 시진핑의 최대 후견인은 쩡칭훙曾慶紅 전 국가부주석이 될 것이며, 시진핑 체제에는 쩡칭훙의 그림자가 드리운 인물들이 배치될 것이다.

3장에서도 중국의 정치제도를 분석한다. 시진핑 정권이 민주화를 추진할 가능성은 낮다. 보수로의 회귀 조짐도 보인다. 지방의 말단 조직에서는 직접선거 등 정치 개혁이 이뤄지고 있지만 그 행보는 더디다. 따라서 시진핑은 정치 개혁보다 행정 개혁에 역점을 둘 가능성이 높다.

4장에서는 중국 외교의 향배를 예측해본다. 경제가 발전함에 따라 지켜야 할 권익이 늘어나면서 시진핑 정권이 때로는 강경론으로 달려갈 가능성도 있다. 그렇게 되면 국제 협조노선은 위기를 맞이할 것이다. 인권 문제 등으로 서구 세계와 갈등을 빚고 있는 개발도상국들이 중국과 손잡고 정부 주도의 중국식 경제 모델인 '베이징 컨센서스권圈'을 형성해 연대를 강화할 경우 국제사회는 새로운 파워게임에 돌입하게 된다.

5장에서는 중국 군부에 대해 알아본다. 중국은 자국의 기술로 만든 항공모함을 배치하고 제5세대 최신예 전투기를 개발하고 있다. 이런 전투력 강화가 군부의 큰 흐름을 결정할 것으로 예상된다. 국방비는 공식 발표액을 기준으로 해도 일본의 2배 이상이다. 중국의 급속한 군비 증강은 특히 아시아 안보 균형에 큰 변화를 초래할 것이다.

6장에서는 중국의 세계 전략을 다룬다. 외교정책 결정에 중국 수뇌부의 권한은 절대적이며, 외무장관급 이하의 회담은 한계가 있을 수밖에 없다. 대중 외교는 수뇌 공략이 결정적이다. 정부개발원조ODA, 즉 경제적 지원을 통해 우호관계를 끌어내던 시대는 끝났다. '지혜'로 승부하는 대등한 호혜관계로 이행해야 한다.

이 책은 정치부 기자의 관점에서 바라본 '중국의 정치체제 분석'이다. 정당과 정부의 존재 방식 등 통치기구 구조 면에서 중국은 한국 및 일본과 다르며, 그러한 구조를 이해하지 못하면 중국에 대한 전략을 짤 수 없다. 21세기 국제사회가 직면한 최대 테마는 중국과 어떻게 사귈 것인가 하는 점이다. 중국 특파원으로 취재하면서 보고 들은 증언과 에피소드를 재료 삼아 중국에 대한 전략의 실마리를 찾아보고자 한다.

차례

1장 중국 모델은 유지될 것인가
공산당의 강점과 약점

2장 시진핑 시대의 태동
후진타오의 섭정 체제

3장 정체되는 정치 개혁
자정 작용의 한계

4장 결정적 순간을 맞은 협조 외교
세계 2위의 자신감과 경계

5장 군비 증강으로 새로운 세력권 구축
안보 균형의 변화

6장 세계 전략과 중국의 속내
외교 경향과 대책

일러두기 ───

1. 이 책에 나오는 인명과 지명은 중국 현지발음을 기준으로 하되 한자를 병기하여 그 의미를 분명히 했다.

2. 환율은 1위안=170원을 기준으로 했다.

3. 본문에 포함된 주석은 독자의 이해를 돕기 위해 옮긴이가 덧붙인 것이다.

신장위구르자치구

칭하이 성

깐쑤 성

티베트자치구

쓰촨 성

윈난 성

헤이룽장 성

지린 성

랴오닝 성

네이멍구자치구

허베이 성

산시 성

산둥

시 성

허난 성

안후이

후베이 성

1장

중국 모델은
유지될 것인가
공산당의 강점과 약점

후난 성

장시 성

푸젠 성

시좡족자치구

광둥 성

하이난 성

류샤오보의 예언

인터넷 민주혁명의 싹

:: 01

2010년 12월 10일 노르웨이 오슬로에서 중국 민주인사 류샤오보의 노벨평화상 시상식이 열렸다. 하지만 주인공인 류샤오보는 랴오닝遼寧 성의 교도소에 수감돼 있었다. 중국 정부는 류샤오보뿐 아니라 그 친척들의 참석도 허락하지 않았다.

비어 있는 수상자 자리의 모습을 전하는 해외 언론의 보도를 보면서 나는 그와의 만남을 떠올렸다. 중국인들은 공산당과 관련된 '정치적 사안'을 대화 주제로 삼길 꺼려한다. 하지만 류샤오보는 어떤 질문에도 주저 없이 대답해주었다. 당국의 도청을 두려워하지 않았고, 정치를 터부시하지 않는 자세에서 기개가 느껴졌다.

나는 류샤오보가 2008년 12월 구속되기 전까지 그와 수차례 만났다. 2007년 5월, 베이징의 찻집에서 처음 만나 커피를 마시며 중국의 민주화에 대한 그의 생각을 물었다. 류샤오보는 중국의 민주화운동을 전망할 때 가장 주목해야 하는 것은 인터넷의 위력이라 말했다.

"'6·4(1989년 6월 4일 톈안먼天安門 광장에서 벌어진 민주화 요구 시위를 중국 당국이 무력 진압한 사건을 말한다)' 이전에는 후야오방胡耀邦 및 자오쯔양趙紫陽 등의 공산당 총서기가 정치 개혁을 추진했고 언론의 자유를 인정하는 등 해빙 분위기였다. 그러나 6·4 탄압을 계기로 공산당 간부 가운데 개혁파는 모두 배제됐고, 사회는 급속히 냉각됐다. 1990년대는 불안과 공포가 팽배해지면서 민주화운동에 참여하는 사람들이 크게 줄었다. 그러나 인터넷이 보급되기 시작한 2000년 무렵부터 민주화운동에 커다란 변화가 일어났다."

정치 개혁에 관심 있는 사람들이 인터넷을 통해 정보를 얻게 되면서 '민간의 권리 의식'이 깨어나기 시작했다는 것이다. 인터넷을 활용함으로써 집회와 서명도 참가자와 후원자가 늘었다. 바야흐로 '인터넷 민주혁명'의 싹이 움트고 있었다.

류샤오보도 인터넷과 휴대전화를 적극적으로 활용했다. 그가 구속된 이유는 2008년 12월 중국 민주인사들이 발표한 공산당 일당 독재체제 폐지를 촉구한 문서인 '08헌장' 때문이다. 08헌장 역시 인터넷을 통해 발표됐다.

통치기구의 민주화보다 인권 보장이 먼저

★*   중국 정부는 인해전술을 통해 '금순공정金盾工程'이라 불리는 인터넷 감시 시스템을 구축했다. 중국 공산당과 정부에 불리한 정보를 규제하는 '인터넷 경찰'은 3만 명 혹은 10만 명 이상으로 알려져 있다.

여기에 '5모당毛黨'이 인터넷 여론 형성을 주도한다. 인터넷에 친親정부적 댓글을 한 번 올리는데 5마오毛(약 85원. 10마오는 1위안)를 받는다. 중국인들 입장에서 이것은 무척 손쉬운 '부업'으로, 5모당이 30여만 명에 이른다는 말도 있다. 중국에서는 트위터, 페이스북 등도 특별한 소프트웨어가 없으면 이용할 수 없다. 이처럼 공산당과 정부가 인터넷을 강력하게 규제하기 때문에 민주화운동의 앞길은 여전히 험난하다.

공산당 일당 지배가 붕괴되는 민주혁명의 디데이가 언제쯤 찾아올지 류샤오보에게 물어보았다. 류샤오보는 "예측하기 어렵다"며 신중한 자세를 보인 다음 "후진타오 체제에서 민주화의 진전을 기대하기는 어렵다. 또 민주혁명이 바로 실현될 수 있는 것도 아니다"라는 견해를 밝혔다. 그러나 다른 한편으로는 "비교적 낙관적"이라고도 말하면서 앞으로 중국의 정치, 사회에 불어올 두 가지 '조용한 변화'에 주목해야 한다고 덧붙였다.

첫 번째 요소는 민중, 즉 '아래로부터'의 민주화 물결이다.

"당국이 토지 개발을 추진하면서 주민에게 강제 퇴거를 강요하고 있다. 이에 대한 민중의 저항은 거세다. 경찰이 민중을 폭력으로 진압하는 사건이 잇달아 일어나는 것에도 주목해야 한다. 민중운동은 경제적 권익을 지키려는 민간 운동 차원에서 시작됐으며, 언론과 표현의 자유, 국민의 알 권리, 환경 보호 등으로 확산될 것이다."

생활과 밀접한 피부에 와닿는 문제를 통해 권리 의식에 눈을 뜬 민중이 인권문제를 포함한 폭넓은 민주화운동에 서서히, 그러나 확고히 참여하리라는 예측이었다.

2008년 5월에 만났을 때도 류샤오보는 비슷한 얘기를 했다.

"중국 공산당 수뇌부는 정치 개혁을 자신들의 통제 아래 두려 하지만, 그건 어리석은 생각이다. 우선 언론계가 보도의 자유를 요구하고 있다. 언론과 보도의 자유는 중국의 제도 변화에 돌파구를 마련해줄 것이다. 중국의 민주화는 민주보다 자유가 먼저 찾아올 것으로 본다."

중국의 민주화는 통치기구의 민주혁명보다 기본적인 인권 보장을 요구하는 풀뿌리운동이 먼저 시작되는 형태로 민주화가 진행될 것이라는 견해였다. 민주화의 속도는 소걸음처럼 느리지만, 인터넷 등을 통해 '언론의 자유'가 확대되면서 정치 개혁의 돌파구를 마련할 가능성이 높다고 판단하고 있었다.

시진핑 세대에 거는 기대

★ 류샤오보가 두 번째 변화 요소로 지목한 것은 공산당 지도부, 즉 '위로부터의' 민주화 움직임이다. 특히 후진타오 세대에서 '포스트 후진타오' 세대로 최고지도부가 교체되는 점에 주목했다.

"2012년 가을에 열리는 제18차 공산당 대회는 큰 전환점이 될 것이다. 후진타오 등 '제4세대' 지도자가 받은 교육은 철저히 마오쩌둥 시대의

것이다. 그러나 시진핑, 리커창李克强(현 상무부총리. 후진타오와 같은 공산
주의청년단파 출신으로 대권 자리를 놓고 시진핑과 경쟁한 바 있다—옮긴이),
왕치산王岐山(현 부총리로 금융, 대외무역 등을 맡고 있다—옮긴이), 보시라이
薄熙來(현 충칭 시 당위서기로 시진핑, 왕치산 등과 함께 태자당이다—옮긴이)
등 '제5세대' 지도자는 후진타오와 다르다. (시진핑 등은) 우리와 같은 시
대 상황 속에서 교육받았다."

  시진핑 등 제5세대 리더가 중국 정계의 핵심을 담당하게 될 2012년 이
후 '포스트 후진타오 시대'에 기대를 건다는 말은 의외였다. 중국에서 지
도자가 정치적 문제에 대해 '개성적인' 견해를 드러내는 경우는 드물고,
2007년 당시에는 국정에 관한 시진핑의 발언도 거의 알려지지 않은 상
황이었기 때문이다. 그래서 류샤오보의 전망은 희망사항으로 들렸다.

  그의 희망은 제5세대의 교육 환경과 더불어 세대 교체에 따른 정치 구
도의 변화에 근거하고 있었다. 류샤오보는 포스트 후진타오 시대가 되면
최고지도자의 권력이 상대적으로 약해지고 '공산당 간부 사이에서도 권
력 투쟁이 발생할 것'이라 예측했다. 권력 투쟁 결과 최고지도부가 분열
됨으로써 위로부터의 민주화 움직임이 나타나리라는 기대였다.

  되돌아보면 1989년 톈안먼 사태가 발생한 배경에는 중국 공산당 최고
지도층 내부의 권력 투쟁과 분열이 있었다. 당시 민주화운동이 뜨거웠던
것은 학생이나 민주인사의 힘 때문만은 아니었다. 톈안먼 사태를 '애국
적 운동'이라 평가한 자오쯔양 공산당 총서기의 지원도 큰 영향을 미쳤
다. 강경파였던 리펑李鵬 총리 등을 중심으로 보수파와, 자오쯔양 총서기
등 온건파의 대립이 낳은 결과였던 것이다.

후진타오 지도부에서 권력 투쟁은 반복되고 확대되고 있지만, 공산당 일당 지배체제를 유지하기 위해 당내 결속이 필요하다는 점에서는 견해가 일치하고 있다. 이러한 '중난하이(최고지도부가 집무하는 지역)의 원칙'이 톈안먼 사태와 같은 민주화운동의 부활을 더 어렵게 만들고 있다. 류샤오보는 지금 시진핑 시대의 권력 투쟁이 민주화운동을 촉발하는 수준으로까지 발전할지에 대해 교도소에서 생각을 정리하고 있을 것이다.

재스민 혁명의 영향

2011년 2월 류샤오보의 예측이 실현되는 듯했다. 곳곳에서 변화의 조짐이 나타나기 시작한 것이다. 튀니지의 '재스민 혁명'과 이집트 정변을 계기로 2월 20일 오후 2시 중국 13개 도시에서 민주화 집회를 개최하자는 글이 인터넷에 올라왔다. "통일 슬로건은 밥을 먹고 싶다, 일을 하고 싶다, 집을 달라…… 일당 독재를 종식시키자는 것이다." 이 글은 "모리파茉莉花(재스민) 혁명을 이어받아 중국에서도 집회를 열자"고 촉구했다.

독재체제 아래 빈부 격차가 심화되고 물가 상승으로 서민이 고통받는 상황은 중국도 마찬가지였다. 이집트의 무바라크 정권을 붕괴시킨 민주 혁명의 주역은 페이스북과 트위터를 사용하는 젊은 세대였다. 서아시아(중동) 혁명의 움직임은 인터넷을 통해 중국까지 파급됐다.

첫 집회는 2월 20일 오후 2시 정각에 열렸다. 집회 장소는 베이징의 번화가인 왕푸징王府井거리의 패스트푸드점 앞이었고, 약 100여 명이 모여

들었다. 그들 속에는 외국 기자와 사복경찰도 많았다. 무슨 일이 벌어질지 다들 마른침을 삼키며 지켜보았다.

"무슨 일이지?"

수많은 텔레비전 카메라를 보곤 구경꾼들이 몰려들기 시작했다. 사람들이 200명, 500명으로 늘어나 거리를 가득 채우더니 마침내 2,000명 규모에 이르렀다. 경찰은 필사적으로 사람들을 해산시키려 했다. 현장에 있던 나도 경찰로부터 "떠나라"는 경고를 몇 번이나 받았다. 결국 쫓겨났다가 다시 현장으로 돌아왔는데, 제지하는 사람이 없었다. 주위를 보니 나처럼 쫓겨났다 돌아오는 젊은이들도 있었다.

집회 시각인 오후 2시 전에 미리 패스트푸드점 안에 자리 잡고 불안한 표정으로 휴대전화로 메일을 체크하는 청년도 눈에 띄었다. 집회에 관한 댓글을 보는 것 같았다. 그는 상황을 살펴보러 거리로 나갔다가 경찰에 체포되었는데 끌려가면서 이렇게 외쳤다.

"폭력을 행사한 적도 없는데 왜⋯⋯."

청년이 연행되는 모습을 바라보다가 거리 한쪽에 서 있던 존 헌츠먼Jon Huntsman 당시 미국 대사를 발견했다. 그는 선글라스를 끼고 있었고, 수행원이 한 명 있었다. 대사는 나중에 "우연히 지나가던 길이었다"고 설명했지만, 중국 당국이 어떤 조치를 취하는지 자신이 직접 확인하고 싶었던 것 같다.

주요 민주인사들은 사전에 구속됐고, 모임을 주도하는 사람도 없었기 때문에 집회가 항의 행동이나 시위로 확대되지는 않았다. 다만 구경꾼을 포함해 많은 사람이 모여들면서 현장에는 금방이라도 무슨 일이 벌어질

서아시아 정세의 영향으로 중국에서도 인터넷이 시발점이 되어 민주화를 요구하는 집회가 열렸다. 하지만 당국은 시위대를 해산시켰다(2011년 2월 20일 베이징의 왕푸징 거리).

것 같은 긴장감이 감돌았다.

한 민주인사는 "불씨만 있었다면 쉽게 타오를 수 있었다"고 당시를 회고했다. 누군가 '애국' 등의 구호를 외치며 시위를 시작하고, 그것을 제지하는 경찰과 몸싸움이 벌어져 시민이 다치는 사태가 발생했다면, 그리고 그런 사실이 인터넷을 통해 전해졌다면 시위가 확대될 가능성이 있었다.

일주일 후인 2월 27일, 인터넷을 통해 두 번째 집회가 공지됐다. 이번에도 왕푸징 거리의 패스트푸드점 앞이었다. 첫 번째 시위의 학습효과 때문인지 당국은 치밀하게 대책을 세우고 나왔다. 패스트푸드점 앞에는 공사용 방호벽이 설치됐고, 벤치에는 나무를 올려놓는 등 사람들이 모이는 것을 막기 위한 각종 조치가 행해졌다. 경찰이 통행자들에게 "멈춰 서지 말고 지나가라"며 해산시켰고, 청소차가 물을 뿌리며 거리에 있던 사람들을 쫓아냈다. 오후 2시, 패스트푸드점 앞에는 이렇다 할 민주인사나 구호를 외치는 사람을 찾아볼 수 없었다.

"이렇게 철저히 차단하니 도리가 있겠나."

인터넷을 보고 현장에 왔던 젊은이들은 자리를 뜰 수밖에 없었다. 중국 당국은 오후 2시 20분 무렵 왕푸징 거리의 보행자 전용도로에서 사람들을 쫓아냈고, 이들이 다시 돌아오지 못하게끔 막았다. 40분쯤부터는 사복을 입은 덩치 좋은 청년들이 3열로 줄을 서서 현장에 출동했다. 20여 명씩 세 팀이었다. 이들은 사복 차림이었지만 무장경찰로 보였다.

나는 패스트푸드점 안에서 이를 지켜보고 있었다. 일요일에 시내 한복판의 보행자 도로에서 사복 차림의 무장경찰 부대가 행진하며 사람들을 쫓아내는 것은 매우 특이한 광경이었다. 노골적으로 공권력을 행사하며 사람들의 자유로운 이동과 가게 영업에 지장을 주고 있었다. 나는 중국 당국의 강제 해산 조치를 지켜보면서 무력감과 분노를 느꼈다.

오후 3시 15분에는 패스트푸드점 안에 있던 손님들을 모두 밖으로 쫓아냈다. 나는 의자에 앉아 있었는데 사복경찰이 다가와 "나가라"고 고함치며 옆구리를 찔러댔다. 하는 수 없이 가게를 나가는 척하다가 다른 자리로 옮겨 앉았다. 손님 대부분이 쫓겨났을 때 사복경찰 책임자가 내게 다가왔다.

"당신은 어디 소속인가?"

그는 나를 사복경찰로 착각한 듯했다. 아무 말 없이 앉아 있자 손님임을 알아채고 바로 나가라고 명령했다. 미적대며 가게를 나왔을 때 왕푸징 일대의 출입금지 조치는 해제돼 있었고 사람들은 평소와 다름없이 오가고 있었다.

만연했던 미국 음모설

★* 중국이 경비 태세를 비정상적으로 강화한 것은 집회 세력의 배후에 미국이 있다고 보았기 때문이다. 즉 음모가 있다고 판단한 것이다.

힐러리 클린턴 미 국무장관은 2011년 2월 15일 워싱턴에서 인터넷의 자유에 대해 연설했다. 중국과 이란의 인터넷 검열 등을 거론하며 "인터넷의 자유에 장벽을 만드는 국가는 결국 곤경에 처할 것"이라고 경고했다. 중국 정부는 "인터넷의 자유를 구실 삼아 내정 간섭을 하려는 것"(마자오쉬馬朝旭 외교부 대변인)이라고 반론했다. 중국 당국이 베이징 주재 서방 언론에 대한 감시를 강화한 것도 외국 기자들을 민주화 선동 세력으로 보았기 때문이다.

인터넷에 예고된 세 번째 집회일인 3월 6일에는 1년에 한 번씩 베이징에서 열리는 전국인민대표대회全國人民代表大會(중국 최고 권력 기관으로 줄여서 '전인대全人代'라고 한다. 의사결정 기관이자 집행 기관이다. 또한 최고 국가기관 지도자의 선출 및 파면 권한도 갖고 있다―옮긴이)가 개회 중이었다. 당국의 경비는 한층 강화됐다.

하루 전인 5일 베이징 시 공안국으로부터 전화가 걸려왔다. 여권과 중국 외교부가 발행한 기자증을 복사해 제출하라는 것이었는데, 4년간 베이징에 근무하면서 처음 겪는 일이었다. 당시 나는 외출 중이었고, 집에서 전화를 받은 아내가 그 내용을 전해주었다. 그날 늦게 집에 돌아왔는데 공안국의 끈질긴 요구에 결국 한밤중에 기자증을 복사해 넘겨주었다. 경찰에 신고했더니 "법에 근거한 요구이니 적절히 대처하길 바란다"는 답변이 돌아왔다.

3월 6일 베이징 시내 열 군데에서 집회가 열렸다. 번화가로 유명한 시단西單과 왕푸징 거리에 가보니 제복 입은 경찰 사복경찰이 대거 동원됐고, 붉은 완장을 찬 치안봉사대가 거리에 빽빽이 배치돼 있었다. 경찰은 가족과 함께 쇼핑 나온 외국인들까지 검문했고 비디오카메라로 촬영했다. 인터넷으로 집회 사실을 알게 된 사람들이 집회 장소까지 왔더라도 삼엄한 분위기에 압도돼 아무런 행동도 하지 못했을 정도였다. 그날 중국 각지에서 집회가 열렸는지도 확인할 수 없었다.

인터넷 공지된 4회째 모임 이후에는 배치된 경찰 수가 감소됐지만 모임이 집회 수준으로 확대되는 일은 없었다. 이렇게 해서 중국판 재스민 혁명은 본궤도에 오르지도 못한 채 불발로 끝났다.

"우리 아버지는……" 발언

★* 중국판 재스민 혁명을 촉구한 것 외에도 중국에서 인터넷의 위력을 실감하게 되는 일이 많았다. 인터넷이 부정과 부패를 고발하는 수

단으로 자리 잡고 있는 것이다. 2010년 10월 중국 인터넷에서 유행어가
된 말이 있다.

"우리 아버지는 리강李剛이다."

10월 16일 밤 허베이河北 성 바오딩保定 시의 허베이대학 구내에서 22
세의 남자가 음주 운전을 하다가 여학생 2명을 치어 죽게 했다. 그가 경
찰에 체포됐을 때 한 말이 바로 "우리 아버지는 리강이다"였다.

리강은 국가 수뇌급 인사는 아니다. 바오딩 시 베이스北市 구 공안국의
부국장에 불과하다. 그런데도 경찰 간부의 아들임을 내세워 사건을 무마
하려 한 것이다. 이 사건은 순식간에 인터넷에 퍼졌고 비난이 폭주했다.
5일 후인 21일에는 그의 아버지가 기자회견장에서 울면서 사죄하는 모
습이 국영 중앙TV로 방영됐다. 허베이 성 법원은 2011년 1월 그 남자에
게 징역 6년의 실형을 선고했다.

인터넷에서 비판의 여론이 확산되지 않았다면 그 사건은 가볍게 처리
됐을 것이다. 정부에 진정하고 직소하는 '상방上訪'제도가 있지만 문제
를 해결하는 데는 거의 도움이 되지 않는다. 리강 사건은 민중의 권리를
보장하는 데 인터넷이 얼마나 큰 힘을 발휘하는지 보여주었다.

중국의 네티즌은 2010년 11월 말 현재 4억 5,000만 명에 이른다. 국민
의 3분의 1이 인터넷을 사용하고 있다는 계산이며 보급률은 한층 높아
질 것이다. 당국이 아무리 정보를 통제해도 국민들은 인터넷을 통해 진
실을 접하게 된다. 중국 당국이 발표하고 선전하는 중국 및 다른 나라의
모습이 진실과 다르다는 사실을 매 순간 절감하는 도시민들은 정부와 공
산당에 대한 불신을 나날이 키워가고 있다. 공산당과 정부가 경제 발전

의 과실을 '당근' 삼아 국민의 불만을 어느 정도까지는 통제할 수 있겠지만, 중장기적으로 인터넷을 통해 움튼 조용한 민주혁명의 싹은 큰 나무로 자라날 가능성이 높다.

중간소득층(중간층)의 등장도 인터넷 민주혁명에 힘을 보태는 요인이 될 수 있다. 2010년판 일본 〈통상백서通商白書〉에 따르면 중간층(가구당 가처분소득 5,000∼3만 5,000달러)은 2009년의 4억 6,000만 명에서 2020년에는 9억 7,000만 명으로 2배 이상으로 증가할 것이다. 부유층(가구당 가처분소득 3만 5,000달러 이상)은 2,000만 명에 불과하지만 2020년에는 일본 인구와 맞먹는 1억 명을 넘어 1억 3,000만 명에 달할 전망이다. 중간층 및 부유층이 전체 인구에서 차지하는 비율은 2009년 36퍼센트에서 2020년 79퍼센트로 상승할 것이다. 부유층 가운데는 공산당과 결탁한 기득권층이 많은 것으로 알려져 있는데, 중간층의 비율이 계속 증가하면 민주화 추진력은 더욱 커질 가능성이 높다.

급격한 민주혁명은 곤란

★* 중국에 서아시아형 인터넷 민주혁명이 파급되리라는 전망이 나왔던 2011년 2월 무렵, 내가 만난 중국 정부 당국자는 민주혁명에 경계심을 갖고 있었다. 그러면서도 "민주혁명은 파급되지 않을 것"이라며 '중국 모델'에 묘한 자신감을 내보였다.

중국의 국정 자문기관인 전국인민정치협상회의全國人民政治協商會議(줄여서 '정협'이라 한다. 전국인민대표회의와 더불어 양회라고 불린다―옮긴이)

의 자오치정趙啓正 외사위원회 주임은 2월 23일 베이징 기자단과의 간담
회에서 "(재스민 혁명과 같은 일은) 자신 있게 말할 수 있는데 중국에서는
일어나지 않는다"고 단언했다. "공산당과 정부 모두 급격한 경제성장 과
정에서 발생하는 문제에 대한 해결책을 검토하고 있으며 결코 둔감하지
않다. (중국 당국은) 문제를 찾아내고 그것을 공개한 뒤 문제에 대한 해결
책을 제시할 수 있으며, 또 착실하게 실행하고 있다"고 강조했다.

원자바오 총리도 3월 14일 기자회견에서 "정치적 동요가 발생한 서아
시아·북아프리카 국가와 중국을 비교하는 것은 옳지 못하다"며, 이들
국가와 중국이 다르다는 사실을 강조했고 민주혁명의 파급을 부인했다.

중국인에게 물어보면 공산당과 정부에 불만을 갖고 있는 사람이 많지
만 대부분의 중국인은 자신의 일상생활을 뒤흔드는 큰 혼란은 바라지 않
는다. 실제 공산당 정권이 붕괴될 경우, 현 단계에서 공산당을 대신해 국
정을 담당할 능력을 갖춘 세력은 찾기 힘들다. 1989년 톈안먼 사태를 경
험한 세대에겐 여전히 탄압의 상처가 남아 있다. 반면 1966년부터 1976
년까지 이어진 문화혁명에 농락당한 세대는 사회 혼란에 대한 깊은 혐오
감을 갖고 있다.

중국판 재스민 혁명의 집회 장소였던 왕푸징 거리 등에서 내가 느낀
점은 거리를 오가는 중국인들의 모습이 한결 윤택해졌다는 것이다. 그곳
을 조금 벗어나면 쇼핑을 즐기는 시민들로 붐볐다. 베이징에서 유학하던
2002년 무렵과 비교하면 현재 중국인이 입고 있는 옷은 일본인과 큰 차
이가 없고 거리를 달리는 자동차도 깨끗해졌다. 그중에는 고급 승용차도
많다. 농촌이나 일부 도시 지역 사람들의 생활은 어렵지만 많은 도시민

이 경제성장의 혜택을 누리고 있다.

중앙정부도 공산당 일당 지배체제를 군건히 유지하기 위해 단결하고 있다. 류샤오보가 기대한 것과 같은 개혁파와 보수파의 분열로 발전할 징조가 지금으로선 보이지 않는다. 공산당과 군부는 자신들의 권익을 지키려 한다는 점에서 이해관계가 같고, 군부가 공산당 최고지도부의 의향을 거스르는 행동을 할 가능성도 현재로선 상상하기 어렵다.

중국 정부는 다른 한편으로 '채찍 정책'을 강화하고 있다. 2011년 2월 후진타오 총서기는 당 간부 육성 기관인 '중앙당교中央黨校'에서 사회 관리를 주제로 연설하면서 "인터넷 관리를 한층 강화하고 인터넷 여론을 유도하는 메커니즘을 완비할 것"이라고 밝혔다. 시진핑 국가부주석도 2011년 3월 전국인민대표대회 저장浙江 성 대표단의 분과회에 참석해 "사회 관리를 위한 새로운 기준을 마련하고 이를 강력히 추진해야 한다"고 강조했다.

이러한 점에 비춰볼 때 사회 관리 강화는 포스트 후진타오 시대에도 정권의 주요 과제가 될 것이며 당국의 억압은 완화될 것 같지 않다. 물론 공산당 정권에 대한 민중의 불신은 무시할 수 없는 수준이며, 인터넷의 잠재적 위력도 서서히, 그러나 한 걸음 한 걸음 착실히 확대되고 있다. 하지만 현 시점에서 분명한 사실은 내정과 경제 및 군사 각 분야에서 공산당이 여전히 우위를 차지하고 있다는 것이다.

통치의
대차대조표

'보이는 손'과 국가자본주의

02::

　중국 모델의 유효성을 살펴보자. 중국 정부는 '중국 모델'이란 표현을 사용하지 않는다. 중국 모델의 개념이 명확히 규정돼 있는 것도 아니다. 이 책에서는 '정치 면에서 일당 지배를 인정하고 민주화를 제한하면서 경제적으로는 관 주도의 국가자본주의State capitalism를 채택한 통치 모델'을 의미하는 것으로 한다.

　민주화를 추진하지 않으면 이익 분배는 편중되고 빈부 격차는 시정되지 않는다. 관료의 부패도 만연하게 된다. 13억 인구와 56개 민족을 안고 있는 중국 공산당과 정부는 사회를 안정시키는 데 고군분투하고 있지만 이익 편중 등으로 인해 중국 모델은 지속 가능한 통치 모델이 될 수 없을 것이다. 그렇게 되면 결국 중국은 붕괴하게 된다.

이것이 거듭 제기돼온 '중국 붕괴론'이다. 그러나 현실은 중국 모델이 살아남았다는 것이다. 성공 체험이 지속되고 있다는 사실은 중국 모델의 강인함을 증명한다. 그리고 이제는 개발도상국의 모델로까지 자리 잡을 전망이다.

그 배경에는 어떤 비결이 있는 것일까. 과제가 산적해 있고 문제는 나날이 늘고 있지만, 이런 과제와 문제를 해결해내는 '거버넌스gover-nance' 능력에 해답이 있다. 미야모토 유지宮本雄二 전 주중 일본 대사는 '목표 설정 → 조직화 및 동원 → 문제 해결'이란 기본 사이클을 수행하는 중국 공산당의 통치 능력은 매우 뛰어나며 해마다 향상되고 있다고 분석한다. 그리고 "'이것이 중국이 안고 있는 문제'라고 알아차렸을 때 중국 공산당은 이미 그에 대한 해결책까지 생각하고 있다"고 보았다.[1]

미야모토 전 대사는 강연에서 '통치의 대차대조표'를 정확히 평가해야 한다고 역설했다.[2] 이에 대한 구체적인 설명은 하지 않았지만, 내 나름대로 파악한 중국 모델 분석법으로 통치의 대차대조표에 대해 설명하고자 한다.

대차대조표는 기업의 자산 상태를 보여주는 재무제표다. 왼쪽에는 자산, 오른쪽에는 부채와 자본이 기재된다. 자산과 부채는 항상 균형을 이룬다. '통치의 대차대조표'에서 자산은 정부의 통치 능력, 부채는 과제를 나타낸다. 부채(과제)가 자산(정부의 통치 능력)을 넘어서면 부채 초과, 곧 불황에 빠지게 된다. 정권의 안정도가 떨어져 정권 교체 압력을 받는다.

| 표 1 | 중국 통치의 대차대조표

자산	부채
• 경제력 (2011~2015년의 경제성장률 목표 평균 7%) • 통치기구 (강한 공산당 및 정부와 약한 국회) • 인적 자산 (공산당원 약 8,000만 명의 네트워크)	• 빈부 격차 확대 • 관료의 부패, 독직 • 지방정부의 부실채권 • 저출산, 고령화 • 민족, 종교문제 • 환경 오염

일본의 경우 하원인 중의원에서는 여당, 상원인 참의원에서는 야당이 다
수를 차지하는 '왜곡 국회'와 비슷하다. 왜곡 국회에서는 통치력이 저하
되며, 이는 정치의 대차대조표가 불황 상태에 있다고 할 수 있다.

중국의 경우 빈부 격차, 관료의 부패와 독직, 환경 오염 등 부채가 막대
하다. 부채만 볼 때 중국은 분명 파산이 눈앞에 와 있는 것 같다. 중국 붕
괴론이 나오는 근거다. 그러나 부채에 비해 경제성장의 혜택과 공산당의
인적 자산, 신속한 정책 실행이 가능한 통치기구 등 자산이 두터워 부채
와 자산이 균형을 이루고 있다. 이와 같은 통치의 대차대조표를 통해 공
산당 일당 지배가 지속되는 이유를 설명할 수 있다.

중국 공산당은 거버넌스를 '집정 능력'이라 부르며 2004년부터 이를
강화해왔다. 2009년 9월 제17기 중앙위원회 제4차 전체회의(줄여서 '4중
전회'라고 한다. 중앙위원회는 공산당 최고 정책 심의기구로 매년 한두 차례 전
체회의가 열린다—옮긴이)에서는 공산당의 집정 능력을 높이기 위해 '당
건설의 강화 및 개선에 관한 결정'을 채택했다.

4중전회 폐막 후에 발표한 성명서는 "당내에 새로운 정세에 적응하지 못하고 당의 이념에 맞지 않는 문제가 존재해 당의 결집력과 전투력을 현저히 저하시키고 있다"고 지적한 뒤 '공산당 내부의 민주적 발전', '간부 인사제도 개혁', '처벌과 부패 예방' 등의 처방을 제시했다.

후진타오 총서기는 2008년 12월 공산당의 집정 지위는 영원한 것이 아니라고 밝혔다. 부채가 확대되는 가운데 자산의 확충 및 강화에 성공하지 못한다면 일당 지배를 지속할 수 없다는 위기감을 강조한 것이다. 시진핑 시대 역시 안정된 경영이 지속되고 일당 지배가 유지될 것이라는 시각이 지배적이다. 다만 갑자기 부채가 늘어나면 일당 지배가 붕괴될 가능성도 전혀 없다고 단언하기는 힘들다.

폭넓은 정보 네트워크

'통치의 대차대조표'에서 자산 부문이 탄탄할 수 있는 비결은 무엇일까. '중국 모델' 거버넌스의 첫 번째 특징은 문제점을 찾아내는 정보 네트워크가 광범위하고 치밀하다는 것이다.

우선 기업과 마을 내에서 공산당 조직이 감시 시스템 역할을 하고 있다. 중국 회사법 제19조는 기업의 공산당 조직 설치를 의무로 규정하고 있다. 중앙부처에도 각료와는 별도로 최고지도자인 공산당 서기 직책이 개설돼 있다. 대개의 경우 공산당원인 각료가 당서기직을 맡지만 각료와 당서기가 서로 다른 사람일 경우도 있다. 당 조직은 당의 관점에서 문제되는 인물이나 사안을 발견해 당 중앙에 전달한다.

정보를 수집하는 속도가 매우 빠르다. 2009년 말 기준으로 중국 공산당의 당원 수는 7,799만 5,000명이다. 중국인 17명 가운데 한 명이 공산당원이라는 계산이 나온다. 2008년 말에 비해 2.7퍼센트 늘었고, 지속적으로 증가하는 추세다.

공산당원의 신분도 다양해 사회 각계각층에 네트워크가 형성돼 있다. 특히 대졸 이상 고학력의 젊은 층이 빠르게 늘고 있다. 장차 중국을 이끌어갈 엘리트층을 흡수하고 있는 것이다. 청년들이 공산당에 몰리는 현상에 대해 공산당 관계자는 "당원이 되면 취직과 출세에 유리하기 때문"이라 분석한다. 당원 중 여성은 1,694만 명, 소수민족은 513만 명이다. 여성과 소수민족 모두 공산당에서 차지하는 비율이 높아지고 있다. 공산당원이 아닌 민간기업 경영자를 공산당으로 흡수하고, 또 공산당 간부가 민간기업에 '낙하산'으로 내려감으로써 공산당의 정치 기반을 굳히고 있다. 정권을 담당할 능력을 갖춘 '비공산당 세력'의 형성과 성장을 원천봉쇄하고 있다.

빠른 의사결정 속도

중국 모델 거버넌스의 두 번째 특징은 대응 방안을 기획하고 입안하는 결정 시스템이 당 최고지도부에 집결돼 있다는 것이다. 권한이 집약된 최고지도부는 문제의식을 공유하고 있기 때문에 의사결정 속도가 빠르다. 일단 결정된 방침에는 모두 이의 없이 따른다.

공산당의 '이사회'라고 할 수 있는 최고지도부의 정치국 상무위원(후진타오 지도부는 9명) 및 정치국 위원(25명)이 되면 중요 정책과 인사 결정에 참여하며 기밀 정보를 제공받는다. 정치국 위원은 국회의장, 총리 부총리, 지방정부 지도자, 부패 척결 책임자와 경찰 등 온갖 분야의 책임자를 겸하고 있다. 이들은 자신들이 관장하는 분야는 물론 공산당과 사회 안정에 필요한 전략 목표를 공유하며 자신이 맡은 분야의 과제가 무엇인지 최선을 다해 찾아낸다.

공산당 지도부는 지식인 등을 초청해 집단 학습회도 열고 있다. 2010년에는 8회 개최했다. 주제는 열린 순서대로 ①세재정稅財政 개혁 ②지구온난화 대책 ③의료 개혁 ④당의 말단 조직 건설 강화 ⑤문화체제 개혁 ⑥민중이 안고 있는 다양한 문제들 ⑦상하이 엑스포 ⑧경제 사회 발전 5개년 계획 등이다. 이 여덟 가지 과제는 2010년 당시 공산당이 직면한 핵심 현안이었다.

일본은 각료가 되면 내각회의에서 의결권을 무기 삼아 중요 정책 결정에 관여한다. 하지만 자신의 관할을 벗어난 사안에 대해 입을 여는 경우는 거의 없다. 대부분은 자신이 맡은 부처의 이익을 지키는 대표자로서 발언하는 데 그친다. 내각회의 뒤 열리는 각료 간담회에서라도 자유롭게 발언하자는 얘기가 나왔다가도 슬그머니 사라지는 일이 거듭되고 있다.

간 나오토菅直人 일본 총리는 저서에서, 1996년 하시모토橋本 정권의 후생상이 됐을 때 자신 역시 '세로의 저주(자신의 부처 이익만 생각하는 행태-옮긴이)'에서 벗어나지 못했다고 반성하고 있다. 각료회의가 미쓰비시그룹이나 미쓰이그룹 같은 거대 재벌의 '사장 회의' 비슷하게 운영되기 때문에 자기 관할 외의 문제에 대해서는 서로 간섭하지 않는다는 것이다.[3] 간 총리는 "제대로 하려면 사장 회의가 아닌, 기업의 이사회 형태로 운영돼야 한다"고 주장했지만, 그가 이끈 내각에서도 각료회의는 실질적으로 변한 것이 없다. 오히려 중국의 정치국 상무위원 및 정치국 위원 회의가 더 이사회에 가깝다.

중국은 장기적 안목에서 정책을 입안한다. 10년 이상을 염두에 두고 전략을 짠다. '2020년 전면적 소강小康(비교적 여유가 있는) 사회 건설'이란 목표를 정한 것은 2002년 10월 제16차 공산당 대회 때였다. 그 연장선에서 5개년 경제 사회 계획을 통해 구체적인 지침을 정한다. 이어 5개년 계획이란 큰 틀 안에서 다시 1년마다 새로운 방침을 만들고 예산을 짠다.

일본의 경우 정권이 빈번히 교체돼 당장 눈앞에 닥친 과제를 해결하는 데도 허덕거린다. 방위나 과학기술 등에 5개년 계획이 있지만, 이는 예산을 확보하거나 제한하기 위한 재정적인 목적 때문에 기간이 연장됐을 뿐이다.

중국의 5개년 계획에 대해서는 계획 수립 당시의 경제 상황이 재정정책의 기본 방침에 영향을 주게 되고, 상황에 맞게 방침을 적절히 수정하지 못한다는 문제점이 지적되고 있다. 경기 안정화에 실패해 경기의 진동 폭이 커져버렸다는 지적도 나왔다. 그래서 2006년에 결정된 5개년 계획의 명칭은 '계획計劃'에서 '규획規劃'으로 바뀌었다. 계획경제의 색깔을 다소 완화하면서 유연성을 중시하게 된 것이다.[4]

강한 공산당 강한 정부 vs. 허약한 국회

★ 　　중국 모델 거버넌스의 세 번째 특징은 강력한 정책 실행력이다. 그 비결은 '강한 공산당 강한 정부 vs. 허약한 국회'에 있다. 특히 경제정책을 실행할 때 공산당과 정부가 절대 우위에 선다.

2008년 9월 미국 리먼브라더스Lehman Brothers가 주택 과잉 투자로 파산하면서 세계 경제위기가 확산되는 가운데, 중국은 그해 11월 4조 위안(약 680조원) 규모의 경기부흥 대책을 내놓았다. 인프라 정비가 대부분이었고 의료 및 교육 사업·산업정책·환경 대책 등을 중심으로 삼았다. 그리고 관 주도의 강제 조치가 중국 경제에 'V자 회복'을 가져다주었다.

이 정책 실행에 기여한 것이 공산당 및 행정부와 입법부 간의 역학관계였다. 우리의 국회에 해당하는 전국인민대표대회는 최고 국가 권력기관(중국 헌법 제57조)이며 법 제정과 예산 비준 권한을 가진다(헌법 제62조). 그러나 심의는 형식적이며 정부가 제출한 법안을 사실상 추인할 뿐이다. 국회의원에 해당하는 '대표'는 공산당원이거나 공산당에 우호적인 인물이 대부분이다. 애당초 '야당'이 없기 때문에 법안 등을 통과시킬 때 '대결 국면'은 존재하지 않는다.

회기도 짧다. '통상 국회'라고 할 수 있는 전인대는 해마다 3월에 열리는데, 회기는 10일 정도에 불과하다. '임시 국회'인 전인대 상무위원회는 2개월에 한 번, 며칠씩만 열린다. 법안 심의는 일체 공개되지 않기 때문에 전인대에 과연 견제 기능이 있는지 의문이다.

일본에서 국회는 '국권의 최고기관'(헌법 제41조)이며, 예산 법률 조약의 생사여탈권을 쥐고 있다(헌법 제59조, 제60조, 제61조). 중의원과 참의

원 양원에서 다수파가 각기 다른 '왜곡 국회' 상황이 벌어지면 중의원의 3분의 2 이상으로 '재가결'해 통과시키지 않는 한, 예산안 이외의 법률은 통과되지 않으며 정책 결정은 마비된다. 선진국에는 '왜곡 국회'나 어떤 정당도 과반수를 차지하지 못하는, 절대 다수당이 없는 '형 의회hung parliament'가 많다.

일본에서는 세제 개정에 국회 의결이 필요하지만 중국은 정부 재량으로 세금을 늘리거나 줄일 수 있다. 중국 상업은행법에는 "국가의 지도를 받는다"는 명문 규정이 있다. 예를 들면 대출에 대한 이윤의 확보 여부가 대출 기준이 되지 않는다. 정부 산업정책의 일환으로 대출 지시가 내려오면 대출해주는 것이다.[5]

중앙은행인 중국인민은행의 독립성도 취약하다. 인민은행법 제2조는 "금융정책은 국무원(중앙인민정부를 말한다. 행정 법규의 제정과 결의 및 명령 등의 반포를 맡는다—옮긴이)의 지도를 받는다"고 명기하고 있다. 제3조에서는 '통화가치 안정'뿐 아니라 '경제성장 촉진'도 금융정책의 목표로 삼고 있다. 성장 촉진이 목적이라면 중앙은행은 인플레이션의 견제자 역할을 할 수 없다. 중국 정부가 '고용 안전'을 중시하면 금융정책은 경기부양형으로 운영될 가능성이 높다. 인플레이션 억제가 시중의 관심거리가 되는 가운데, 중국인민은행은 과감한 금리 인상을 단행하지 못했고 돈이 남아도는 상황이 지속됐다. 부동산 버블은 나날이 심화되고 있다.

언론 통제에서 얻는 효과도 크다. 당국의 뜻에 반하는 의견이 확산되는 것을 막을 뿐 아니라 여론을 관리해 정책의 발표 효과를 높일 수도 있다.

사회정책 면에서는 '당근과 채찍'이라는 강경과 온건, 두 가지 수단을 펼 수 있다. 당근은 풍부한 재정이 강점이다. 채찍은 사법부를 공산당 지도 아래 두고 인권 침해 따위는 아랑곳하지 않는 야만적 수법을 자주 사용한다. 인민해방군이나 무장경찰 등 무력 조직을 '당의 지도' 아래 두고 있어 무력 저항에 대한 억지력이 막강하다.

중국 모델 거버넌스의 이 세 가지 특징은 현재로서는 장점이다. 그러나 단점이 되기도 한다. 중국 모델의 안정도는 '자산'을 늘리는 집정 능력 강화 속도가 빈부 격차 확대, 관료 부패, 물가 인상, 취직난 등 '부채'의 증가 속도를 앞서는가에 달려 있다. 부채의 증가 속도가 빨라지면 공산당 일당 지배에 노란불이 켜지게 된다.

소극적인 공산당 지지

★★　　중국 인민은 공산당을 어떤 시각으로 바라보고 있을까. 베이징 대학 바이지리白智立 교수 등이 2008년 12월에서 2009년 5월 사이 중국 공산당원을 대상으로 실시한 여론조사에 따르면 "중국 공산당 외에 중국을 지도할 수 있는 조직은 존재하지 않는다"는 말에 '전적으로 동의한다'고 대답한 사람은 17.7퍼센트, '동의한다'는 47.4퍼센트였다. '별로 동의하지 않는다'는 20.2퍼센트, '전혀 동의하지 않는다'는 4.0퍼센트, '모르겠다'는 10.7퍼센트로 나타났다. 당의 혜택을 가장 많이 입고 있는 공산당원 중에서 당의 절대적 지도성을 인정하지 않는 비율이 3분의 1에 달하는 셈이다.

지지 정당이 없는 부동층에서는 '전적으로 동의한다'와 '동의한다'를 합해 44.4퍼센트였고, '별로 동의하지 않는다'는 30.1퍼센트, '전혀 동의하지 않는다'는 12.8퍼센트였다. 즉 동의하지 않는 층이 42.9퍼센트였다.

당원의 응답을 연령대별로 보면 동의한 층은 20대가 58.1퍼센트, 30대가 68.0퍼센트, 40대가 69.4퍼센트, 50대 이상이 80.6퍼센트였다. 당원이라도 젊은 세대일수록 공산당에 대한 충성심이 약해지고 있음이 확연히 드러났다.

"사회주의 현대화는 공산당이 계속 권한을 갖고 추진해야 한다"는 생각에 대한 찬반을 묻는 항목도 있었다. 부동층에서는 '전적으로 동의한다'가 14.3퍼센트, '동의한다'는 53.2퍼센트, '별로 동의하지 않는다'는 12.7퍼센트, '전혀 동의하지 않는다'는 6.3퍼센트였다. 동의한 층은 모두 67.5퍼센트로 전체의 3분의 2를 차지했다.

당국의 감시가 두려워 '모범 답안'을 낸 사람도 적지 않을 것으로 보이지만, 중국의 다양한 사람들을 만나면서 내가 느낀 바에 따르면 중국 공산당과 정부의 지지율은 대체로 50퍼센트가 넘는 것 같다. 불만은 있지만 공산당 외에 정권을 담당할 대안이 없다고 생각해 소극적으로 지지하는 사람이 많은 듯하다.

일본에서는 내각 지지율이 30퍼센트 아래로 떨어지면 빨간불이 켜지는데, 후진타오 정권은 여전히 파란불이고 가끔 노란불이 들어오는 정도다. 다만 대부분이 소극적 지지층이고 적극적 공산당 지지자는 많지 않기 때문에 한순간에 노란불이나 빨간불이 켜질 위험은 상존한다. 부동층

| 표 2 | 베이징대학 바이지리 교수의 여론조사

(단위: %)

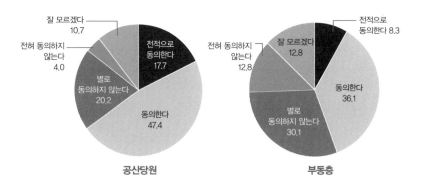

① 중국 공산당 외에 중국을 지도할 수 있는 조직은 존재하지 않는다

공산당원

- 잘 모르겠다 10.7
- 전혀 동의하지 않는다 4.0
- 별로 동의하지 않는다 20.2
- 전적으로 동의한다 17.7
- 동의한다 47.4

부동층

- 전혀 동의하지 않는다 12.8
- 잘 모르겠다 12.8
- 전적으로 동의한다 8.3
- 동의한다 36.1
- 별로 동의하지 않는다 30.1

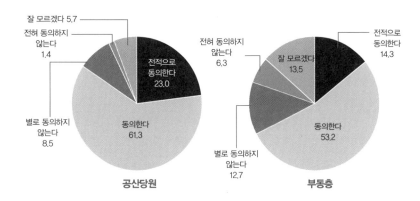

② 사회주의 현대화는 공산당이 계속 권한을 갖고 추진해야 한다

공산당원

- 잘 모르겠다 5.7
- 전혀 동의하지 않는다 1.4
- 별로 동의하지 않는다 8.5
- 전적으로 동의한다 23.0
- 동의한다 61.3

부동층

- 전혀 동의하지 않는다 6.3
- 잘 모르겠다 13.5
- 전적으로 동의한다 14.3
- 동의한다 53.2
- 별로 동의하지 않는다 12.7

에 가까운 소극적 지지층이 많다는 것은 지지도가 흔들리기 쉬운 공산당 정권의 불안정함을 보여준다.

큰 정부에서 작은 정부로의 전환 불가피

★*　　중국 공산당 관계자에 따르면 중국은 치밀하게 통치 모델을 연구하고 있다. 복수정당제는 물론 장기 집권에 성공했던 일본 자민당의 파벌과 족의원族議員(특정 이익집단의 권익과 목소리를 대변하는 의원－옮긴이)을 조사한 적도 있었다. 결론은 "중국에 자민당 모델은 맞지 않는다"는 것이었다. 중국에서는 파벌 투쟁이 격화되면 일당 지배체제가 불안정해질 위험이 크다고 판단한 듯하다.

원래 자민당의 장기 집권을 의미하는 '55년 체제'에서 자민당이 장기 일당 지배를 유지할 수 있었던 것은, 경제성장의 과실을 발전에서 뒤처진 집단에 분배하고 평등을 실현해 정치적 안정을 이끌어냈기 때문이다. 이 같은 자민당 시스템을 확립한 사람은 다나카 가쿠에이田中角榮 전 총리로 공공사업 등을 통해 지역 간 격차를 해소했다. 그러나 두 차례의 오일쇼크로 일본 경제가 지속적인 성장이 불가능한 '안정 성장기'로 접어들자 한계를 맞게 된다.[6]

시진핑도 당분간은 공공사업을 중심으로 '확대 분산형' 정치 시스템을 이어나갈 것이다. 그렇지만 2022년까지 10년간의 임기 중에 한계에 부딪칠 것이다. 일본과 마찬가지로 '큰 정부'에서 '작은 정부'로의 전환이 불가피한 국면을 맞을지도 모른다. 관 주도에서 민 주도로의 이행도 과제로 부상할 것이며, 그런 상황에서는 공산당의 비즈니스 모델도 변화를 모색해야 할 것이다.

GDP의
미중美中 역전

경제의 '대중화권'

:: 03

중국 공산당이 일당 지배를 유지하기 위한 최대 관건은 '경제 발전을 장기간 지속할 수 있느냐' 하는 것이다. 중국 공산당의 정통성은 이제 이념이 아니라 경제 발전에 의한 부의 분배가 가능한가에 달려 있다. 따라서 시진핑 정권의 최대 정책 과제는 '경제'다.

2009년 10월 1일 중국 공산당 건국 60주년을 맞아 베이징 시에서 성대한 기념행사가 열렸다. 베이징 시 중심의 톈안먼 누각에 선 후진타오 총서기는 "오늘 중국은 위대하게 세계의 동방에 치솟아 있다"고 선언했다. 아편전쟁 이후의 굴욕과 시련의 시대를 마치고 대국으로의 부흥을 선언한 것이다.

세계의 동방에 중국이 우뚝 치솟아 있다는 것은 중국과 함께 세계의 동방에 있는 일본을 넘어섰다는 의미다. 중국의 국내총생산GDP은 2010년 39조 7,983억 위안(약 6,800조 원)에 달해, 일본을 제치고 미국에 이은 세계 2위의 경제대국으로 약진했다. 일본은 1968년 이후 줄곧 유지해온 세계 2위 자리를 중국에 넘겨주었다.

후진타오 총서기는 건국 60주년을 2년 앞둔 2007년 10월 공산당 대회에서 "2020년까지 1인당 GDP를 2000년의 4배로 늘리겠다"고 공언한 바 있다. 중국 정부 통계에 따르면 2000년 1인당 GDP는 7,078위안(약 120만 원)이었다. 2010년에는 인구가 13억 3,972만 4,852명으로, 1인당 GDP는 2만 9,706위안(약 500만 원)이 됐다. 2000년에 비해 4.2배 늘어난 수치로 20년 안에 달성하겠다던 목표를 10년 만에 실현한 것이다.

2020년 GDP 세계 1위로

★ 중국 건국 70주년을 맞는 2019년, 후진타오의 뒤를 이을 시진핑은 2009년과 마찬가지로 베이징 시에서 대규모 군사 퍼레이드를 개최하고 톈안먼 누각에서 '중요 강연'을 할 것이다. "중국은 세계에서 우뚝 솟아 있다"며 후진타오가 '동방'으로 한정했던 표현을 바꿀지도 모른다. 시진핑 정권 말기가 되면 경제력으로는 미국에 필적하는 경제대국이 될 것이다. 그리고 '포스트 시진핑' 체제로 넘어가는 과정에서 '미중 역전'의 시기를 맞이할 것이다.

| 표 3 | 중국의 GDP 추이

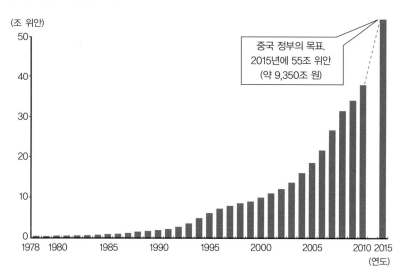

중국 정부의 목표.
2015년에 55조 위안
(약 9,350조 원)

(조 위안)

(연도)

중국 정부의 경제정책 결정에 영향을 미치는 칭화대학淸華大學 국정연구센터 후안강胡鞍鋼 주임은 중국이 2020년 GDP에서 미국을 추월하고 세계 1위가 될 것이라고 예측한다. 또한 2020년에는 중국 GDP가 세계 전체 GDP의 5분의 1에 근접하며 해외 직접투자, 과학자·엔지니어 수, 특허 신청 건수에서도 세계 1위가 되리라고 내다보았다. 영국 스탠더드차터스은행도 2010년 11월의 보고서에서, 중국이 2020년 GDP 부문에서 미국을 추월할 것이란 예측을 내놓았다.

이토 다카토시伊藤隆敏 도쿄대학 교수의 계산에 따르면 2023년에서 2027년 사이에 중국이 미국을 추월할 것이다.[7] 내각부(총리실, 기획재정부 등의 권한을 가진 일본 부처―옮긴이) 예측에서도 중국의 잠재 성장률은

2010년 연평균 9.1퍼센트이며, 2020년에도 7.9퍼센트를 유지할 것으로 나타났다. 2030년 중국의 GDP 규모는 세계의 23.9퍼센트를 차지해 미국(17퍼센트), 일본(5.8퍼센트)과의 격차를 더 벌리게 된다.[8] 일본경제연구센터는 2011년에서 2020년 사이 중국의 경제성장률이 연평균 8.6퍼센트에 이를 것으로 예측했다. 같은 시기 미국의 연평균 성장률은 2.5퍼센트로 3배 이상의 속도다.

영국의 경제사학자 앵거스 매디슨Angus Maddison의 추계에 따르면 1820년 중국의 실질 GDP(구매력 평가 기준)는 전 세계의 32.9퍼센트를 차지했다. 당시 미국은 1.2퍼센트에 불과했다. 5,000년 역사를 자랑하는 중국으로선 지난 200년은 세계 1위에서 잠시 추락한, 영고성쇠의 극히 짧은 시기에 불과한 것인지도 모른다.

중국 정부가 제시한 2011년부터 2015년까지 5개년 계획에 따르면 GDP 성장률은 연평균 7퍼센트이며, 2015년 GDP는 55조 위안(약 9,350조 원)이 될 것으로 예측하고 있다. 대부분의 예측이 2020년까지 경제성장률을 연평균 7퍼센트로 잡고 있다. 이 예측대로 이루어진다면 인민의 불만은 어느 정도 억제할 수 있고 경제문제 때문에 공산당 체제가 붕괴할 가능성은 높지 않을 것이다.

다만 성장률이 연 5퍼센트대 아래로 떨어지는 비관적 시나리오가 현실화될 경우, 사회 불안정이 확대되고 민주화 움직임이 높아질 공산이 크다. 기술 혁신과 산업의 고도화로 경제성장률이 향상되더라도 그것이 고용 증가로 연결되지 않을 가능성도 있다. 성장률뿐 아니라 실질적인 실업률이나 인플레이션에도 주목해야 하는 것이다.

중국 경제의 루이스 전환점

★* 　　중국 경제는 순조롭게 성장을 이어갈 것인가. 흔히 인플레이션 대책, 급등하는 부동산 대책 등을 기준으로 성장 전망을 예측하지만, 이 책에서는 중장기적으로 경제성장의 3대 요인인 노동력 증가, 자본 축적, 기술 진보 등을 통해 살펴본다.

　일본 내각부 조사에 따르면 1992년부터 2001년 사이에 중국의 성장률은 평균 9.9퍼센트였다. 기여도는 기술 진보 54퍼센트, 자본 축적 34퍼센트, 노동력 증가 9퍼센트였다.[9]

　먼저 '노동력'에 대해 살펴보자. 값싼 농촌 노동력의 도시 이동은 고도성장의 원동력이 됐다. 1980년 이후 4반세기 동안 인구의 25퍼센트가 농촌에서 다른 지역으로 이동했다. 2010년 13억 3,972만여 명의 중국인 가운데 도시에 사는 사람은 6억 6,558만여 명, 농촌 거주자는 6억 7,415만여 명이다. 이런 추세가 계속된다면 조만간 도시 인구가 농촌 인구를 넘어설 것으로 전망된다. 미국, 유럽, 일본의 도시 인구 비율이 80퍼센트 수준이므로 중국은 앞으로도 도시화가 더 진전될 가능성이 높다.

　농촌에서 직장을 구하지 못한 농민은 도시로 떠나게 되는데, 경제가 발전하면 공업 부문에서도 잉여 노동력이 바닥을 드러내게 된다. 공업 부문에서 완전 고용이 달성되는 시점을 '루이스 전환점Lewisian turning point'이라 부른다. 루이스 전환점을 지나면 노동 수요가 공급을 초과해 노동력 부족 사태에 직면하며 임금이 상승하게 된다. 루이스 전환점은 한 나라의 경제성장 및 공업화 수준을 측정하는 중요한 분기점이다.

　중국 농촌 지역에는 1억 5,000만 명의 잉여 노동력이 있는 것으로 알

려져 있다. 광둥廣東 성 등 공업화가 진전된 일부 지역에서는 이미 루이
스 전환점에 도달했다는 견해도 나오고 있다. 루이스 전환점을 넘어선
지역에서는 산업 공동화 현상이 발생하기 때문에 '산업 고도화'가 과제
로 떠오른다. 광둥 성이 노동집약형 산업에서 부가가치가 높은 산업으
로 전환을 추진하는 배경에는 이러한 사정이 있다.

'한 자녀 정책'의 영향으로 노동력 인구는 2013년부터 감소 추세로 전
환할 것이다. 대학 진학률이 높아지고 대졸자가 희망하는 취직 자리와
실제 모집하는 직업의 불균형도 확대된다. 노동력이 과잉에서 부족으로
전환되는 루이스 전환점을 맞이하는 지역이 늘어나 임금이 상승하게 된
다. 특히 연안 지역을 중심으로 임금이 가파르게 상승하고 있다. 2010년
전국 31개 성, 자치구, 직할시 중 30곳에서 최저임금이 올랐고 인상 폭은
평균 22.8퍼센트에 달했다.

2011년 1월 광둥 성 선전深圳 시 정부는 법정 최저임금을 향후 5년간
2배 인상한다고 발표했다. 정부 측 경제단체인 중화전국공산업연합회의
보고서는 향후 10년 동안 법정 최저임금을 지금의 4배로 올릴 것을 촉구
하고 있다. 노동 분배율 향상은 소비 확대로 연결된다는 이점이 있는 반
면 기업의 수익을 압박하는 위험요소가 될 것이다.

기술 발전이 핵심

두 번째로 '자본 축적'을 살펴보자. 중국의 자본 축적 신장률은
연평균 13퍼센트로 과거 10여 년간 계속 증가해왔다. '고저축－고투자'

의 결과이며 외국 자본 역시 자본 증가에 일정한 역할을 해왔다.

시진핑 시대에도 고저축 경향은 당분간 계속될 것이다. 교육 수준이 높아짐에 따른 인적 자본 수준의 향상으로 2008년에서 2020년 연평균 자본 축적 신장률은 13퍼센트 안팎을 유지할 것이란 예측이 나온다.[10] 다만 투자에서 소비 주도로 경제 모델을 전환하는 과정에서 경제성장에 대한 투자의 기여도는 떨어질 것으로 예상된다. 공해 등 '외부 불경제外部 不經濟(환경 오염 같이 경제 주체들의 활동이 제3자에게 손해를 미치는 일―옮긴이)'에 대한 대책에 중점을 두는 것도 자본의 효율성 저하를 초래한다.

세 번째로 '기술 진보'에 대해 살펴보자. 칭화대학 국정연구센터 후안강 주임은 기술 진보를 포함한 TFP Total Factor Productivity(총요소생산성. 노동생산성뿐 아니라 근로자의 업무 능력, 자본 투자 금액, 기술도 등을 복합적으로 반영한 생산 효율성 수치)의 추세가 향후 중국의 경제성장을 좌우하며, TFP를 유지할 수 있다면 GDP는 9퍼센트를 넘는 성장을 지속할 것이라고 예측했다.[11]

중국의 통치 대차대조표에서 부채인 '고령화'는 이러한 성장의 세 가지 요소(노동력 증가, 자본 축적, 기술 진보)를 둔화시키는 역할을 한다. 중국은 2007년 10월 공산당 대회에서 "자주적 창조 혁신 능력을 향상시키고 창조 혁신형 국가를 구축한다"는 목표를 내걸며 기술 발전에 공들이고 있다. 기술 진보의 기여도가 답보상태에 빠지는 상황도 예상된다. 경제의 지속적인 성장은 결국 기술 발전에 달려 있다.

경제 이익으로 연결되는 결합체

★* 중국의 사람, 물자, 자본은 세계 각지로 확산되고 있고 '대중화권'이 확대되는 양상을 보이고 있다. 사람, 물자, 자본 확산의 매개체는 중국 국적을 가진 화교와 외국 국적을 갖는 화인華人을 포함한 전 세계 4,500만 명에 달하는 '해외동포'다. 그들은 서로 정보망을 통해 교류하며 경제 이익으로 결합돼 있다. 중국 본토에서 해외로 뻗어나가려는 꿈을 갖고 있는 노동자 역시 해외동포에 합류한다.

돈의 위력도 발휘된다. 2010년 중국의 해외 직접투자액(금융업 제외)은 전년 대비 36.3퍼센트 늘어난 590억 달러로 역대 최고액을 기록했다. 중국 기업이 해외에서 자본 분야를 중심으로 해외 기업을 매수하고 자원 권익을 확대하고 있다.

대표적인 나라가 이란이다. 2009년 중국의 국유 석유회사인 중국석유천연가스공사CNPC는 이란 아자데간 유전의 개발권 70퍼센트를 획득했다. 아자데간 유전은 서아시아의 최대급 유전이다. 이란의 핵개발 의혹과 관련해 미국은 일본에 협조를 요청했고, 일본은 자발적으로 아자데간 유전에 대한 권리를 75퍼센트에서 10퍼센트로 줄였다.

핵문제와 관련해 이란에 대한 경제 제재에 동참하고 있는 서방 기업은 운신의 폭이 좁은 반면, 중국 기업은 에너지를 확보하기 위해 이란 진출을 가속화하고 있다. 중국은 실리를 우선시하는 관민 총력전을 전개하며 이란에서의 존재감을 높여가고 있다. 이란에서 수입하는 원유도 급증해, 이란은 앙골라와 사우디아라비아를 제치고 중국에 대한 최대 원유 공급국으로 등극했다.

중국은 '세계의 공장', '세계의 시장'으로서의 존재감도 높여가고 있다. 최근 경제 자료를 보면 이는 확연히 나타난다. 2010년 수출액은 전년 대비 31.3퍼센트 증가한 1조 5,779억 달러에 이른다. 2009년에 이어 또다시 독일을 제치고 세계 1위를 기록한 것이다. 수입도 38.7퍼센트 늘어난 1조 3,948억 달러로 역대 최고다. 무역 흑자는 6.4퍼센트 감소한 1,831억 달러지만 여전히 막대한 규모다. 위안화 절상을 요구하는 국제적 압력을 받으면서도 무역대국으로서 팽창을 지속할 가능성이 높다.

2010년 신차 판매 대수는 전년 대비 32퍼센트 늘어난 1,806만 1,900대를 기록했다. 2년 연속 미국을 추월해 세계 1위가 됐다. 미국이 정점을 찍었던 2000년 기록(약 1,740만 대)까지 넘어섰고, 단일 국가의 연간 판매 대수로는 사상 최다였다.

무역 흑자 확대의 영향으로 외환 준비고도 급속히 늘고 있다. 중국의 외환 준비고는 2006년 2월 일본을 제치고 세계 1위가 됐고, 2011년 3월에는 3조 447억 달러로 3조 달러를 돌파했다. 외환 준비고는 국제사회에 대한 영향력을 강화하는 유력한 무기가 되고 있다. 중국은 외환 준비고를 주로 미국 국채 구입에 사용하는데, 2008년 9월 일본을 제치고 최대 미국 국채 보유국이 됐다. 2010년 말 중국의 미국 국채 보유고는 1조 1,601억 달러로, 3년 연속 1위를 지켰다.

세계 각국과 경제 분야의 의존관계가 심화되면 중국에 유리한 글로벌 환경이 조성된다. 실제로 많은 국가들이 중국과 무역관계를 확대하면서 중국의 영향을 받고 있다. 그렇게 되면 예를 들어 중국이 싫어하는 인권 문제 등을 비판하기 어렵게 된다. 경제의 '대중화권'은 중국 외교의 파워가 침투할 수 있는 국가가 늘어난다는 의미다.

양에서 질로 구조 전환

★* 　　중국 공산당은 2006년 제16기 중앙위원회 제6차 전체회의(6중
전회)에서 채택한 성명서를 통해, '조화和諧(허셰) 사회' 건설의 주요 목
표와 임무로 9개의 테마를 명시했다. 목표 시한이 2020년이기 때문에 시
진핑 시대의 과제를 열거한 것이라 할 수 있다.

　내용은 ① '인치人治'에서 '법치法治'로 전환 ②경제 격차 확대 시정 ③
취업과 사회보장제도 정비 ④공공서비스 향상 ⑤도덕과 학습 장려 ⑥창
조력 향상 ⑦사회질서 유지 ⑧환경 보호 ⑨높은 수준의 소강(비교적 여유
가 있는) 사회 건설 등이다. '통치의 대차대조표'란 관점에서 보면 약점인
'부채' 부문을 정리하고 '자산'인 통치기구와 경제 모델의 질적 향상에
역점을 두고 있다.

　2011년 3월에 결정된 제12차 5개년 계획도 '경제성장 패턴의 전환'
을 가장 중요한 과제로 설정하고 있다. 경제성장 패턴은 수요 면에서 '투
자에서 소비로', 공급 면에서는 '2차 산업에서 3차 산업으로', 성장 모델
은 치밀하지 못하고 조잡한 '조방형粗放型에서 기술 혁신형으로' 등 세
가지 구조 전환을 추구한다. 성장률이라는 수치뿐 아니라 경제의 질을
어느 수준까지 끌어올릴 수 있느냐가 통치의 대차대조표 중 자산의 확대
를 좌우한다.

소득의
모자이크 국가

벌어지는 격차, 재분배의 장벽

:: 04

　중국의 통치 대차대조표 중 부채에 해당하는 '리스크'에 대해 구체적으로 살펴볼 필요가 있다. 우선 빈부 격차 확대가 있다.

　31개 성, 자치구, 직할시에서 1인당 GDP가 가장 낮은 지역은 구이저우貴州 성이다. 나는 구이저우 성의 성도인 구이양貴陽 시에서 버스로 세 시간 거리에 있는 두원都匀 시의 한 농촌 마을을 방문해 생활형편이 얼마나 나아졌는지 취재한 적이 있다.

　"2000년에 3,000위안(약 51만 원)이었던 연 수입이 2009년에 4,000위안(약 68만 원)으로 늘었다."

65세의 남성 농민은 자신이 키우는 돼지와 닭을 자랑스럽게 보여주었다. 그러나 도시 노동자와 비교할 때 이들의 연 수입 증가 속도는 너무도 더뎠다.

또 다른 81세의 농민에게 물어보니 "문화혁명 무렵에는 정말 힘들었지만 문화혁명이 끝난 뒤 좋아졌다"고 말했다. 최근 10년간 연안부의 급속한 성장으로 중국 경제는 세계의 주목을 받았지만, 농민들은 최근 10년이 아닌 문화혁명 전과 중, 그리고 후를 기준으로 윤택함을 구분하고 있었다.

이 농민의 집에서 대화를 나누면서 집 안을 살펴보니 이곳저곳 부서져 있었다. 사실 그 집은 자기 소유가 아니라고 했다. "이 집은 가족 모두 도시로 돈 벌러 떠나 비어 있다"고 그는 설명했다. 이런 집이 부근에도 많이 있었다.

"노인연금을 받으시죠?"라고 묻자 "받지 못하고 있다"고 대답했다. 새로운 연금제도의 홍보가 제대로 안 된 탓인지, 아니면 지방정부 공무원이 횡령한 것인지는 불분명했다. 중앙정부는 국영 미디어를 통해 '농민의 소득 증가' 및 '사회보장제도의 확대'를 선전하지만, 그의 주름 가득한 얼굴을 보면서 허탈감을 느꼈다.

미약한 농촌의 성장

★* 칭하이青海 성의 창웨이强衛 당위서기는 2009년 7월 미야모토 유지 전 주중 일본 대사와의 회담에서 "연안부와 내륙부의 격차보다 도

시와 농촌 간 격차가 훨씬 벌어지고 있다. 내륙부에서도 도시 지역의 생활 수준은 상당히 개선됐다. 도시와 농촌 간 격차가 가장 큰 문제"라고 지적했다. 분명 중서부 내륙부에서도 성의 수도를 방문하면 발전된 도시의 모습을 엿볼 수 있다. 일본의 지방 현청 소재지보다 더 많은 고층 빌딩이 들어서 있다. 그러나 자동차를 타고 교외로 나가면 빈곤 지역이 나타난다.

2009년 도시 지역 1인당 가처분소득은 1만 7,175위안(약 292만 원)으로, 농촌 지역 1인당 순수입 5,153위안(약 87만 6,000원)의 3.3배다. 전년 대비 각각 9.8퍼센트와 8.5퍼센트 늘어난 것으로 격차가 급속히 벌어지고 있다. 중국 내륙부인 충칭重慶 시에서도 도시 지역 부유층과 농촌의 빈곤층 간 격차가 심각해지고 있다. 충칭 시 정부는 2011년 1월 충칭 시 제12차 5개년 계획(2011~2015년)에서 소득 격차 수준을 나타내는 지니계수를 현재의 0.42에서 2015년 0.35까지 낮춘다는 목표를 세웠다. 지니계수의 범위는 0에서 1까지이며, 1에 가까울수록 경제 격차가 크다. 사회가 불안정해지기 쉬운 경계점은 0.4로 알려져 있다. 중국 전체의 지니계수는 0.48 전후다.

인간이 행복을 느끼거나 실망하는 것은 상대적인 감정이다. 모두가 가난하고 고생하던 1970년대까지는 중국인들의 불만이 표면화되지 않았다. 하지만 지금은 급속한 경제 발전으로 인해 격차가 눈에 보이는 시대다. 10년 전에 외국인만 가득했던 고급 레스토랑에는 이제 중국인이 대다수를 차지하고 있다. 돈 벌러 도시로 나온 노동자가 길가에 앉아 반찬이라곤 간단한 야채무침뿐인 도시락을 먹고 있는데 루이비통 제품을 구매한 중국인이 그 옆을 지나간다.

다양한 인종과 종교가 뒤섞인 가운데 서로 융화되지 못하는 국가를 '모자이크 국가'라고 부른다. 대표적으로 인도와 아프가니스탄이 이에 해당한다. 중국은 소득 격차의 '모자이크 국가'가 됐다. 부유층은 더욱 풍족해지고 밑바닥의 저소득층은 아무리 노력해도 상승하지 못한다. 모자이크가 뚜렷해질수록 그 사회는 불안정해진다.

기대 이하의 부동산세 효과

★ 2010년 3월에 열린 전국인민정치협상회의에서 "수입의 상위 10퍼센트와 하위 10퍼센트의 소득 격차가 1988년 7.3배에서 2007년에는 23배로 확대됐다"는 내용이 발표됐다. 그 결과 2010년 전국인민대표대회 활동 보고에 등장한 키워드가 '소득 분배 제도 개혁'이었다. 농민 등 저소득층에 대한 재정 지출 확대 및 사회보장제도 정비가 핵심 정책으로 제시됐다.

하지만 부의 재분배에서 가장 큰 장벽은 고소득층에게서 세금을 징수하는 것이다. 중국에는 상속세가 없고, 개인소득세와 누진과세도 제대로 기능하지 않고 있다. 원자바오 총리는 '조세의 조정 기능이 작동되도록 할 것'이라고 했지만 상속세 도입 등 구체적인 대책은 언급하지 않았다. 기득권층의 저항이 격렬해 세제 개혁을 통한 소득 재분배의 앞길은 순탄하지 않다.

중국 정부는 우선 2011년 1월 부동산세를 상하이 시와 충칭 시에서 시험적으로 도입하기로 했다. 중국에서는 '부동산 사용권'이 매매되며, 소득이나 매각과 관련된 세금은 있지만 보유에 대한 세금은 면제돼왔다. 부동산세의 도입은 부의 재분배와 더불어 급등하는 주택 가격을 낮추려는 목적도 있었다. 하지만 징세 대상이 신규 구입 주택이나 고가의 물건으로 한정돼 소득 재분배 기능은 기대 이하다.

상하이 시는 새로 구입하는 두 번째 주택부터 과세 대상으로 삼았다. 그나마 자진신고제였으며 이미 구입한 물건은 대상에서 제외했다. 충칭 시는 과세 대상을 별장 등 고급 물건으로 한정했다. 저항하는 고소득 주택 소유자는 대부분 정치적 영향력이 큰 사람들이기에 단번에 개혁의 과실을 얻어낸다는 것은 현실적으로 매우 어렵다.

저항하는
지방정부

부동산 졸부는 시한폭탄

05 ::

    지방정부의 거버넌스에 대해 알아보자. 2010년 2월 1일 충칭 시. 파산한 지방정부 산하 국유기업 '338공장' 부지의 정문 앞에 아파트 건설 공사를 막기 위해 수백 명의 해직 근로자들이 건설작업반과 몸싸움을 벌였다. 1,000여 명의 경찰이 동원됐고 약 10명의 해직자가 부상했다고 한다.

    주민에 따르면 공장 부지에 대한 토지 사용권은 해직자들이 소유하고 있었다. 그런데 회사가 파산하자 공장장이 12억 위안(약 204억 원)의 가치가 있는 것으로 추정되는 토지를 1억 1,000만 위안에 개발업자에게 팔아넘겼다. 2,000여 명의 직원들에게 지급된 보상액은 가구당 2,000위안

| 철거가 결정된 충칭 시 맨션. '(주민과의) 조화를 준수하라'는 항의 현수막이 걸려 있다.

에서 5,000위안(약 34만~85만 원)에 불과했다. 새로 집을 마련하기엔 턱없이 부족한 액수였다.

토지 매각 수입은 중요한 자금원

★* 주민의 권리를 무시한 채 강행되고 있는 지방정부 및 지방정부 계열 기업의 개발 사업은 1994년에 도입된 '분세제分稅制'가 계기가 됐다. 국세와 지방세를 명확히 분리해 중앙정부의 몫을 늘린 이 제도는 지

방의 힘을 약화시키고 중앙 권력을 강화해줄 것이란 분석이 지배적이었다. 그러나 분세제 도입은 지방의 난개발에 불을 붙였다. 지방정부가 부동산 개발을 통해 세수 부족분을 메우려 한 것이다.

2009년 지방정부가 부동산 매각으로 얻은 수입은 전년 대비 63퍼센트 늘어난 1조 5,910억 위안(약 270조 원)이었다. 지방정부 재원의 절반을 차지했고 일부 지역에선 80퍼센트에 달하기도 했다.[12] 2010년에는 전해에 비해 거의 배로 늘어난 2조 9,397억 위안(약 500조 원)이었다. 중국에서는 토지 매각이 지방정부의 주요 자금원이 됐고, 그 여파로 지방정부는 '땅졸부'로 변질돼갔다.

'토지 재정 모델'은 지방정부에 부를 안겨주어 GDP는 늘어나지만 지속 가능한 발전 모델은 되지 못한다. 하지만 개발에 맛들인 지방 관료가 부동산업자와 짜고 주민을 폭력으로 쫓아내는 사례가 끊이지 않고 있다. 지방 관료가 토지 매각 심사에서 땅값의 30퍼센트를 뇌물로 받고 있다는 정보도 있다. 문제 고관의 80퍼센트 이상이 토지 거래에 개입하고 있다. 쫓겨난 주민들에게 지불해야 할 보상금이 개발업자에게 건네지는 경우도 적지 않다. 1994년부터 2003년까지 10년간 토지 거래와 관련해 '지하로 숨어버린' 정부와 민중의 재산은 1,380억 위안(약 23조 4,000억 원)에 달한다고 한다.[13]

"공장장과 부동산 개발업자가 공모한 것이다. 부패 간부를 처벌하라."

충칭의 철거문제와 관련해 해직 근로자들은 2008년 10월 충칭 시 최고지도자인 보시라이 당위서기에게 이런 내용의 진정서를 보냈다. 그러나 답은 없었다. 보시라이는 폭력단 박멸 캠페인을 전개해 민중의 갈채를 받았던 인물이다. 주민은 "보시라이 역시 부패의 구조적 문제는 해결하지 못한다"며 허탈해했다. 충칭대학重慶大學의 저우칭싱周慶行 공공관리연구소장은 "말단 행정조직 간부는 준법정신이 약해 한계가 있다"고 지적한다. 원자바오 총리도 업자와 결탁한 지방 관료의 부패를 시인하고 "일부 공무원은 법률에 근거해 행정을 해야 한다는 생각이 희박하다"고 밝혔다.

토지 건물의 수용 및 퇴거문제와 관련해 중국 정부는 2011년 1월 조례를 제정했다. 내용은 퇴거 보상액이 유사한 부동산의 시장가격을 밑돌지 않을 것, 수용 범위를 공공 목적에 한정할 것 등이었다. 여기에는 퇴거 작업을 실시할 때 주민의 의견을 들어야 한다는 내용도 포함돼 있지만 이것이 말단 조직에서 철저하게 시행되기까지는 시간이 걸릴 듯하다.

지방의 폭주 저지에 안간힘 쓰는 중앙정부

★* 　　자금 마련에 어려움을 겪게 된 지방정부는 베이징에 연락사무소를 설치하고, 개발 안건에 대한 예산을 따내기 위해 치열한 로비를 벌이게 됐다. 그 여파로 이러한 로비가 부패로 연결되고 있다는 비난이 속출했다. 중앙정부는 2010년 2월 현縣, 시市 등 하부 행정 단위의 베이징 사무소 582곳을 폐쇄한다고 발표했다. 그러나 폐쇄 대상이 된 지방정부의 연락사무소는 간판만 내렸을 뿐 실제로는 활동을 계속하고 있다는 지적도 있었다.

중앙과 지방의 공방은 여전히 계속되고 있다. 정권이 두려워하는 것은 지방의 혼란이다. 난개발이나 편법 융자는 부패에 그치지 않고 거품 등 경제 혼란으로 이어진다. 그 때문에 후진타오 지도부는 중앙의 정책을 말단까지 침투시켜 지방의 횡포를 저지하기 위해 안간힘을 쏟고 있다.

그러나 중국인민은행이 금리 인상으로 긴축정책을 펴도 지방의 기업과 금융기관은 지방정부의 의향을 더 중시하기 때문에 중앙의 금융정책이 지방까지 제대로 전달되지 않는다. 지방이 중앙의 거시경제 정책에 공개적으로 저항하는 일도 있다. 2004년 천량위 상하이 시 당위서기는 원자바오 총리에게 긴축정책 중단을 요청했다고 한다. 당시 요청이 천량위 서기를 해임한 이유 중 하나가 됐다.[14]

지방정부의 재정도 위험요소가 되고 있다. 베이징대학의 야오양姚洋 교수는 중국 정부가 2008년 11월에 내놓은 4조 위안(약 680조 원) 규모의 경기 부양 정책에 대해 "중요한 것은 지방정부의 투자였는데, 지방의 채무가 늘어난 상태여서 장기적으로 볼 때 최적의 방법이었는지는 의문"이라고 밝혔다.

중국의 상업은행이 지방정부 계열 기업에 제공한 융자 중 채무자의 변제 능력이나 담보 등에 문제가 있는 채권은 2010년 6월 말 시점에서 약 1조 5,400억 위안(약 262조 원)에 달한다. 지방정부 계열 기업이 경기 대책이라는 명분 아래 채산성 없는 사업에 투자한 결과다. 이들의 채무 변제 능력이 의심돼 리스크가 늘어나고 있다.

13억 인구와 넓은 국토를 가진 중국은 중앙과 지방의 이해가 첨예하게 대립한다. '상유정책, 하유대책上有政策, 下有對策(위쪽에 정책이 있다면 아래에는 대책이 있다)'이라는 말이 있는데 중앙정부의 방침은 여간해선 말단까지 전해지지 않는다. 역대 중국 왕조에서는 농민 반란과 지방의 군웅할거가 정권의 기반을 위협했다. 현재 지방에서 일어나고 있는 토지 수용은 이러한 리스크와 직결된다. 강제 수용으로 논밭을 빼앗긴 농민이 늘고 있다. 토지 매각으로 지방 재정이 넉넉해지면 면종복배하는 지방정부를 조종하기란 한층 더 어려워질 가능성이 있다. 지방정부의 거버넌스는 시진핑 시대에도 큰 골칫거리가 될 것이다.

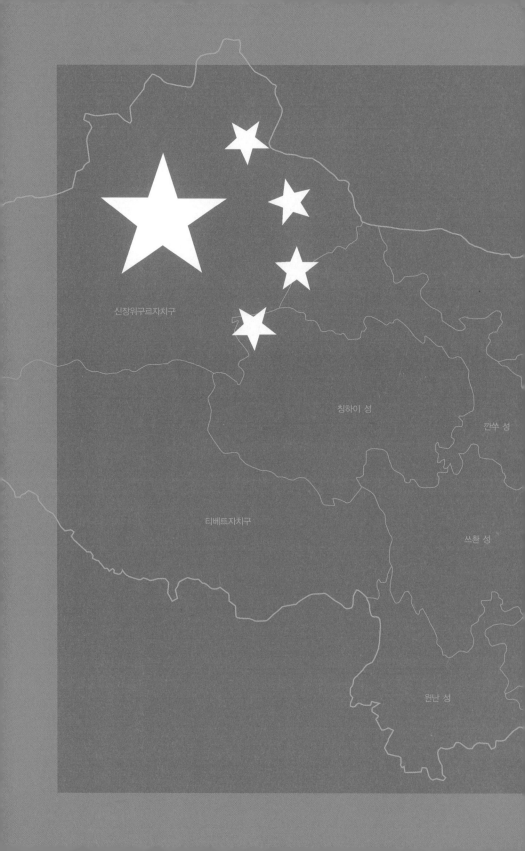

헤이룽장 성

지린 성

라오닝 성

네이멍구자치구

허베이 성

산시 성

산둥

성

허난 성

안후이

후베이 성

후난 성

장시 성

푸젠 성

광둥 성

시장족자치구

하이난 성

2장

시진핑 시대의
태동

후진타오의 섭정 체제

포스트 후진타오의 향배

2012년 이후의 섭정

:: 01

베이징의 '징시빈관京西賓館'. 베이징 시 중심부인 톈안먼에서 서쪽으로 8킬로미터 떨어진 곳에 위치한 군부가 관리하는 시설이다. 이곳에서 중국 공산당 및 정부의 수뇌부가 집무하는 중난하이나 인민대회당과 더불어 중국 공산당의 주요 회의가 열린다. 중국 정치에서 수많은 역사의 현장이 돼왔다. 1978년 12월 덩샤오핑이 권력을 장악한 뒤 개혁개방 노선을 결정한 중국 공산당 제11기 중앙위원회 제3차 전체 회의가 열린 곳도 징시빈관이었다.

그로부터 약 32년 뒤인 2010년 10월 18일. 중국 정치사의 새로운 장이 이곳에서 기록됐다. 중국 공산당 제17기 중앙위원회 제5차 전체 회의(5중전회) 폐막일에 공산당 중앙군사위원회 부주석으로 시진핑 국가부주석을 임명하는 인사가 단행된 것이다.

이는 시진핑이 군권 장악을 향한 행진을 시작했음을 의미하며, 후진타오 총서기의 후계자로서 차기 최고지도자 지위에 오르는 것이 사실상 확정된 순간이었다. 1949년 중국 건국 이래 역대 중국 최고지도자였던 마오쩌둥, 덩샤오핑, 장쩌민, 후진타오에 이어 시진핑이 '제5세대'를 대표하는 최고지도자가 되는 것이다. 중국 정계는 시진핑 시대를 향해 움직이기 시작했다.

수뇌인사를 결정하는 공산당 대회는 5년마다 열리며 차기 대회는 2012년 가을로 예정돼 있다. 공산당 최고지도자인 총서기와, 최고지도부인 당 정치국 상무위원(현재 9명)을 선출한다. 2013년 3월에는 전국인민대표대회를 열어 총리와 국가주석을 결정한다. 시진핑은 2012년 가을 당대회에서 당 총서기, 2013년 3월 전인대에서 국가주석으로 선출될 전망이다. 후진타오 역시 국가부주석이던 1999년 군사위 부주석에 취임했고 3년 뒤 당 총서기에 올랐다.

시진핑의 중앙군사위 진입에는 장쩌민 전 총서기 및 쩡칭훙 전 국가부주석 등 일부 장로 및 보수파의 지원이 있었던 것으로 분석된다. 공산당 관계자에 따르면 시진핑을 중앙군사위 부주석 자리에 앉히는 안건은 5중전회 직전까지 의제에 오르지 않았다고 한다. 무대 뒤편에서 어떤 거래가 있었는지는 베일에 싸여 있다.

향후 정국의 흐름을 점치는 데 있어서 후진타오가 다른 세력의 압력에

| 표 4 | **중국 공산당 지도부**

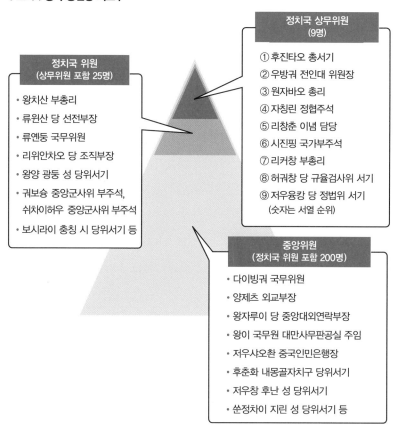

정치국 상무위원 (9명)
- ① 후진타오 총서기
- ② 우방궈 전인대 위원장
- ③ 원자바오 총리
- ④ 자칭린 정협주석
- ⑤ 리창춘 이념 담당
- ⑥ 시진핑 국가부주석
- ⑦ 리커창 부총리
- ⑧ 허궈창 당 규율검사위 서기
- ⑨ 저우융캉 당 정법위 서기
  (숫자는 서열 순위)

정치국 위원 (상무위원 포함 25명)
- 왕치산 부총리
- 류윈산 당 선전부장
- 류옌둥 국무위원
- 리위안차오 당 조직부장
- 왕양 광둥 성 당위서기
- 궈보슝 중앙군사위 부주석, 쉬차이허우 중앙군사위 부주석
- 보시라이 충칭 시 당위서기 등

중앙위원 (정치국 위원 포함 200명)
- 다이빙궈 국무위원
- 양제츠 외교부장
- 왕자루이 당 중앙대외연락부장
- 왕이 국무원 대만사무판공실 주임
- 저우샤오촨 중국인민은행장
- 후춘화 내몽골자치구 당위서기
- 저우창 후난 성 당위서기
- 쑨정차이 지린 성 당위서기 등

밀려 시진핑의 군사위 진입을 인정했는지, 아니면 후진타오가 자신에게 유리한 국면을 만들기 위해 적극적으로 움직였는지가 검증의 핵심이 될 것이다. 중국에서는 후진타오가 적극적으로 움직였다고 보는 시각이 지배적이다(폭로 전문 사이트인 위키리스크에 따르면 후진타오는 리커창을 후계

자로 원했지만 공산당 최고지도부 내 다른 세력이 시진핑을 지지한다는 사실을 알고 리커창을 후계자에서 끌어내렸다고 한다—옮긴이).

당 중앙군사위원회는 중국의 인민해방군과 무장경찰 등을 지도하는 기관이다. 후진타오 총서기가 최고지도자인 중앙군사위원회 주석을 겸임하며 시진핑 외에 2명의 부주석과 8명의 위원으로 구성된다. 그동안 중앙군사위원회는 후진타오 외에는 모두 군인이었는데 시진핑의 입성으로 문민이 2명으로 늘었다. 후진타오 총서기가 군부의 정책 결정 과정에서 문민의 발언권을 높이고 문민에 의한 정부 통제를 강화하는 효과를 노렸다는 견해도 있다.

안정적인 권력 승계를 노리다

★* 시진핑을 중앙군사위원회 부주석에 앉힌 인사 조치는 '공산당의 일당 지배 견지'라는 중국 정부의 최대 목표를 달성하기 위한 것이다. 더불어 안정된 권력 승계 확보라는 의미를 가진다. 공산당이 5중전회 폐막 후에 발표한 성명서는 '당의 지도 견지'를 명백히 밝혔다. 파벌 투쟁에 의한 자멸은 피해야 한다는 것이 중국 정계의 공통된 인식임을 보여주었다.

건국 60년의 중국 역사에서 최고지도자의 후계자 선출은 격렬한 권력 투쟁에서 승리를 쟁취한 덩샤오핑, 최고 실력자 덩샤오핑의 지명을 받은 장쩌민 전 국가주석 및 후진타오 총서기 등 두 가지 경우가 있다. 최고지도자로 군림한 마오쩌둥과 덩샤오핑에게는 후계자 지명권이 있었지만 장쩌민과 후진타오에겐 없다. 후진타오가 장쩌민에 이어 총서기에 오른 것도 덩샤오핑이 건재했던 시기에 결정된 인사 조치였다.

시진핑은 후계자를 지명할 절대 권력자가 없는 가운데 후진타오 총서기와 장쩌민 전 국가주석 간 정치 투쟁의 결과로 최고지도자 후보에 선출됐다. 후진타오 총서기의 지지를 받는 리커창의 최고지도자 취임을 막기 위해 장쩌민 전 국가주석 등이 내민 카드가 시진핑이었을 뿐이다.

'포스트 후진타오' 확정을 계기로 당과 정부의 간부들은 시진핑에 대한 충성을 맹세했고, 시진핑의 구심력은 서서히 높아지고 있다. 시진핑 등 고급 간부 자제의 모임인 태자당의 세력이 커지고, 후진타오 총서기의 출신 모체인 공산주의청년단(줄여서 '공청단'이라 한다. 후진타오, 리커창 등 공산당 간부의 등용문 역할을 해오고 있다−옮긴이)파와의 권력 투쟁이 격렬해질 조짐이 나타나고 있다.

후진타오의 출구 전략

★* 　　2012년 가을 공산당 대회부터 '후진타오 없는 후진타오 시대'가 시작된다. 공산당 대회를 앞두고 중국 정치의 최대 관심사는 '후진타오가 어떤 방식으로 공산당 총서기 자리에서 퇴임하느냐' 하는 출구 전략이다. 후진타오 총서기는 새 지도부에 자신과 밀접한 인사를 심어 영향력을 유지하는 섭정 체제를 노릴 것이다.

구체적으로 세 가지 공방 포인트가 예상된다. 첫째, 후진타오가 2012년 가을 이후에도 군부의 총책임자인 중앙군사위원회 주석 자리를 내놓

| 표 5 | **2012년 가을 제19차 공산당 대회 전망**

[제17기 정치국 상무위원회](2007년 10월~2012년 가을)

서열 순위	이름	나이	생년월	직책
1	후진타오	69	1942. 12	공산당 총서기, 국가주석
2	우방궈	71	1941. 7	전인대 위원장
3	원자바오	70	1942. 9	총리
4	자칭린	72	1940. 3	전국인민정치협상회의 주석
5	리창춘	68	1944. 2	이념 담당
6	시진핑	59	1953. 6	국가부주석
7	리커창	57	1955. 7	부총리
8	허궈창	69	1943. 10	당 규율검사위원회 서기
9	저우융캉	69	1942. 12	당 정법위원회 서기

 68세 이상 은퇴

[제18기 정치국 상무위원회](2012년 가을~2017년 가을)

서열 순위	이름	나이	생년월	현재 직책 → 예상 직책
1	시진핑	59	1953. 6	국가부주석 → 총서기, 국가주석
?	리커창	57	1955. 7	부총리 → 총리(혹은 전인대 위원장)
?	류옌둥	66	1945. 11	국무위원 → 전국인민정치협상회의 주석
?	리위안차오	61	1950. 11	공산당 조직부장 → 국가부주석
?	왕치산	64	1948. 7	부총리 → 수석 부총리(혹은 총리)
?	왕양	57	1955. 3	광둥 성 당위서기 → 당 규율검사위원회 서기(혹은 수석 부총리)

(상무위원이 될 가능성이 있는 지도자)

서열 순위	이름	나이	생년월	현재 직책 → 예상 직책
?	위정성	67	1945. 4	상하이 시 당위서기 → ?
?	장더장	65	1946. 11	부총리 → ?
?	장가오리	65	1946. 11	톈진 시 당위서기 → ?
?	류윈산	65	1947. 7	당 선전부장 → ?
?	보시라이	63	1949. 7	충칭 시 당위서기 → ?
?	후춘화	49	1963. 4	내몽골자치구 당위서기 → ?

★ 나이는 2012년 10월 시점

| 표 6 | 시진핑 정권에서 예상되는 주요 정치 일정

	일정
2012년 가을	제18차 공산당 대회 → 시진핑, 당 총서기 취임
2013년 봄	제12기 전인대 제1차 회의 → 시진핑, 국가주석 취임
2014년 여름	제12차 주외사절駐外使節 회의 → 외교의 기본 방침 논의
2015년 9월	항일전쟁 승리 70주년
2016년 봄	제13차 5개년 계획(2016~2020년) 결정
2017년 가을	제19차 공산당 대회 → 시진핑의 당 총서기 제2기 출범
2018년 봄	제13기 전인대 제1차 회의
2019년 10월	중국 건국 70주년 → 대규모 군사 퍼레이드 실시
2020년	'전면적 소강(비교적 여유가 있는) 사회' 건설 목표
2021년 7월	공산당 결성 100주년
2022년 가을	제20차 공산당 대회 → 시진핑 당 총서기 취임

지 않고 군권을 계속 장악하느냐의 여부다. 둘째, 후진타오가 최고지도
부인 정치국 상무위원회 과반수를 자신과 가까운 인물로 채울 수 있느냐
하는 것이다. 특히 두터운 신뢰를 보내고 있는 리커창 부총리를 총리로
취임시키고 중앙정부의 실권을 확보할 수 있을지가 관심 사안이다. 셋
째, '포스트 시진핑'의 최고지도자를 확정짓기 위해 후진타오의 복심인
후춘화胡春華 내몽골자치구 당위서기를 최고지도부인 정치국 상무위원
으로 진출시킬 수 있을지에도 관심이 모아지고 있다.

섭정은 언제까지 이어질까

★˙   첫 번째 논점, 즉 후진타오가 2012년 가을 이후에도 계속 군권

을 장악할지 여부를 살펴보자. 2009년 무렵 공산당 관계자 사이에서 후진타오 총서기가 계속 권좌를 이어가리란 소문이 나돌았다. 헌법에 규정된 국가주석의 임기는 '2기 10년'이지만 총서기에 대해서는 3선을 금지한 명문 규정이 없다. 서민의 이익을 중시하는 '친민親民 노선'을 확고히 뿌리내리기 위해 시간이 더 필요하다는 것이 후진타오 총서기 3선 추진의 명분이다.

공산당 총서기와 국가주석을 분리하는 '총·국 분리론'도 그럴듯하게 떠돌았다. 즉 총서기는 후진타오가 계속 맡을 것이란 분석이다. 이러한 정보는 후진타오와 가까운 공산주의청년단 출신인 '공청단파'와 일부 원로들에게서 나온 것으로 분석된다. 하지만 실제로는 자신들에게 유리한 정국을 만들기 위해 고의로 소문을 흘려보낸 '정보전' 측면이 강하다.

시진핑 총서기의 국가주석 취임을 인정해주는 대신 후진타오 지지 세력을 규합해 시진핑 세력을 견제하려는 전략이라는 분석이다. 시진핑의 총서기와 국가주석 취임을 인정하는 대가로 리커창의 총리 취임을 보장받으려는 전략이란 관측도 나왔다. 2012년에 '총·국 분리론'이 재연될 가능성도 있다.

군부 최고지도자인 중앙군사위원회 주석 자리는 다소 늦게 넘겨줄 것으로 보인다. 전임 장쩌민 국가주석도 2002년 가을에 총서기직을 퇴임했지만 당 중앙군사위원회 주석에서 물러난 것은 2004년 9월이었다. 국방위원회 주석 자리를 후진타오에게 물려주고 완전히 은퇴한 것은 2005년 3월이다. 중국 공산당이 관례를 중시한다는 점을 감안할 때 아직 신인이라 할 시진핑에게 성급히 중앙국방위원회 주석 자리를 물려주기보

다, 후진타오가 당분간 주석 자리를 유지하는 방안이 지지받을 가능성
이 높다.

일각에서는 후진타오가 2012년 가을 공산당 총서기를 퇴임할 때, 당
중앙국방위원회 주석 자리도 함께 시진핑에게 물려주는 방안이 검토되
고 있다는 분석도 나온다. 후진타오는 중국 정치에서 관행적으로 이루어
지는 '재량'이 아니라 '룰rule'을 통해 결정하는 '제도화' 실현을 신념으
로 삼고 있다. 군부, 당, 국가로 나뉘는 삼권 분립은 바람직하지 않으며,
가능한 한 삼위일체 형태로 권력을 넘겨줘야 한다고 생각하는 공산당 관
계자가 많다.

상무위의 과반수 확보가 관건

★* 　　두 번째 논점인 공산당 정치국 상무위원 인사에 대해 알아보자.
전체적으로는 후진타오 총서기와 가까운 인맥이 최고지도부인 공산당
정치국 상무위원회 요직을 차지하게 될 것이다. 그러나 핵심은 공청단파
가 상무위원의 과반수를 확보할 수 있느냐 하는 점이다.

정치국 상무위원회는 1인 1표 방식으로 의결이 이루어진다. 상무위원
9명 체제를 유지할 경우, 후진타오에겐 과반수인 5명이 필요하다. 상무
위원 취임이 예상되는 리커창, 리위안차오李源潮, 왕양汪洋, 류옌둥劉延東
등 4명은 공청단파로 분류된다. 상무위원 취임 여부가 아직은 '경계선
상'에 있는 후춘화, 류윈산劉雲山을 정치국 상무위원에 앉혀 공청단파를
5명 이상으로 확보하는 문제를 놓고 치열한 공방이 예상된다.

후진타오는 총서기에서 물러난 뒤에도 발언권을 확보하려 할 것이며, 측근인 리커창, 리위안차오, 후춘화 등 3명에 대한 '자리 배치'를 심사숙고하고 있을 것이다. 따라서 리커창이 총리에 취임할 수 있느냐는 향후 권력 투쟁의 추이를 점치는 리트머스 시험지가 된다.

행정 면에서 막강한 권한을 갖는 총리직의 의미는 매우 크다. 후진타오는 당연히 총리직 확보를 목표로 삼고 있을 것이다. 그러나 후진타오에게 저항하는 기득권층이나 보수파들은 리커창을 전국인민대표대회 위원장(국회의장에 해당함)에 앉히려고 공작할 가능성이 크다.

더불어 '공산당 내 민주주의 확대'도 총리직의 향방에 큰 영향을 미친다. 중국 공산당은 2012년 가을 당대회를 앞두고 주요 직책에 오를 가능성이 있는 후보군에 대해 당내 '인물 평가'를 할 전망이다. 2007년의 제17차 당대회를 앞두고도 공산당 상위 약 400위 안에 드는 중앙위원 및 위원 후보들이 63세 이하의 리더 후보에 대해 인물 평가를 한 전례가 있다.

중국 내에서는 총리 자질은 리커창보다 왕치산 부총리가 뛰어나다는 평가가 많다. 지속적인 경제 발전은 공산당 일당 지배를 유지하기 위해 가장 중요한 과제이며, 경제를 이끌 수 있는 능력 위주의 인사를 요구하는 '정론'이 당연히 나올 것이다. 그럴 경우 리커창에게는 총리 자리가 돌아오지 않는다. 또 비판의 전면에 나서야 하는 총리 자리에 복심인 리커창을 세울 경우 후진타오에게도 리스크가 따른다. 따라서 후진타오가 '리커창 총리' 카드를 끝까지 고수하지는 않을 것이란 견해도 있다.

후진타오는 복심 중 한 명인 리위안차오를 공산당 중앙서기국 수석서기를 겸하는 국가부주석에 앉히는 인사에 더 관심을 갖고 있는 것으로 보인다. 중앙서기국 수석서기는 여당의 사무국장에 해당하며, 정책위 의 장이나 원내총무 등 당의 수뇌 포스트를 겸하고 있다고 할 수 있다.

정책 결정은 사실상 당 정치국 상무회의나 당의 공작회의 등에서 이루어지기 때문에 중앙서기국의 수석서기는 일본의 관방장관(우리로 치면 대통령 비서실장과 청와대 대변인 등의 권한을 합한 자리 - 옮긴이)의 권력을 갖고 있다. 간부를 양성하는 중앙당교 교장이나 홍콩·마카오를 담당하는 당 중앙홍콩·마카오공작협조소조工作協調小組 조장을 겸하는 중요한 직책이다. 그래서 후진타오는 총리 직책보다도 중앙서기국 수석서기 자리를 우선시할 가능성도 있다(리커창이나 리위안차오 등 제5세대 지도자는 4절에서 소개한다).

'포스트 시진핑'을 향한 출발 신호는 울릴 것인가

★* 　세 번째는 '리틀 후진타오'라 불리는 후춘화 내몽골자치구 당위서기 문제다. 후진타오 총서기는 후춘화를 최고지도부 정치국 상무위원에 앉히고 싶을 것이다.

'제6세대'인 후춘화가 정치국 상무위원으로 발탁되면 2022년 가을 총서기에 취임할 '포스트 시진핑'의 주인공으로 사실상 확정된다. 그렇게 되면 2020년대의 영향력 확보를 향한 유리한 고지를 차지하는 셈이 된다. 제6세대가 실제로 최고지도자가 되는 것은 2022년 무렵으로 점쳐지는데, 후진타오는 자신이 권력의 정점에 있을 때 직접 '포스트 시진핑'의 최고지도자를 확정짓고 싶을 것이다.

2007년 발족한 현 체제의 최고지도부에는 장쩌민 전 국가주석의 입김이 닿는 간부가 남아 있어 장쩌민이 변함없이 영향력을 발휘할 수 있었다. 보도 관리 및 사상 지도를 맡은 이념 담당, 공안 및 조사를 담당하는 당 규율 검사위원회 서기, 당 정법위원회政法委員會 서기를 장쩌민파가 장악하고 있다. 후진타오는 2012년 이 자리들을 찾아오고 싶어 하며, 후춘화가 그 후보가 된다.

그러나 후춘화의 상무위원회 입성에는 후진타오에 대항하는 세력의 맹렬한 반발이 예상된다. 후춘화가 상무위원이 되면 공청단파에게 포스트 시진핑 시대는 '꽃피고 따스한 봄날'이 된다. 물론 공청단파의 라이벌인 태자당은 그러한 상황을 막기 위해 공작을 펼 것으로 예상된다. 후진타오는 후춘화의 정치국 상무위원 진출이 무산될 경우, 그 대안으로 정치국원인 공산당 조직부장 등의 요직을 생각할 것이다.

더불어 제6세대인 쑨정차이孫政才 지린吉林 성 당위서기, 저우창周强 후난湖南 성 당위서기 등 '차차기' 최고지도자 선정을 향한 경주의 출발신호가 울리게 된다(후춘화 등 제6세대 지도자에 대해서는 5절에서 설명한다).

중국 정계의
권력구도

저항 세력은 기득권층

:: 02

　최고지도자의 교체는 중국 정치의 권력 균형에 영향을 미친다. 2002년부터 2012년까지 펼쳐진 후진타오 시대의 정국의 큰 흐름은 후진타오 총서기를 중심으로 한 공산주의청년단파가 장쩌민 전 국가주석 중심의 '상하이벌上海閥'의 정치 권력을 약화시키는 것이었다. 상하이벌이 쇠퇴하는 데 반해 공청단파가 세력을 확대했다.

　시진핑 등 고위 간부의 자제들이 모인 태자당도 중국 정계에서 발언권을 키워왔다. 후진타오 총서기의 친민 노선에 반대하는 기득권층이 태자당과 손잡고 공청단파에 대한 공동전선을 펴는 구도가 전개됐다. 2012년부터 2022년까지 전개될 시진핑 시대에도 태자당-기득권층과 공청단파 사이에 권력 투쟁이 벌어질 가능성이 높다.

후진타오 총서기가 중점을 둔 것은 빈부 격차 해소 등 농촌과 약자를 중시하는 정책이었다. 장쩌민-주룽지朱鎔基 시대에 큰 비중을 차지했던 시장형 경제 개혁의 추진력은 약화됐다. 연안 지역의 지방 관료와 기득권층이 후진타오 노선에 불만을 갖게 된 배경이다. 정책 면에서 시장경제로의 개혁이 큰 쟁점이 될 것이며 정치 투쟁이 시작될 것이다.

최대 파벌은 공청단파

★★ 현재 중국 정계의 최대 세력이라 할 수 있는 공청단파는 어떤 파벌일까. 공청단은 중국 공산당 청년조직인 '중국공산주의청년단'의 약칭이다. 1922년 중국사회주의청년단으로 발족해 1957년 지금의 명칭으로 변경됐다. 단원은 14세부터 28세로, 2008년 말 현재 7,858만 8,000명이다. 최고 직책은 서기국 제1서기다.

공청단은 후야오방 전 당 총서기, 후진타오 총서기, 리커창 부총리 등 젊은 간부의 등용문이 돼왔다. 공산당 간부 자리를 노리는 젊은이는 우선 공청단에 들어간 뒤 공산당에 입당하는 경우가 대부분이다. 현재도 당 관료 자리를 바라보는 사람뿐 아니라 정부기관에 취직하는 데 유리하다고 판단해 공청단에 들어가는 사람이 많다. 학생들이 진학과 취직에 유리하다는 이유로 학생회장이나 반장에 출마하는 것과 비슷하다.

후진타오 총서기는 공청단을 당내 권력 기반 강화에 활용했다. 2007

| 표 7 | 중국 정계의 구도

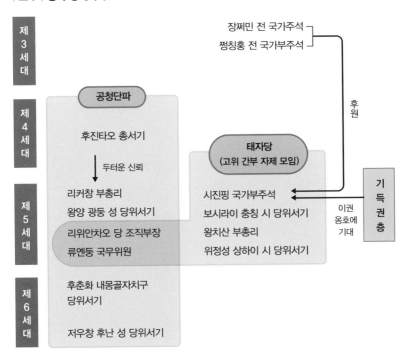

년에는 당 간부의 인사를 담당하는 요직인 당 조직부장을 쩡칭훙 전 국가부주석과 가까운 허궈창賀國强에서 공청단파 리위안차오로 교체했다. 당 중앙의 사무를 지휘하는, 총서기 수석비서관에 해당하는 당 중앙위판공청 주임에도 공청단파 링지화令計劃를 앉혔다.

후진타오와 리위안차오 및 링지화는 1982년부터 1985년까지 공청단 중앙에서 함께 근무한 사이다. 리커창과 류옌둥도 후진타오와 공청단 중앙에서 같이 일한 '후진타오 팀'의 일원이다. 후진타오는 권력의 핵심 포스트 중 최소한의 라인을 공청단파로 채웠다.

공청단 중앙에서 함께 일한 사람들의 결속력은 굳건하다. 그러나 같은 공청단파일지라도 '중앙'이 아닌 '지방' 조직에서 간부를 역임한 사람들은 중앙의 영향력 밖에 있다. 후진타오 총서기가 실권을 장악한 뒤로는 중앙-지방정부의 요직에 공청단파가 배치됐고, 간부직에서 차지하는 공청단파의 비율도 높아졌다. 그러나 중국 정부 관계자에 따르면 "공청단파는 조직 관리에는 뛰어나지만 경제 운영에는 미숙하다"고 한다. 낙하산 인사로 지방 간부에 임명되는 공청단파에 대한 반발도 거세지고 있다고 한다.

경제계에 많은 태자당

★* 태자당은 고위 간부의 자제들의 모임으로 젊은 나이에 사회적으로 높은 지위에 오르는 인물들이 많다. 대표적으로 시진핑이 태자당이다. 쩡산曾山 전 내정부장의 아들 쩡칭훙 전 국가부주석, 저우언라이周恩來 전 총리의 양자인 리펑李鵬 전 전국인민대표대회 위원장 등이 대표적이다.

시진핑 정권에서도 현역 지도자로서 자리를 유지할 태자당 인맥은 왕치산 부총리(야오이린姚依林 전 부총리의 사위), 류옌둥(류루이룽劉瑞龍 전 농업부 부부장의 장녀), 보시라이(보이보薄一波 전 부총리의 차남), 리위안차오(리간청李幹成 전 상하이 시 부시장의 아들), 위정성兪正聲(황징黃敬[본명은 위치웨이兪啓威-옮긴이] 전 제1기계공업부 부장의 아들) 등이다.

태자당을 하나의 정치 파벌로 간주할 경우 최고지도부에서 공청단파에 이은 제2의 세력에 해당한다. 제5세대는 정계 지도부에 대거 진출했지만 제6세대 이후는 경제계에서 경제 이권에 개입하는 길을 선택한 사람이 많다.

공청단파에 비해 결속력이 약한 태자당에는 크게 세 가지 계보가 있다. 이중 덩샤오핑의 장남 덩푸팡鄧樸方 전국인민정치협상회의 부주석의 '덩파鄧派'가 비교적 큰 영향력을 갖고 있는 것으로 분석된다. 그러나 덩파가 태자당 전체를 지도하는 입장에 있지는 못하다. 공청단처럼 직책에 서열이 존재하면 파벌에도 질서가 생겨나지만, 부모들 간의 인맥이 얽힌 '모임'인 태자당은 파벌 내 사정이 복잡하다. 유소년기에 베이징의 거주지가 서로 가까웠다면 친밀한 인간관계가 형성되지만 결속력이 강하지 못하다.

저항하는 기득권층

★* 공청단파, 태자당, 상하이벌 등 중국 정치 파벌은 정치 기반이나 인맥을 토대로 한 분류법이다. 이는 중국 정치를 분석하는 데 상당한 의미를 가진다. 그러나 후진타오 정권 후반기에 들어 정치 파벌 간 싸움이 아닌, 후진타오 총서기와 기득권층 간 갈등으로 싸움의 양상이 변했다. 즉 후진타오 총서기에 대한 가장 큰 저항 세력은 기득권층이다. 시진핑 시대에도 기득권층의 움직임이 정국의 흐름에 영향을 미칠 것으로 보인다.

기득권층이란 자원 분야 등 국유 독점기업, 해외에서 이권을 얻은 기업 간부, 일부 중앙 및 지방정부 관료를 말한다. 정치-관료-기업이 결탁한 것으로, 부패가 움트기 쉬운 업종이나 관청이 기득권층의 토양이다.

1978년 덩샤오핑이 개혁개방 노선을 추진한 이후 경제 발전은 이권을 낳았다. 장쩌민 전 국가주석의 '성장 중시' 노선을 통해 경제는 한층 더 발전했고 이권은 막대한 규모로 커졌다. 그러나 후진타오 정권이 경제성장의 '질'을 중시하며 정책을 '약자 중심'으로 수정하면서 특권층의 이권 확대가 저하되기 시작했다. 부의 재분배 방식 때문에 기득권층은 후진타오에 대해 불만을 품게 됐다.

선전 시 당위서기 등을 역임하고 경제특구 개발을 주도해온 우난성吳南生 전 광둥 성 당위서기는 "(개혁개방으로부터) 30년이 지났다. 개혁 정세는 변했고 우리는 지금 다른 적과 싸우게 됐다. 이제까지 경제특구는 극좌 사상과의 투쟁이었으며 경직화된 이념과의 싸움이었다. 지금은 개혁이 심화됨에 따라 이해관계가 복잡하게 얽히게 됐고, 가장 큰 저항 세력은 이익집단"이라고 지적했다.

저우루이진周瑞金 전 인민일보 부편집장은 "특수 이익집단이 민중의 구심력과 사회의 단결력, 정권의 합법성에 미치는 피해를 과소평가해서는 안 된다"고 말했다. 자신의 이익을 최대화하는 것을 행동 동기로 삼는 기득권층이 토지의 강제 수용으로 민중의 반발을 사거나, 기득권층과 결탁한 관료들의 불법 행위가 공산당 정권에 대한 민중의 지지를 떨어뜨릴 위험성을 경고한 것이다.

경제성장의 파이 배분은 갈수록 어려워진다. 시진핑으로서는 기득권층과 어떤 거리를 유지하느냐가 커다란 과제가 된다. 그것이 중국 정계의 미래를 좌우하게 될 것이다.

여전히 발언권을 가진 장쩌민

★ 후진타오 국가주석의 권력을 분석하는 데 있어 장쩌민 전 국가주석이 현재 어느 정도의 영향력을 행사하고 있는가는 중요한 참고 기준이 된다.

장쩌민은 여전히 자칭린賈慶林 전국인민정치협상회의 주석이나 리창춘李長春 정치국 상무위원 등을 통해 정권 운영에 대한 영향력을 행사하고 있다. 더불어 원로로서 후진타오 총서기는 중요한 시점마다 그에게 조언을 구하고 있는 듯하다. 시진핑 시대가 와도 장쩌민은 일정한 영향력을 유지할 것이다.

2010년 9월 6일 장쩌민 전 국가주석은 베이징 중난하이의 잉타이瀛台에서 후쿠다 야스오福田康夫 전 일본 총리를 만났다. 중국 수뇌부가 집무하는 중난하이는 북쪽이 국무원, 남쪽이 당 중앙 근무지로 북동쪽에 중난, 남쪽에 난하이 등 2개의 연못이 있다. 잉타이는 남쪽 연못 가운데에 있는 섬이며, 명-청 왕조의 황제들은 피서지로 이 섬을 만들었다. 오늘날에는 중국 수뇌가 외국 중요 인사와 회견할 때 사용된다. 중요 인사와 만날 때 원자바오 총리는 이 섬 북쪽에 있는 쯔광거紫光閣를, 후진타오 총서기는 인민대회당을 애용한다. 중난하이의 잉타이는 거의 사용하지 않는다.

"(2010년 5월의) 상하이 엑스포 이후 베이징에 머물고 있습니다. 매일 수영장에서 걷습니다. 영어 공부도 하고 있습니다"라고 장쩌민은 웃으면서 말했다. 미국 최대 커피 체인점인 스타벅스의 커피 성분을 분석한 영어 원서를 교재로 사용하고 있다고 밝혔다. 장쩌민이 굳이 잉타이에서 후쿠다 전 총리와 만난 데는 자신의 건재함을 과시하려는 의도가 있었을 것이다. 당시 장쩌민은 중국 정계에서 변함없이 건재한 그의 모습을 충분히 보여주었다.

약 3개월 뒤인 2010년 12월 장쩌민은 상하이에서 열린 경극 배우의 합창대회를 관람했고 배우들과 기념촬영도 했다. 현직이자 현지 최고지도자인 위정성 상하이 시 당위서기가 있었음에도 언론은 장쩌민을 먼저 소개했다. 그러나 장쩌민의 동정을 보도한 것은 그의 출신 기반인 상하이 언론들뿐이었고, 중국 공산당 기관지 〈인민일보〉 등 베이징의 언론들은 보도하지 않았다.

장쩌민은 정국이 중요한 순간을 맞을 때마다 존재감을 과시하고 있으며 매번 그 타이밍이 주목받는다. 장쩌민은 2009년 1월 24일 상하이에서 열린 설날 축하 모임에 등장했다. "순식간에 지나간 20년이었지만 허다한 일들이 새로운 국면을 만들었다"고 말하며, 1989년 공산당 총서기에 취임한 자신의 실적을 강조했다.

2009년 10월 1일 베이징에서 열린 대규모 국방 퍼레이드에서 그는 자신의 존재감을 중국 전역에 과시했다. 건국 60주년 기념행사였고, 장쩌민은 후진타오 주석과 나란히 서 있었다. 후진타오 주석에 이어 사실상 서열 2위임을 명확히 한 것이다. 다음 날인 2일자 〈인민일보〉는 국방 퍼레이드 등을 1면 톱으로 보도했고, 후진타오 주석과 장쩌민의 사진을 같은 크기로 좌우에 나란히 실었다.

그해 10월 중순 독일을 방문한 시진핑 국가부주석은 장쩌민의 책을 앙겔라 메르켈 총리에게 선물했다. 중국의 에너지문제 및 IT 산업 발전에 관한 두 권의 영어 책으로, 장쩌민의 논문과 강연록을 담고 있다. 중국 정부 고위 관료가 외국 정상에게 책을 선물하는 것은 매우 드문 일이다. 이러한 일련의 움직임은 후진타오 총서기가 공산당의 내부 결속을 중시하여 선배인 장쩌민을 배려하는 측면도 있다.

존재감을 과시하는 장쩌민에게 정치적 의도가 전혀 없다고는 말하기 힘들다. 시진핑 시대 출범을 앞두고 최근 들어 장쩌민의 노출 빈도가 늘고 있다. 장쩌민이 시진핑을 통해 정치적 영향력을 강화하려 함을 보여주는 증거다.

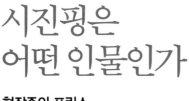

시진핑은
어떤 인물인가

현장주의 프린스

03::

  2012년 가을부터 10년간 중국을 이끌게 될 시진핑은 어떤 인물일까.
시진핑은 1953년 6월 베이징에서 태어났다. 아버지는 중국 공산당 원로
이자 부총리를 역임한 시중쉰習仲勳(2002년 사망)이다. 시진핑은 태자당
으로서 혜택받은 환경에서 자랐다. 그러나 그의 아버지가 1962년 '소설
류즈단劉志丹 사건'이라 불리는 책 출판과 관련된 정치 투쟁에 휘말려 실
각하면서 시진핑도 어려움을 겪게 된다. 1966년 문화혁명이 시작되면서
시진핑은 1969년부터 산시陝西 성 옌촨延川 현 농촌에서 노동하는 '하방
下放(중국에서 관료화를 막기 위해 당원 및 간부 등을 농촌이나 공장에 보내 노

동에 종사시키는 일을 말한다—옮긴이)'됐다.

"몸이 아플 때를 제외하고 1년 365일 거의 쉬지 못했다. 땅굴 같은 집에서 풀을 베고, 가축을 돌보았고, 들판에서 양을 방목했다."[15]

시진핑은 15세부터 22세까지의 예민한 시기에 익숙지 않은 일을 강요당했다. 그는 베이징에서의 특권생활을 떠올리며 중국 정치의 모순을 생각했을 것이다. 하지만 청춘기의 어려움은 시진핑을 강하게 담금질했다.

1975년에 그는 약 7년간의 하방 생활을 마치고 베이징으로 돌아왔다. 22세에 명문 칭화대학에 들어가 화학공학을 전공했다. 하방 생활을 하면서 공부를 멀리했기 때문에 입학 초기의 기초 실력은 형편없었고 간단한 화학 방정식도 몰랐다고 한다. 그래서 우선 중학교 수준의 수학, 물리, 화학 기초지식을 익혔고,[16] 잃어버린 청춘시절을 만회하는 데 많은 노력을 기울였다.

그러던 중에 아버지는 정계에 복귀했고, 1979년 칭화대학을 졸업한 시진핑은 겅뱌오耿飈 당 중앙국방위원회 비서장 겸 부총리의 비서가 되었다. 1980년 5~6월에 겅뱌오 비서장을 따라 미국을 방문한 그는 미군 최신 장비를 시찰하며 중국군의 열세를 통감했다.[17] 이후 중국 군부의 중추에서 군 간부와 인맥을 다졌고 국방작전 및 군부 조직 관리의 기초를 쌓았다.

그 후 시진핑은 환경 좋은 베이징을 떠나 지방 근무를 자원한다. "최고 간부가 되려면 지방정부 간부의 길을 걷는 것이 좋다"는 아버지의 조언에 따른 것이다. 여기에는 보수파인 겅뱌오 비서장이 실각하기 전에 아들을 그의 옆에서 빼내야 한다는 아버지의 판단도 작용했던 것으로 보인다.

| 표 8 | 시진핑의 약력

연도	약력
1953년	베이징 출생
1969년	산시 성 옌촨 현 량자허 농촌생산대대로 하방
1975년	칭화대학 화공학과 입학
1979년	칭화대학 졸업. 국무원 판공청·중앙국방위원회 판공청 근무
1982년	허베이 성 정딩 현 당위부서기
1983년	정딩 현 당위서기
1985년	푸젠 성 아모이 시 부시장
1988년	푸젠 성 닝더지구 당위서기
1990년	푸젠 성 푸저우 시 당위서기
1995년	푸젠 성 당위부서기
2000년	푸젠 성 성장
2002년	저장 성 당위서기
2007년	상하이 시 당위서기, 당 중앙정치국 상무위원
2008년	국가부주석 겸무
2010년	중앙국방위원회 부주석 겸직

오랜 지방 근무를 통해 다진 실무 능력

★*   최초의 지방 근무는 허베이 성 정딩正定 현으로, 1982년부터 약 3년간 근무했다. 전반기는 정딩 현 당위부서기, 후반기는 정딩 현 최고지도자인 당위서기를 지냈다. 이 시기의 가장 큰 실적은 청나라 거리를 재현한 '영국부榮國府' 개발이다. 이곳은 텔레비전 드라마 〈홍루몽紅樓夢〉의 촬영지가 돼 많은 관광객이 몰려들었다.

나도 영국부를 구경하러 간 적이 있는데 사람들은 이것이 '시진핑의

허베이 성 정딩 현에 있는 영국부. 청나라 왕조 시절의 거리를 재현했고 TV 드라마의 촬영 장소가
되기도 해 많은 관광객을 불러모았다.

은덕'이라고 얘기했다. 베이징에서 300킬로미터나 떨어진 곳까지 영화
배우를 불러들여 촬영할 수 있었던 배경에는 태자당 출신이라는 시진핑
의 정치력이 작용했을 것이다. 이는 태자당만이 할 수 있는 일로, 당시 주
위 간부들도 시진핑이 장차 크게 될 인물로 보고 공을 들였다. 시진핑에
게는 '운전 연습' 시기였던 셈이다.

1985년에는 푸젠 성 아모이厦門 시 부시장으로 자리를 옮겼다. 푸젠 성
은 시진핑이 가장 오래 근무한 곳으로, 17년간 이곳에서 일했다. 푸젠 성
은 대만과 가깝다. 개혁개방 노선을 채택하기 전에는 대만의 공격에 대
비하는 군사적 측면만이 강조됐고 경제개발은 상대적으로 뒤처져 있었

다. 그러나 1981년 경제특구로 지정되면서 대만과 외국자본을 도입하는 경제 개혁의 실험지가 됐다. 2000년에 그는 푸젠 성 성장으로 승격한다. 푸젠 성의 경제 발전사는 시진핑이 32세부터 49세까지 왕성하게 활동하던 시기와 겹친다.

중국 정계는 출신 기반이 같은 세력 간의 결속력이 강하다. 대표적으로 장쩌민이 이끄는 '상하이벌'이 유명한데, 푸젠벌 역시 주목받고 있다. 자칭린 전국인민정치협상회의 주석은 1985년부터 1996년까지 푸젠 성에서 근무했고, 1993년에서 1996년에는 성의 최고지도자이자 시진핑의 상사인 당위서기를 맡았다. 1996년부터 1999년까지 푸젠 성 성장과 성장대리를 역임한 허궈창 당 규율검사위원회 서기도 시진핑의 상사였다.

시진핑은 2002년 저장 성으로 옮겨 최고지도자인 당위서기가 된다. 복수의 지방정부 수뇌를 경험하게 함으로써 문제 해결력을 키워주는 것이 중국 공산당의 제왕학이다. 시진핑은 2007년 3월부터는 부패사건이 발각된 천량위의 후임으로 상하이 시 당위서기를 맡는다. 상하이벌은 아니지만 상하이벌도 반발하기 어려운 태자당 출신이란 점이 서기 취임에 도움을 주었다.

시진핑이 가장 유력한 '포스트 후진타오' 후보가 된 것은 2007년 10월이다. 최고지도부인 당 정치국 상무위원에 발탁돼 공산당 서열 6위로 약진했다. 그와 같은 제5세대 지도자이자 후진타오 총서기 직계인 리커창(7위)을 제친 것이다. 2008년 베이징 올림픽에서는 책임자가 돼 실적을 올렸다. 해외 방문 등을 통해 외국 정상과 인맥을 쌓으며 차기 최고지도자로서 기반을 굳혔다.

시진핑의 부인인 펑리위안彭麗媛은 인민해방군 총정치부 가무단을 이
끄는 국민적 인기 가수다. 1984년 후진타오가 중화전국청년연합회 주석
으로서 3,000명의 일본인 방중단을 맞이한 환영식장에서 일본 가수 세
리 요코芹洋子와 함께 '사계의 노래'를 불렀다. 은둔형인 역대 중국의 퍼
스트레이디들과 달리 국가주석의 부인으로서 적극적인 활동이 기대된
다. 시진핑 부부의 외동딸인 시밍쩌習明澤는 1992년 생으로 저장대학 외
국어학원을 졸업하고 미국 하버드대학에서 유학 중이다.

적敵이 없는 것이 장점

★* 시진핑의 정치와 행정 노하우는 눈부시게 발전하는 연안부에서
흡수한 것이다. 경제적 실익을 중시하는 자세도 연안부 근무를 통해 얻
었다. 1990년부터 근무한 푸젠 성 푸저우 시 지도자 시절의 유명한 모토
는 '마상취변馬上就弁(지금 바로 하자)'이다. 이는 업무 효율을 높이기 위
해서뿐 아니라 치열한 시장 경쟁에서 살아남기 위한 필수 전술이라고 강
조했다.

그는 골수 '현장주의자'이기도 하다. 저장 성 당위서기 시절, 1년의 3분
의 1을 지방 출장으로 보냈다. 2006년 8월에는 성 간부를 데리고 취저우
衢州 시를 시찰했는데, 하루에 315명으로부터 진정을 들었고 76건을 현
장에서 해결했다.

한편 이념 공작에 대한 열의는 그리 뜨겁지 않다. 시진핑은 이념보다는
실무를 중시하는 실용파다. 장쩌민 전 국가주석이 펼친 캠페인인 '3개 대

표론' 선전에도 열정적이지 않았다는 평가다. 3개 대표론은 중국 공산당이 ①선진적인 사회 생산력 발전의 요구 ②중국 선진 문화의 전진 방향 ③광범위한 인민의 근본적 이익을 대표해야 한다는 이론이다. 세 번째의 '광범위한 인민'은 민간 기업인을 공산당 진영으로 포섭하는 것을 의미한다. 또 이념적으로 명확한 입장을 보이지 않은 성향 덕분에 시진핑은 보수파와 개혁파 양쪽에서 지지를 얻어내기 쉽다는 분석도 있다.[18]

적이 별로 없다는 것이 시진핑의 또 다른 특징이다. 2007년 6월 후진타오 지도부는 가을에 열릴 제17차 당대회를 앞두고 중앙위원 및 중앙위원 후보 등 400여 명에게 투표를 통해 정치국 멤버를 추천하도록 했다. 중국 공산당 역사상 처음으로 실시된 추천 투표였다. 투표 대상인 예비 인선 명부는 63세 이하 간부 약 200명이었고, 시진핑은 최고 점수를 얻었다. 리커창을 제침으로써 공산당 내에서 높은 평가를 받고 있음을 입증한 셈이다.

대일관계 강화 노력

★* 푸젠 성 성장 시절인 2001년 2월 시진핑은 일본의 나가사키, 오키나와, 홋카이도를 방문한 적이 있다. 후일 그는 "융숭한 대접을 받았고 일본인의 근면함에 깊은 인상을 받았다"고 말했다.

2007년 11월 22일, 자민당 다니가키 사다카즈 정조회장을 단장으로 하는 일본 여당 방중단과 회담하면서 "정치뿐 아니라 민간과 안보 등 다양한 분야에서 중일관계를 개선하고 확대해야 한다"고 강조했다. 당시

| 국가부주석으로서 방일한 시진핑(2009년 12월 14일).

그는 대일정책에 대해서는 원고를 전혀 보지 않고 연설해 일본 측 참석
자를 놀라게 했다.

2009년 12월에는 국가부주석으로서 일본을 세 번째 방문했다. "중국
의 근대화를 도와준 일본의 협력에 진심으로 감사한다"며 정부개발원조
등 일본의 대중 협력에 사의를 표명했다. 역사문제는 언급하지 않아 실
익을 중시하는 모습을 보여주었다. 그러나 실언을 피하며 지나치게 '안
전 운전'에 신경 쓰는 시진핑의 모습에서 독자색을 발휘하지 못한다는
비판도 있었다.

"하토야마 총리와 결실 많은 회담을 하는 등 일본 방문에서는 상호 이

해를 증진했고, 우정 강화라는 소기의 목적을 달성할 수 있었다."

2010년 1월 시진핑은 베이징을 방문한 시즈오카 현 가와카쓰 헤이타 川勝平太 지사, 이시카와 요시노부石川嘉延 전 지사와 회담했고, 일본 방문과 관련된 관계자의 노력에 사의를 표명했다.

시진핑은 푸젠 성 시절부터 대일관계를 중시하는 발언을 했음을 증언하는 관계자가 많다. 그는 또 중국 외교부 담당자들에게도 중일 간 지방 도시 교류 촉진을 강조하는 등 대일관계를 강화하려 애쓰고 있다. 시진핑 개인의 일본에 대한 인식은 중일전쟁을 경험한 장쩌민과는 뚜렷한 차이가 있다.

쩡칭훙-시진핑 라인

★* 시진핑 체제를 지탱하는 중심인물은 누구일까. 시진핑의 '비서실장'에 해당하는 시진핑 판공실 주임을 맡고 있는 인물이 스즈훙施芝鴻 중앙정책연구실 부주임이다. 쩡칭훙 전 국가부주석의 정치비서 출신으로, 쩡칭훙이 시진핑의 후견인이란 사실을 보여준다.

중국 정부의 홍콩 관리기관인 연락판공실의 펑칭화彭清華도 주목해야 할 인물이다. 2010년 11월 홍콩 언론들은 펑칭화가 2011년쯤 공산당 중앙판공청 주임으로 이동할 가능성이 있다고 보도했다. 펑칭화는 당 중앙조직부 출신으로, 이 부서의 부장을 역임한 쩡칭훙과 가까운 것으로 알려져 있다. 중국 공산당 중앙판공청 주임은 일본의 관방장관과 총리 수석비서관(정무비서관)의 중간쯤에 해당하는 지위로, 펑칭화가 취임하면 시진핑 체제에 대한 쩡칭훙의 영향력이 커지게 된다.

쩡칭훙은 태자당 출신(아버지가 내정부장을 역임한 쩡산)이며, 상하이벌의 우두머리 격이다. 1989년 상하이 시 당위서기에서 총서기가 된 장쩌민이 상하이 인맥 중 유일하게 그를 베이징으로 데려왔다. 장쩌민의 권력 기반 안정에 쩡칭훙의 도움은 절대적이었다. 그러나 쩡칭훙은 2004년 무렵부터 장쩌민과 거리를 두었고, 대신 후진타오 총서기에게 접근했다. 그는 '중국 정계의 막후인물'로 불리며 권력의 향배에 매우 민감하다. 2007년 10월 공산당 대회에서는 자신의 자리를 포기하면서까지 시진핑을 라이벌인 리커창보다 높은 서열에 올려 최고지도부인 정치국 상무위원에 진입시키는 공작을 했다.

시진핑과 쩡칭훙의 관계는 어린 시절로 거슬러 올라간다. 내정부장을 역임한 쩡칭훙의 아버지 쩡산은 베이징 중난하이에 살 때부터 시진핑의 집안과 친밀하게 교류했다고 한다. 문화혁명 후 시진핑은 겅뱌오 당 중앙국방위원회 비서장의 비서로, 쩡칭훙은 위추리余秋里 부총리의 비서로서 서로 만나왔다.[19] 시진핑이 발탁되는 장면마다 그 배후에는 쩡칭훙의 도움이 있었다. 단결력이 약하다고 일컬어지는 태자당이지만 쩡칭훙-시진핑 라인은 예외였다.

쩡칭훙은 태자당 인맥과 더불어 상하이벌, 그리고 석유 이권을 장악한 '석유재벌'을 대표하는 존재다. 시진핑 체제에 쩡칭훙의 영향력이 보태지면 경제 발전 우선을 요구하는 기득권층이나, 자원 이권 확보를 중시하는 세력이 힘을 얻을 가능성이 높다.

군부 내 태자당의 존재도 주목받는다. 류사오치劉少奇 전 국가주석의 아들 류위안劉源은 2011년 1월 국방과학원 정치위원에서 총후근부總後勤部(물자, 의료 위생, 기술, 수송 등을 책임지는 기관—옮긴이) 정치위원으로 승진했다. 류위안은 태자당 출신이며, 문화혁명 때 농촌으로 하방된 뒤 지방 근무를 했다. 시진핑과 걸어온 길이 유사하다. 그래서 둘 사이에는 깊은 교류가 있었다. 류위안 등 군부의 태자당이 시진핑의 군권 장악에 힘을 실어주고 있다.

수석서기인 종샤오쥔鐘紹軍은 시진핑의 저장 성 당위서기 시절부터 지금까지 비서를 맡고 있는, 시진핑의 심복이다. 허리펑何立峰 톈진 시 당위 부서기 및 링웨밍凌月明 충칭 시 부시장은 시진핑의 푸젠 성 근무 시절부터 부하로 근무했으며, 시진핑 정권 때 중앙으로 올라갈 가능성이 있다.

키워드는 '민民'과 '안정'

★* 　　시진핑이 주도적으로 최고지도부 진영을 짜게 될 '시진핑 시대'는 2017년 가을쯤 찾아온다. 5년마다 한 번씩 열리는 공산당 대회에서 시진핑이 총서기에 재선임되면 자신의 영향력이 미치는 인사로 새 지도부를 구성할 수 있기 때문이다. 역으로 말하자면 2017년 이전까지는 실질적으로 '후진타오 시대'가 이어지는 것이다.

시진핑 시대가 찾아왔을 때 그는 어떤 철학과 이념으로 통치할까. 지금까지 나왔던 시진핑의 발언만으로는 그의 독자적인 사상이 무엇인지 판단하기가 쉽지 않다. 중국 지도자들의 발언은 비슷비슷하기 때문에 발언에서 지도자 개인의 독자적 색깔이 드러나는 경우는 거의 없다. 만약 시진핑이 최고지도자 취임을 최우선 과제로 삼을 경우 철저히 '안전운전'을 해야 하며, 자신의 색깔을 드러낼 필요는 없다고 생각할 것이다.

물론 시진핑과 측근들, 그리고 공산당의 이념통인 관료는 시진핑 시대를 대비해 정권 구상을 짜고 있을 것으로 여겨진다. 이론 분야에서 독자적인 지도사상을 만든다는 것은 시진핑의 권위를 높여주게 된다. 이는 후진타오의 그림자에서 벗어나기 위한 필수 작업이기도 하다. 그들은 2012년부터 10년간 중국은 어떤 환경에 놓일 것이며, 무엇이 필요할지 연구하고 고민하고 있을 것이다.

역대 중국 최고지도자들의 키워드는 마오쩌둥의 '건국', 덩샤오핑의 '개혁', 장쩌민의 '발전', 후진타오의 '조화和諧(허세)'였다. 장쩌민의 지도이념인 '3개 대표론'은 공산당이 '광범위한 인민의 근본적 이익' 등을 대표한다고 했다. 이는 공산당이 '민간 기업인까지 끌어안는 대중 정당'으로 탈바꿈해 생존을 도모하기 위한 전술이다.

후진타오의 '과학적 발전관'은 지속 가능한 발전을 추구하자는 것으로, 구체적으로 도시와 농촌의 발전, 지역 간(연안부와 내륙부) 발전, 경제와 사회의 발전(공평성), 인간과 자연의 조화(환경, 에너지 절약), 국내 발전과 대외 개방 등 다섯 가지 균형을 목표로 했다. 성장 지상주의였던 장쩌민 노선에 대한 안티테제이기도 했다.

시진핑의 첫 번째 키워드는 '민民'이 될 것으로 보인다. 시진핑은 2010년 9월 공산당 간부 양성학교인 중앙당교 강연에서 "마르크스주의 권력관은, 권력은 민을 위해 부여된 것이며 민을 위해 사용하는 것"이라고 강조했다. "당 간부는 인민에게 복무할 의무가 있다"고도 말했다.

　"권력은 민을 위해 사용하는 것"이란 표현은 후진타오 총서기가 권력관을 설명할 때 사용한 말이며 '인본주의' 및 '민본주의'를 지칭하는 개념이다. 중앙당교 강연에서 시진핑은 이를 더욱 심화한 것이다. 국가주석에 취임하면 그는 관료의 부패를 막고 행정 서비스의 질을 높이며 민중의 정부 비판을 완화시키는 데 주안점을 둘 가능성이 높다.

　두 번째 키워드는 '유온維穩(안정 유지)'이 될 것으로 예상된다. 유온은 사회 불안을 억제하고 치안을 유지한다는 의미를 뛰어넘는다. 시진핑 정권의 최대 목표인 체제 안정, 즉 '공산당 일당 지배의 견지'를 내포한다. 일당 지배 견지라는 목표를 실현하는 수단으로서 '사회 안정'이 있고, '경제 안정', '국제관계 안정' 등으로 이어지는 것이다. 표면적 이론 구축 슬로건이 '민'일지라도 실제적인 키워드는 '유온'이 될 듯하다.

시진핑의 사람들

문화혁명에 농락당한 제5세대

:: 04

2012년 가을 제18차 공산당 대회에서 발족하게 될 시진핑 체제에는 어떤 인물들이 참여할까. 예상되는 최고지도부의 정치국 상무위원 및 정치국 위원을 알아보자(〈표 4〉 참조).

우선 지도부가 젊어지는 '세대 교체'가 단행될 것이다. 정치국 위원은 정년이 있다. 공산당 대회 개최 시점에서 68세 이상은 은퇴하는 것이 관례다. 정치국 상무위원 중 68세 정년에 해당하는 후진타오, 원자바오 등 7명이 은퇴하고, 59세의 시진핑과 57세의 리커창 등 2명이 상무위원으로 유임된다. 정치국 상무위원이 9인 체제를 유지할 경우 새로 7명이 진입하게 되어 대대적인 세대 교체가 이루어진다. 후진타오 총서기를 정점으로 하는 '제4세대'가 무대 뒤편으로 사라지며, 최고지도부의 핵심 세대가 교체되는 관례가 제도로서 더욱 확고히 뿌리내리게 된다.

제5세대란 1950년대 전후에서 1960년대 후반 사이에 태어난 차세대 중국 공산당 지도층을 말한다. 마오쩌둥 등 혁명 제1세대로부터 교육받은 덩샤오핑 등이 제2세대이며, 2002년까지 총서기를 역임한 장쩌민 등이 제3세대, 후진타오가 이끄는 현 지도부가 제4세대에 해당한다.

제5세대는 청년기에 문화혁명(1966~1976년)을 겪었고, 농촌에 하방된 경험을 가진 사람이 많다. 시진핑도 15세이던 1969년 산시 성 옌촨 현에서 농업에 종사했다. 하방 시절 베이징에서 가져온 두 상자 분량의 책을 정신없이 읽었다고는 하지만, 1975년 칭화대학에 입학하기 전까지 약 7년간 교육 면에서 암흑기를 살아야 했다. 그 7년은 지적 호기심이 왕성하고 기초지식 축적과 창조력 함양에 결정적 영향을 주는 중학교와 고등학교 시기였다. 이 때문에 제4세대 이전 지식인들은 제5세대에 대해 "상대적으로 사고력이 열등하다"고 말한다. 일하면서 대학원에서 공부해 석사, 박사학위를 취득하는 등 학력은 높지만 지위를 이용해 취득한 학위라는 평가도 있다. 그들의 학위가 진정한 학술적 사고력을 증명해주지는 못한다는 것이다.

노력의 화신, 리커창

★*   인사의 초점은 누가 최고지도부에 진입하며 그들이 어떤 직책

을 맡을 것인가에 맞춰지고 있다. 우선 리커창은 이미 당내 서열 7위의 정치국 상무위원이며, 상무위원에서 탈락할 가능성은 희박하다. 직책은 총리가 될 수도, 국회의장에 해당하는 전국인민대표대회 위원장이 될 수도 있다. 새로운 당내 서열은 2위가 합리적이지만, 총리에 취임할 경우 현재의 원자바오 총리의 예에 따라 3위가 될 것이란 분석도 있다.

리커창의 경력을 살펴보자. 아버지 리펑싼李奉三은 낙후된 안후이安徽성의 지방 간부였다. 펑양鳳陽 현장(시장)을 역임한 뒤 안후이 성 통일전선 처장(과장) 등을 지냈다. 가난하진 않았지만 시진핑에 비하면 출세를 위한 환경이 매우 열악했다.

리커창은 고향에서 신동으로 통했다. 하지만 초등학교 4학년이던 1966년 문화혁명이 일어나면서 제대로 교육받지 못했다. 19세이던 1974년 고등학교를 졸업하고 극빈 지역인 펑양 현 인민공사로 하방됐다. 그곳에서 그는 아침 7시부터 밭일을 했고, 점심 휴식시간은 30분에 불과했다. 하지만 밤부터 새벽까지 책을 읽으며 독학했다고 한다.[20] 그야말로 노력의 화신이었다.

문화혁명이 일어났던 10년간은 대학 입시가 중단됐기 때문에 그는 문화혁명 후에 치러진 대학 입시 제1기생으로, 가장 들어가기 어렵다는 베이징대학에 입학했다. 전공은 법률이었다. 그는 법학 서적을 번역하는 등 학자로서 경력을 쌓아갔고, 미국 하버드대학에 유학할 기회도 있었지만 공산주의청년단 간부의 길을 택한다. 이는 그가 우수하지만 학구파라기보다는 권력 지향적임을 보여준다.

이후 공청단의 정상이었던 후진타오 제1서기 아래서 일하며 두터운

신임을 얻었고, 1993년부터 1998년까지 제1서기로서 정치 기반을 다졌다. 이 시기에 베이징대학 경제학부에서 박사학위를 취득한다. 리커창이 총리가 되면 중국 공산당 역사상 첫 박사 출신 총리가 탄생하게 된다.

베이징에 오래 근무했던 리커창은 1998년부터 지방 근무로 돌아서게 된다. 농촌 지역인 허난河南 성에서 6년, 중공업 지역인 랴오닝 성에서 3년을 보냈다. 허난 성 시절에는 에이즈 확산, 탄광 사고 등으로 좋은 평가를 얻지 못했지만, 후진타오의 지원으로 순조롭게 출세길을 달렸다. 공청단에서는 오랜 기간 대외관계를 담당했고, 그 덕분에 해외에도 지인이 많은 편이다. 1992년 중일 교류 사업으로 일본을 방문했을 때, 당시 자민당 실력자이던 오자와 이치로小澤一郎 전 민주당 대표의 이와테 현 자택에서 홈스테이하기도 했다.

2007년 가을의 공산당 대회 전까지는 후진타오 총서기의 복심인 리커창이 유력한 총서기 후계자로 간주됐었다. 그러나 장쩌민 전 국가주석 등의 공작으로 리커창은 당내 서열 7위에 그쳤고, 6위인 시진핑에게 고배를 마셔야 했다. 그에게 후진타오와의 친밀함은 장점이자 동시에 단점이 됐다.

리커창은 2008년 수석 부총리에 취임해 원자바오 총리를 보좌하며 주로 국가 발전 개혁, 재정, 사회보장 부문을 담당했다. 베이징의 공청단 중앙 근무를 오래해 인원 동원, 사상 교육, 조직 관리에는 탁월하지만 재정 금융 등 거시경제 정책에는 상대적으로 약하다는 분석이다.

리커창은 2012년 가을 이후의 시진핑 체제에서 정치국 상무위원으로서 후진타오의 뜻을 받들어 움직이는 '수석' 같은 존재가 된다. 리커창과 시진핑 간 '거리'가 집단 지도체제의 결속력을 좌우하게 될 것이다.

국가부주석 후보 리위안차오, 경제통 왕치산, 유망주 왕양

★* 공산당 중앙조직 부장인 리위안차오 역시 새로 정치국 상무위원에 진입할 것이 확실시된다. 후진타오는 리위안차오를 국가부주석(중앙서기국 수석서기)에 앉히고 싶어 하지만 후진타오 반대 세력의 저항이 예상된다.

리위안차오는 푸단대학復旦大學 수학과를 졸업했다. 베이징대학에서 MBA, 중앙당교에서 법학 박사학위를 취득했다. 1983년 공산주의청년단 중앙서기에 올라 당시 공청단 최고지도자였던 후진타오와 함께 일했다. 이후 국무원 신문판공실 부주임 및 문화부 차관을 역임한 뒤 2000년부터 장쑤江蘇 성으로 자리를 옮겼고, 2002년 당위서기에 취임했다. 2006년 상하이 부패사건 당시 수사에 협력하며 상하이벌 공격을 도왔다. 후진타오의 측근이지만 국가부주석(중앙서기국 수석서기)이 된 시진핑을 당 조직부장(중앙서기국 서기)으로 모셔, 시진핑과의 신뢰관계도 강점으로 평가된다.

이들 외에 정치국 상무위원 입성이 확실시되는 인물이 왕치산 부총리와 왕양 광둥 성 당위서기다.

왕치산은 야오이린 전 부총리의 사위다. 중국에서 고위 간부의 사위는 '금귀족金龜族'이라 불린다. 문화혁명 때 하방당해 산시 성 박물관 직원으로 일했고, 1979년 베이징 사회과학원 근대역사연구소로 영전한다.

1982년 중국 공산당 중앙서기국으로 옮겨, 초기에는 농업을 담당했다. 1988년 중국농촌신탁투자공사 총경리(최고책임자)에 임명돼 본격적으로 금융인의 길을 걷는다.

1990년대 중국인민은행 부행장 및 중국건설은행 은행장을 역임하면서 금융 전문가로서 존재감을 과시했다. 1998년 광둥 성 부성장이 됐고, 부실채권문제를 안고 있던 정부 계열 대출기관을 정리했다. 2003년에는 중증급성호흡기증후군SARS으로 혼란이 극에 달했던 베이징에서 시장대리로서 진두지휘했다. 2008년부터 부총리로서 금융−통상을 담당했으며, 거시경제 정책 결정에 큰 영향력을 발휘해왔다.

왕치산은 위기 관리 능력이 뛰어나며 골드만삭스 등 미국 정재계와도 막강한 네트워크를 구축하고 있다. 중국 경제가 어려움에 빠지는 난세의 시대에 그의 존재감이 부각될 것이다. 차기 정권에서는 수석 부총리로서 거시경제 정책을 지휘하는 자리에 오르는 것이 순리지만, 총리로 발탁될 가능성도 배제할 수 없다.

왕양은 공청단파로 분류된다. 하지만 공청단 중앙에서 근무한 경험은 없고 1981년부터 1984년까지 공청단 안후이 성 지방 조직에서 일했다. 따라서 안후이 당위의 계통을 잇고 있다고 할 수 있다. 공청단 지방 간부는 일반적으로 해당 지방 당위의 영향력 아래 있다고 한다.[21]

왕양은 1999년 안후이 성 부성장에서 국가발전계획위원회 부주임으로 승진한다. 주룽지 총리가 그를 발탁했고, 2003년부터 2005년까지 국무원 부비서장을 역임했다. 그 시절 원자바오 총리의 신뢰를 얻은 것으로 알려졌다.

광둥 성에서는 노동집약형에서 고부가형 산업구조로의 전환을 의미하는 '등롱환조론騰籠換鳥論(새장 안의 새를 바꾼다는 의미)'을 주장했다. 정치 개혁에도 전향적 자세를 보여왔다. 시진핑 체제에서는 부패 감시를 담당하는 공산당 규율검사위원회 서기, 혹은 공안과 사법을 주관하는 당 정법위원회 서기에 임명돼도 능력을 발휘할 것으로 기대된다.

'타흑'과 '홍가'의 보시라이

★* 　　보시라이 충칭 시 당위서기에 대한 평판은 극단적으로 갈린다. 2007년 상무부장에서 충칭 시 최고지도자인 당위서기가 됐을 때 '타흑打黑'이라 불리는 부패 척결 캠페인을 벌여 서민들로부터 갈채를 받았다.

보시라이는 마오쩌둥의 어록을 모은 책을 시민들에게 읽어주고 '홍가紅歌'라 불리는 중국 혁명가를 부르도록 권장했다. 이 때문에 보수파는 그를 높게 평가한다. 2012년 가을 공산당 대회에서 상무위원이 돼, 공산당 정법위원회 서기로서 공안과 사법을 담당하고 전국 차원의 '타흑' 캠페인을 전개하는 것을 목표로 삼고 있다고 한다. 차기 총리를 노리고 있다는 관측도 있다.

보시라이는 보이보 전 부총리의 아들로, 태자당으로 분류된다. 문화혁명 때 아버지가 실각했고, 대학 졸업 뒤 중난하이에서 근무하다 지방 근무를 자원하는 등 시진핑과 공통점이 많다. 시진핑과 다른 점은 아버지 보이보가 장쩌민을 지지했기 때문에 보시라이 역시 일찍부터 장쩌민 파벌로 분류됐다는 것이다. 또한 개성이 강하고 대중의 시선을 끄는 정치

스타일도 시진핑과 다르다.

대중의 시선을 끄는 그의 정치 스타일은 적을 만들기 쉽다. 퍼포먼스를 선호하는 성향은 후진타오 총서기와도 맞지 않으며 당내에서 반감을 갖는 사람도 적지 않다. 상무부장이나 랴오닝 성 다롄大連 시장 시절 부하들을 혹사시킨 일화는 유명하다. 2012년 가을 공산당 대회에서는 상무위원에 진출하지 못하고 정치국원에 머무를 것이란 견해도 나온다.

류옌둥 국무위원은 여성이다. 공청단 중앙에서 후진타오 국가주석 밑에서 일한 '공청단파'이자 류루이룽 전 농업부 부부장의 장녀로 태자당이다. 적이 많지 않고 당내에서 조정 역할을 할 수 있어, 상무위원으로 가는 길이 비교적 평탄하다. 중국 건국 후 여성으로서 고위 간부를 지낸 인사는 마오쩌둥의 부인 장칭江青, 문화혁명 당시 마오쩌둥의 후계자로 지명됐던 린뱌오林彪의 부인 예췬葉群, 저우언라이의 부인 덩잉차오鄧穎超 등이 유명하다. 즉 이제까지 여성 고위 간부는 대부분 유력 인사의 부인이었다. 류옌둥이 상무위원이 되면 중국 공산당 최초의 여성 상무위원으로, 여성의 사회 진출과 지위 향상의 상징으로 대두될 것이다.

상무위 진입을 노리는 다른 후보들

위정성 상하이 시 당위서기는 2012년 가을 공산당 대회가 열리는 시점이 되면 67세다. 68세 정년을 엄격히 적용할 경우 아슬아슬하게 은퇴 기준에서 벗어날 수는 있다. 중국 최대 경제도시인 상하이에서 나름대로 경제 운영을 훌륭히 해냈다는 평가가 있는 반면, 2010년 11월 상하이 고층 아파트 대형 화재로 50명 이상 사망한 사건에 대한 책임을 묻는 비판도 있다. 후진타오 진영이 정치국 상무위원회에서 다수를 장악하는 것을 막기 위해 반反후진타오 세력이 위정성을 지지하는 상황도 예상된다.

위정성의 아버지 황징은 제1기계공업부장 등을 역임했다. 위정성도 전자공업부에서 근무한 경험이 있다. 그는 당시 전자공업부장이던 장쩌민의 부하였다. 1985년 미국으로 망명한 형 위창성俞强聲이 기밀정보를 넘기는 사건이 발생했고, 그로 인해 위정성은 산둥 성 옌타이煙台로 좌천됐다. 주택정책 등에서 실적을 남겼고 건설부장과, 교통의 요지인 후베이湖北 성 최고지도자를 역임했다.

장더장張德江 부총리(공업 등 담당), 장가오리張高麗 톈진 시 당위서기, 류윈산 당 선전부장도 2007년부터 정치국원이며, 2012년 가을에는 상무위 진입을 노릴 수 있는 위치가 된다. 이들은 장쩌민이나 쩡칭훙과의 신뢰관계가 두터워, 반후진타오 세력이 후춘화를 최고지도부에 입성시키는 것을 막는 카드로 활용될 수 있다.

장더장의 아버지 장즈이張志毅는 지난濟南 군구 포병 부사령관을 지낸 군 간부다. 장더장은 1978년부터 1980년까지 평양 김일성종합대학 경제학부에 유학했다. 지린 성에서 오래 근무했고, 1986년부터 1990년까지 민정부民政省(국무원에 속해 있는 사회 행정 관련 부서-옮긴이) 부부장을 지냈다. 장더장 역시 태자당이며 장쩌민과 비교적 가깝다.

장가오리는 석유부에서 오래 근무한 '석유벌閥'로, 자원 이권을 매개로 쩡칭훙과 연결고리를 갖고 있는 것으로 보인다. 광둥 성에 오래 근무했고, 2001년부터 산둥 성, 2007년에는 톈진 시로 옮기지만 일관되게 연안부에서 경제 발전을 이루는 데 공헌해왔다.

류윈산은 공청단 내몽골자치구 지방 조직을 거쳤고, 후진타오파라는 분석이 있다. 국영 신화통신의 내몽골자치구 지사 기자를 거쳐 선전 분야에서 오래 근무했다. 시진핑 체제에서는 리창춘의 후임으로 이념 담당 상무위원을 노릴 수 있는 위치에 있다.

현재는 정치국원도 아니고 중앙위원에 불과한 후춘화 내몽골자치구 당위서기를 정치국 상무위원으로 전격 발탁하려는 시도가 실패할 경우 장더장, 장가오리, 류윈산 중에서 상무위원을 뽑게 될 것이다.

포스트 시진핑
레이스

제6세대의 선두 다툼

:: 05

제5세대의 특징은 지식을 흡수해야 할 소중한 청년기에 문화혁명 (1966~1976년)의 폭풍에 휩쓸렸다는 사실이다. 1960년대생이 중심인 제6세대는 문화혁명의 광풍에서 벗어날 수 있었고 체계적인 교육을 받았다. 이로 인해 제5세대와 제6세대 사이엔 깊은 골이 있다. 제4세대에 속하는 지식인은 "제6세대 이후는 유학파도 많고 서방에 뒤처지지 않는 지식을 갖추고 있다"고 평가한다.

류준성劉俊生 정법대학政法大學 교수에 따르면 중앙과 지방정부의 각료 차관급 간부 중 1960년대 이후에 태어난 사람은 2008년 4월 시점에서

71명이다. 모두 대졸 이상의 학력을 갖추고 있다. 이 가운데 박사학위 취득자는 27퍼센트, 석사학위는 50퍼센트이고 문과 46퍼센트, 이과 54퍼센트다. 제5세대까지는 지도층 상당수가 이과 출신인 덕분에 "엔지니어가 나라를 다스린다"는 말이 나왔지만, 세대 교체와 더불어 문과 출신이 늘고 있다.

후진타오 직계인 후춘화

★　　제6세대의 출세 경쟁에서 선두를 달리는 인물은 후춘화다. 제6세대 중 처음으로 2009년 11월 허베이 성장에서 지방 최고지도자인 내몽골자치구 당위서기가 됐다.

후춘화는 1983년 베이징대학 중문학부를 졸업한 뒤 1997년까지 약 14년간 티베트자치구에서 근무했다. 공청단 티베트자치구 위원회 부서기였던 그는 1988년부터 1992년까지 역시 티베트자치구의 당위서기였던 후진타오의 가르침을 받았다. 1997년부터 2001년까지 베이징 공청단 중앙에서 근무한 뒤 다시 티베트자치구에서 약 5년간 일했고, 2006년부터 2008년까지 공청단 최고지도자인 제1서기를 역임했다.

공청단과 티베트라는 중국 정치에서 큰 의미를 지니는 두 가지 사안에서 공통점을 가진다는 점에서 후춘화는 후진타오 총서기의 직계라고 할 수 있다. 후진타오 총서기로서는 후춘화를 제6세대의 선두주자로 지방 정상인 당위서기 자리에 앉힘으로써, 지방의 정치 기반을 굳건히 함과 동시에 '차차기' 정상을 겨냥한 포석을 두었다고 할 수 있다.

중국의 31개 성, 자치구, 직할시의 최고 지위는 당위서기이며 성장이나 시장은 넘버 2의 위치에 있다. 후춘화를 내몽골로 발령한 것은 경제가 발전하는 연안부인 허베이 성에서 소수민족문제와 민생 개선이란 과제를 안고 있는 내륙부로 옮겨 폭넓은 경험을 쌓게 하겠다는 계산이다. 신장新疆위구르 등 통치가 어려운 자치구는 피하고, 웬만해선 실정失政을 하지 않는 내몽골을 고른 덕분에 큰 피해를 입지 않았다고 할 수 있다. 후춘화는 자원이 풍부한 내몽골에서 에너지 분야의 실력을 쌓았다.

후춘화는 성품이 온후하고 배려심이 많다. 외국 손님과 회식이 있을 때는 모든 테이블을 돌아다니며 일일이 술을 따르는 등 사람의 마음을 움직이는 법도 잘 안다. 한마디로 중국 최고지도자가 되는 데 필요한 자질을 두루 갖추고 있다. 다만 한 공산당 관계자는 그를 '창타출두조槍打出頭鳥(머리를 내민 새는 창으로 때린다. 모난 돌이 정 맞는다는 의미―옮긴이)'라는 말로 평가한다. 선두주자는 발목을 잡히게 마련이라는 것이다. 후진타오와 가까우면 가까울수록 후진타오 반대 세력의 공격 수위는 높아질 것이며, 후춘화는 시련을 맞게 될 것이다.

추격하는 실무파들

★* '포스트 시진핑' 경쟁에서 후춘화를 추격하는 제6세대 지도자는 전문 분야에서 실적을 쌓은 실무파가 많다.

쑨정차이는 후춘화와 마찬가지로 제6세대 선두 그룹에 속하며, 2009년 11월 지린 성 최고지도자인 당위서기에 취임했다. 농업 전문가인 그는 베이징 시에서 농업정책 전문가로서 두각을 나타냈고, 2006년 43세의 젊은 나이로 농업부장에 취임했다. 중국에서 농업정책은 매우 중요하며, 쑨정차이는 농업 생산 효율 향상 및 농촌 기초 인프라 건설 등에서 강렬한 인상을 남겼다.

2013년 봄 농업 담당 부총리에 취임하며, 2022년 가을 공산당 대회에서 총리를 노릴 수 있는 자리에 오를 것이 유력시된다. 후진타오에 대항하는 세력이 힘을 키웠을 경우, 후춘화 등 공청단파가 공격을 받고 대신 당파색이 짙지 않은 '테크노크라트(기술관료)'인 쑨정차이가 최고지도자에 오를 가능성도 배제할 수 없다.

후난 성 당위서기인 저우창도 제6세대의 중추다. 2010년 4월 후난 성장에서 후난 성 당위서기로 영전했다. 법률 전문가로, 사법부에서 근무한 뒤 1995년 공청단으로 옮겨 1998년부터 2006년까지 8년간 제1서기를 맡았다. 후난 성 성장 시절 경제 부흥과 에너지 절약형 사회 건설에 주력했고, 경제 운영에서 실적을 쌓았다.

나는 2008년 3월 전국인민대표대회 도중에 그를 인터뷰한 적이 있다. "공청단 최고지도자로서의 경험이 지방 근무에 도움이 됐는가"란 내 질문에 그는 "(공청단은) 청년과 관련된 업무가 매우 광범위했다. 지방정부의 경제를 운영하는 데도 다각도에서 검토할 수 있었다"며 공청단 근무의 이점을 소개했다. 성실하게 납변하는 그의 자세에서 좋은 인상을 받았다.

현재 후춘화나 저우창이 근무했던 공산주의청년단, 즉 공청단의 정상인 제1서기를 맡고 있는 인물은 류하오陸昊다. 베이징대학 경제학부를 졸업한 뒤 베이징 시 첨단산업 집적지인 쭝관춘中關村 관리 담당 등을 거쳐 2003년 35세의 나이로 베이징 시 부시장에 취임했다. 2008년 5월 공청단 최고 우두머리인 제1서기로 발탁됐다.

중국상용비행기유한책임공사 대표인 장칭웨이張慶偉도 주목받고 있다. 항공항천부航空航天部(미사일 개발 주무부서─옮긴이)를 거쳐 국방과학공업위 주임 등을 역임했다. 지방 근무 경력은 없지만 항공우주 분야의 테크노크라트로서 두각을 나타내고 있다. 개발과 연구는 군 장비에도 영향을 미치며, '국방기술 진보에 의한 혁명RMA'을 추진하는 핵심 인물이기도 하다.[22]

또 위구르족인 누얼 바이커리努爾白克力 신장위구르자치구 주석은 한족漢族과의 민족 통합의 상징으로 출세할 가능성이 높다.

제6세대 경제계 인사 중에는 미국에서 공부한 우수한 인재가 많다. 중국 공산당이 당의 발전을 위해 민간 경제계에 있는 이들 우수한 인재를 정부나 당의 경제 부문 간부로 발탁할 가능성도 있다. 포스트 시진핑 체제를 향한 경쟁은 안갯속이다. 중국 제6세대 중 서구 유학파와 서방 인사들의 '감각'은 큰 차이가 없으며, 제6세대가 중국 지도부의 주류가 되면 중국의 지도자상이 크게 바뀔 것으로 점쳐진다.

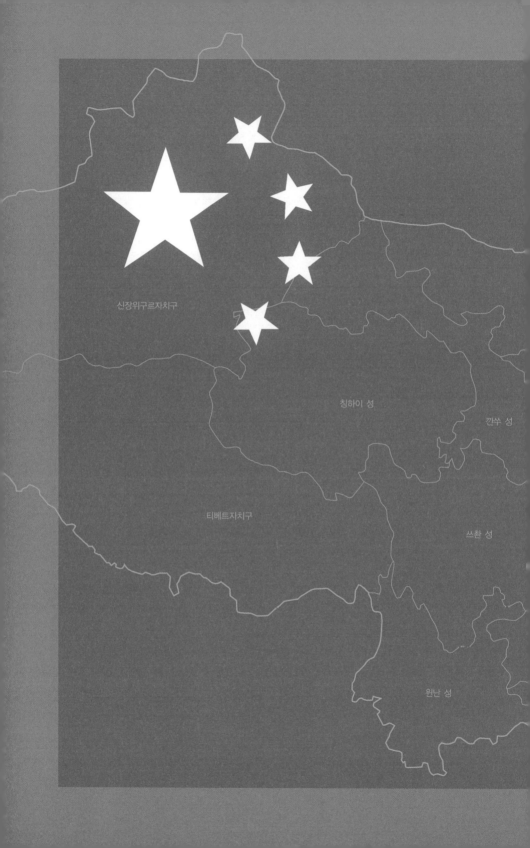

해이룽장 성

지린 성

라오닝 성

네이멍구자치구

허베이 성

산시 성

산둥

시 성

허난 성

안후이

후베이 성

후난 성

장시 성

푸젠 성

광시장족자치구

광둥 성

하이난 성

3장

정체되는
정치 개혁

자정 작용의 한계

보수로의
회귀

'정치특구'의 좌절

:: 01

시진핑이 추구할 정치 개혁은 어떤 내용을 담고 있을까. 시진핑은 2009년 2월 멕시코에서 열린 화교와의 간담회에서 이렇게 말했다.

"하는 일 없이 빈둥거리는 팔자 좋은 외국인들이 우리에 대해 멋대로 얘기하고 있다. 중국은 혁명을 수출하지 않았고, 기아나 빈곤을 수출하지도 않으며 그들을 괴롭히지도 않는다. 이보다 더 좋은 일이 있을 수 있나."

이는 홍콩 언론을 통해 보도됐다.[23] 그의 발언에는 공산당 일당 지배를 내용으로 하는 '중국 모델'에 대한 자부심이 짙게 배어 있다.

시진핑 시대의 정치 개혁과 관련해서는 두 가지 시나리오가 제기된다. 우선 비관적 시나리오다. 시진핑에게서는 적극적인 정치 개혁 의지를 엿볼 수 없고, 보수로 회귀할 가능성도 배제할 수 없다. 총서기로 재임할 2022년까지 공산당의 내부 의사결정 과정에 '절차의 민주화'를 도입하는 당내 민주주의를 추진할 뿐, 복수정당제 등 당외黨外 정치 개혁에는 나서지 않을 가능성이 높다. 대신 '위로부터의' 민주화 과정을 완만히 추진할 것이다. 급진적 민주화 요구가 터져나오지 않도록 불안불안, 조심조심 개혁을 추진할 것으로 보인다. '아래로부터의' 민주화는 철저히 봉쇄할 것이다. 따라서 잠재적인 민주화 요구 기운이 마그마처럼 분화구 아래까지 밀고 올라와 쌓이게 될 수 있다.

하지만 태자당이라 해서 모두 보수파 깃발 아래로 뭉친다는 보장은 없다. 그럴 경우 두 번째 시나리오인 낙관적 전망이 가능해진다. 태자당이기 때문에 더욱 정치 개혁에 저항하는 자파 세력을 설득하기 쉬울 것이다. 빈부 격차는 확대될 것이고 관료 부패 역시 더욱 심해질 것으로 전망되기 때문에, 시진핑이 정치 개혁에 나설 가능성이 전혀 없는 것은 아니다. 순탄한 경제 상황, 안정된 미국-중국 및 중국-대만 관계 등의 조건이 충족된다면 정치 개혁을 못할 것도 없다. 시진핑은 공산당을 둘러싼 환경을 냉철히 분석해 현실적인 판단을 내릴 수 있는 인물이다.

시진핑 이외의 제5세대 지도자에게 정치 개혁을 기대할 수 있다는 견해도 있다. 리커창이나 리위안차오는 민주화운동이 최고조에 달했던 1980년대 초반 베이징대학과 푸단대학에서 학창 시절을 보냈다. 그들은 자유와 평등, 인권 존중 등 민주주의 이념을 생활 속에서 체험했다는 점

이 후진타오 등 제4세대와는 크게 다른 점이다.[24]

시진핑 정권 내부에서 민주화 추진을 둘러싼 온도차가 확대돼 노선 대립으로 발전할 가능성도 부인할 수 없다. 정치 개혁 추진 방법이 정계의 권력 투쟁과 맞물려 핵심 쟁점으로 대두된다면 지도부 내의 '개혁파'에 의한 '위로부터의' 민주화 시나리오가 전혀 실현 불가능한 것도 아니다.

현재 중국 공산당이 정치 개혁의 핵심으로 꼽는 것이 당내 민주화, 즉 중국 공산당 내부의 민주화다. '지방 말단 조직의 최고책임자 선거', '민주적인 정책 결정', '정보 공개' 등이 공산당 내부 민주화의 핵심 내용이다. 반대로 말하자면 복수정당제나 삼권 분립 등 '당외'를 포함한 정치 개혁에는 소극적이다.

당내 민주화 중 주목받는 것이 '인물 평가제도'다. 중국 공산당과 정부는 2007년 가을 25명의 정치국원을 선출할 때, 약 400명의 중앙위원 및 중앙위원 후보급 당 간부들을 대상으로 정치국원 후보(약 200명)에 대한 인물 평가를 실시했고, 그들의 인물평을 기준으로 정치국원을 결정하는 제도를 도입했다. 상무위원으로 발탁된 시진핑이 최고 득점자였다. 인물 평가제도는 68세 이상 지도자가 모두 은퇴하는 데에도 영향을 미친 것으로 나타났다.

최고지도자가 밀실에서 승진자를 결정하는 방식을 지양하고, 공평하고 투명하며 독자적인 당내 민주주의를 하자는 것이 이 제도의 목적이었다. 이런 인물 평가 방식이 제도로서 뿌리내리면 평판이 나쁜 후보의 등용은 어려워질 것이다. 여론조사를 통한 인물 평가 방식이 2012년 가을 공산당 대회를 앞두고 어느 정도 규모로, 그리고 어떤 식으로 인사 결정에 반영될지가 향후 중국 공산당의 당내 민주화를 점치는 시금석이 될 것이다.

좌절된 정치특구

★ 2008년부터 2009년 사이 중국 정부는 지방도시에서 정치 개혁을 실험했다. 전국적으로 시행할 경우 거센 저항에 부딪힐지도 모르기 때문에 우선 지역에 한정해 실험한 뒤 돌파구를 찾아보려 했다. 선두를 끊은 것이 광둥 성 선전 시다. 2008년 5월 ①시장을 복수 후보자 중에서 뽑는 '차액선거差額選擧(선출돼야 할 정원보다 더 많은 후보자를 제시하는 방식—옮긴이)' 검토 ②시의회에 해당하는 인민대표대회의 입법 기능 강화 ③재판관 심사제도 개설 등 19개 항목의 정치 개혁안이 공표됐다.

'차액선거'는 우선 구장區長(관청의 장—옮긴이) 수준에서 실시하고 환경이 갖춰지면 시장으로 확대한다고 명기했다. 1980년에 도입된 선거법은 복수 후보 입후보를 인정했지만 사실상 공산당이 지명한 후보자 1명에 대한 신임투표였다. 민의를 반영하는 차액선거의 목표는 지방 수장의 부패 방지와 행정 서비스 개선이었다. 선전 시 정부는 2009년 들어 '공표해야 할 사항을 공표하지 않은 경우' 관료의 행정 책임을 물을 수 있다는 내용의 '보도 발표' 규정도 제정했다. 테러 등 돌발사건은 발생한 지 두 시간 안에 기본적인 정보를 발표하도록 했다.

선전 시 정부의 쑤후이쥔蘇會軍 신문판공실 주임은 "이 규정의 주요 목적은 '양광陽光(태양광선)' 정부 건설이다. 정보 공개를 통해 정부를 인민

: 시진핑 시대의 중국 :

의 감독 아래에 두는 것"이라고 말했다. 그러나 발표할 수 없는 '비밀'의 범위는 정부가 결정하기 때문에 국민의 '알 권리'가 완벽하게 보장되는 것은 아니다.

광둥 성의 성도인 광저우廣州는 2009년 9월 주요 정책 결정에 더 많은 의견을 참고하기 위해, 자문기관인 전국인민정치협상회의로 하여금 정책에 대한 심의를 의무화하도록 하는 '정협 개혁안'을 발표했다. 전국인민정치협상회의는 각계 지식인으로 구성되며 공산당이 아닌 기타 정당 인사도 많다. 현재는 정부에 대한 정책 제안 수준에 머무르고 있지만, 그 기능을 정책 심의로까지 확대할 방침이다.

중국은 1980년 관세 감면 등을 통해 외국 자본과 외국 기업을 유치하는 경제특구를 만들었고, 선전 등 4개 도시를 특구로 지정했다. 경제특구는 1990년대 이후 '외자 우대정책'이 전국적으로 확산되는 계기가 됐다. 경제특구의 성공 사례를 정치에 응용하려는 시도를 중국 학자들은 '정치특구'라고 표현한다(중국 정부는 정치특구란 표현을 사용하지 않는다).

광둥 성이 중국 정치 개혁의 무대가 된 것은 경제가 발전하면서 주민의 권리 의식이 높아졌기 때문이다. 개혁을 주도한 것은 성의 최고지도자인 공산당위서기인 왕양이다. 왕양은 후진타오 총서기를 필두로 하는 공산주의청년단 출신 간부로 구성되는 '공청단파'의 유망주이며, 후진타오의 지원을 받고 있는 것으로 알려졌다. 하지만 2010년 무렵부터 정치 개혁은 정체되고 있는 것 같다. 정치특구 실험은 여전히 답보 상태에 머물러 있다.

중단된 정치 개혁

★* 　　중국 공산당 기관지 〈인민일보〉가 2010년 10월 27일자 1면에 실은 논문은 정치 개혁에 대한 '중단 선언'이라고도 할 수 있다. 이 논문의 제목은 '올바른 정치의 방향에 따라 적극적이고 온당하게 정치체제 개혁을 추진한다'이다.

〈인민일보〉는 논문에서 "정치체제 개혁은 공산당의 지도를 약화시키는 것이 아니라 강화 개선하는 것"이라고 주장했다. 정치 개혁은 경제 발전이나 국민의 교육 수준에 맞게 단계적으로 추진해야 한다는 점을 강조한 것이다. "다당제나 삼권 분립 등 서방의 정치체제 모델을 흉내 내서는 안 된다"고도 밝혔다. 사회주의 제도 유지를 거듭 촉구했고, 중국의 독자적인 정치 모델에 대한 자신감도 드러냈다. 이어 "사회 안정과 경제 발전을 위해 공산당 일당 지배체제를 강화해야 한다"고 강조해 국내외의 민주화 요구를 거부했다. 정체된 정치 개혁에 또다시 제동을 건 셈이었다. 이 글을 계기로 중국의 민주화가 후퇴하는 느낌이 강하다.

이 글은 10월 15일부터 18일까지 베이징에서 열린 공산당 중앙위원회 제5차 전체회의(5중전회)의 '뜻'이 반영된, 일련의 캠페인 논문 중 세 번째 논문이다. 그런데 국영 신화통신은 이 논문에 대해서만 하루 전에 '중요 원고 예고'를 단행했다. 중요 원고 예고란 공산당과 정부가 중요하다고 판단하는 지도자의 동향이나 논문 발표를 미리 알리는 것으로, 이 논문이 우선도가 높음을 보여준다. 얼마 후 이 논문에 대한 해설 기사까지 실렸고, 이후 공산당이 당원에게 권장하는 중요 문헌으로 지정됐다.

2011년 3월 우방궈吳邦國 전국인민대표대회 위원장은 활동 보고에서

"공산당 일당 지배체제가 흔들리면 발전의 성과를 상실하게 되며 국가가 내란의 위기에 빠질 가능성도 있다"며 강한 위기감을 드러냈다. 서아시아의 재스민 혁명의 여파로 중국에서 민주화를 요구하는 집회가 열리는 것을 염두에 둔 보고였고, 여기서 그는 공산당 지도체제 강화를 강조했다. 우방궈는 "정권이 교체되는 다당제, 삼권 분립, 이원제는 도입하지 않을 것"이라며 서방의 정치제도에 대한 거부 의사를 명확히 밝혔다. 중국판 '재스민 혁명'에 대한 경계를 강화하겠다는 점, 그리고 정치 개혁을 연기하겠다는 생각이 명백히 드러나 있다.

끝나지 않은 톈안먼 사태

노벨평화상 수상자이자 민주인사인 류샤오보는 1955년 12월 28일 지린 성 창춘長春에서 태어났다. 1989년 미국 컬럼비아대학의 객원연구원으로 있던 중 민주화운동이 시작됐다는 소식을 듣고 급거 귀국했다. 그리고 3명의 지식인과 함께 톈안먼 광장에서 단식투쟁을 벌였다. 무력 진압이 임박한 6월 4일 새벽에는 유혈사태를 막기 위해 광장에 남아있던 학생들에게 해산을 호소했다.

그는 톈안먼 사태 뒤 반혁명 선전선동죄로 투옥됐다가 1991년 석방됐다. 1996년에는 정부를 비판하는 공개서한을 발표해 3년간 노동교정 처분을 받았다. 중국 정부는 그가 공산당 독재 폐지 등을 촉구한 '08헌장' 초안 작성에 참여하자 2010년 2월 국가정권 전복선동죄 명목으로 징역 11년을 확정했다.

'08헌장'은 중국 학자들이 공산당 일당 독재를 비판하고 인권 옹호를 촉구한 문서다. 학자들은 헌장에 서명했고, 2008년 12월 10일 세계인권선언 60주년에 맞춰 발표됐다. 08헌장은 민주적인 직접선거 실시와 삼권분립 등 19개 항을 요구했다. 서명자는 당초 303명에서 외국 거주자를 포함한 1만여 명으로 확대됐다. 류샤오보는 주요 집필자는 아니었지만 톈안먼 사태 20주년을 앞두고 08헌장이 발표되자마자 바로 구속됐다.

당국은 류샤오보를 구속한 이유를 '08헌장 기초자'라고 밝혔지만, 사실은 그가 중국 국내에 남아 있는 톈안먼 사태의 상징적 투사였기 때문이다. 중국에서 톈안먼 사태는 아직 끝나지 않았다.

톈안먼 사태에 대해 간단히 정리해보자. 1989년 4월 후야오방 전 공산당 총서기 사망을 계기로 학생 등이 톈안먼 광장에서 대규모 민주화 시위를 벌였다. 덩샤오핑 등 지도부는 '동란動亂'으로 규정하고 군대를 투입했다. 6월 3일 밤부터 4일 아침까지 유혈 참사가 빚어졌다. 중국 정부의 발표에 따르면 톈안먼 사태 사망자는 319명이지만 실제로는 더 많은 것으로 알려져 있다.

중국 정부는 이를 '정치 풍파(소요)'로 규정했고, 따라서 무력 진압은 정당했다는 것이 그들의 공식 입장이다. 후야오방 외에 단식투쟁을 하던 학생들을 찾아가 위로하다 실각한 자오쯔양 전 공산당 총서기에 대해서는 "민주화운동에 대해 단호한 조치를 취하지 않은 잘못이 있었다"고 평가했다. 후야오방은 탄생 90주년인 2005년에 명예회복이 추진됐지만 전면적인 명예회복은 이뤄지지 않았다. 그러나 자오쯔양의 명예회복에 대해서는 아직까지 아무런 움직임도 없다.

류샤오보의 노벨평화상 수상은 중국 공산당에게 톈안먼 사태의 의미를 직시하라는 세계의 메시지다. 중국 공산당의 눈에 그것은 인권 침해에 대한 규탄 수준을 넘어 일당 지배에 대한 외부 세력의 도전으로 비쳤다. 중국에 거주하는 중국인의 노벨상 수상은 이때가 처음이었다. 노벨상 수상은 중국 정부의 염원이었지만, 수상자는 아이러니하게도 민주인사였다.

랴오닝 성의 교도소에서 복역 중인 류샤오보는 2010년 10월 10일 면회 온 아내 류사劉霞에게 눈물을 흘리며 "노벨평화상을 톈안먼 사태 희생자에게 바친다"고 말했다.

류샤오보의 노벨평화상 수상은 중국의 민주화와 관련해 공과를 함께 남겼다. 공적 면에서는 중국인들에게 국제사회가 민주화를 어떻게 보고 있는지 알려주었다. 이러한 중국의 민주화에 대한 국제사회의 시각은 인터넷을 통해 확산됐다. 하지만 결과적으로 당국의 탄압 강화를 초래했다는 과오를 범했다. 중국 정부가 노벨평화상 수여를 "중국을 혼란에 빠뜨리려는 외국 세력의 기도"로 간주했기 때문이다.

"긴급히 호소함. 아내가 감기에 걸려 열이 높은데, 경찰이 문을 막고 있어 병원에 가지 못함."

10월 28일 오후 7시쯤 인권 운동가이자 저술가인 위제余傑가 나의 휴대전화로 이런 문자를 보냈다. 위제는 류샤오보와 친분이 두텁고 '08헌장'에 함께 서명한 인물이다. 류샤오보가 노벨평화상 수상자로 결정되자마자 바로 위제 등 민주인사에 대한 감시가 강화됐다. 나도 위제와 연락을 취하려 했지만 휴대전화와 이메일 모두 연결이 되지 않았다.

공산당과 8개의 '연립여당'

★* 　중국에는 공산당 외에 '민주제당파民主諸黨派'라 불리는 8개의
정당이 있다. 중국국민당혁명위원회, 중국민주동맹, 중국민주건국회, 중
국민주촉진회, 중국농공민주당, 치공당致公黨, 93학사, 대만민주자치동
맹 등이다. 해마다 3월에 열리는 국정자문기관인 '전국인민정치협상회
의'에서는 민주제당파 대표가 참가해 의견을 밝힌다. 이들은 공산당 정
권에 대한 '야당적 존재'가 아니기 때문에 '연립여당'이라고 말할 수 있
을 것이다.

　2008년 3월 6일 민주제당파 대표들이 베이징에서 처음으로 합동 기자
회견을 가졌다. 2007년 4월, 35년 만에 민주제당파에서 각료로 발탁된
치공당 대표(주석) 완강万鋼 과학기술부장도 기자회견장에 나와 "중국
전역의 성과 시에서 민주제당파가 정치에 참여하고 있으며 민주정치 건
설은 진전되고 있다"고 강조했다. 중국의 독자적인 민주 발전을 호소한
것이다.

　8개 정당 대표들은 입을 모아 자신들은 "공산당 지도 아래" 정치활동
을 한다고 강조했다. "이 국가를 지도할 수 있는 것은 공산당뿐"이란 발
언도 이때 나왔다. 사실상 공산당 독재를 전제로 한 민주화라는 중국의
현실이 부각됐다.

　유일하게 분위기가 좋았던 때는 93학사 대표가 이런 발언을 했을 무렵
이었다.

　"왜 당명이 93학사인 줄 아는가. 9월 3일이 항일전쟁 승리 기념일이기
때문이다. 여러분에게 간곡히 부탁드린다. 한 언론은 '9시에 출근해 3시

에 퇴근'하기 때문에 당명이 93학사라고 보도했는데, 이것은 완벽한 오보다."

회견장에는 폭소가 터졌다. 단상에 앉아 있던 대표들에게선 국정을 담당하고 있다는 중압감을 느낄 수 없었다.

중국은 1949년 건국 당시 다당제를 제시했다. 공산당 외에 국민당과의 내전에서 협력한 8개 민주제당파와의 '9당파 연합'이었다. 중국은 9당파 연합을 '연합정부'라고 부른다. 프롤레타리아 독재 아래 일당 독재체제를 구축한 구소련과는 거리를 두고 있었다.

당초 마오쩌둥이 채택한 것은 '신민주주의론'이다. 우선 봉건 식민지체제를 타파하는 '민주주의 혁명'을 실시한 뒤 단계적으로 '사회주의 혁명'으로 옮겨가는 2단계 혁명론이었다. 1960년대에 사회주의 혁명으로 이행할 것이라는 분석이 지배적이었지만, 마오쩌둥은 생각을 바꿔 급진적 사회주의 혁명을 일으키게 된다. 1957년 '반우파 투쟁'에서 공산당 일당 지배에 대한 비판을 봉쇄하고 사실상의 일당 지배체제를 확립했다.

보수파와 개혁파의 공방

보편적 가치 논쟁

02::

사실상의 공산당 일당 지배 상황에서 시장경제를 통한 발전이 언제까지 지속될 수 있을까. 중국에서는 '보편적 가치', '중국 모델', '베이징 컨센서스'라는 키워드를 둘러싸고 보수파와 개혁파 간 논쟁이 전개되고 있다. 2008년 논쟁의 키워드는 자유, 민주주의, 기본적 인권 등 '보편적 가치'였다.

2008년 9월 〈인민일보〉에 게재된 논문에 이런 대목이 나온다.

"보편적 가치를 주장하는 사람들은 자유, 민주, 인권, 사유화문제를 강조한다. 하지만 이는 국내외 세력이 중국의 사회주의 제도를 바꾸려는 공작일 뿐이다."

정부계 싱크탱크인 중국사회과학원의 천쿠이위안陳奎元 원장도 공개적으로 '보편적 가치'를 비판했다. 이는 중국 당국이 보편적 가치에 강한 경계심을 갖고 있음을 보여준다.

보수파의 비판은 개혁파뿐 아니라 원자바오 총리에게도 향했다. 원자바오가 2007년 2월 "민주, 자유, 인권은 인류가 공통되게 추구하는 가치관"이란 견해를 표명했기 때문이다. 보수파 학자들은 "원자바오 총리가 국민에게 민주화에 대한 기대감을 불어넣어 결과적으로 폭동과 시위를 유발했다"고 공격했다.

개혁개방 노선 수정을 요구해온 보수파는 관료 부패, 빈부 격차 등 개혁의 '부정적 측면'을 강조하며 원자바오 총리의 정치 기반을 흔들어댔다. 개혁에 저항해온 지방 기득권층도 원자바오 비판에 가세했다.

개혁파는 반론을 제기했다. 개혁 성향 월간지로 유명한 〈염황춘추炎黃春秋〉는 2009년 1월호에서 "개혁개방의 목표는 국가의 정치 경제 독점 대신 시장경제화, 정치민주화, 사회평등화를 실현하는 것"이란 내용의 논문을 실었다.[25] 공산당 일당 독재를 비판하는 이 글이 발표되자 파문이 확산됐다.

인터넷을 무대로 치열한 논쟁이 벌어졌고 '보편적 가치' 찬성파가 다소 우세해져갔다. 그러던 차에 공산당 이론지 〈구시求是〉가 2009년 3월 16일자에 당의 공식 입장을 게재하게 된다.

"서방의 민주나 헌정 등의 개념을 '보편적 가치'로 인정하고 중국에서도 이를 지도사상으로 삼아야 한다는 주장이 있다. 그러나 그러한 주장은 마르크스주의 지도사상에 대한 도전이다.”

권위 있는 공산당 이론지가 보편적 가치를 부정하면서 ‘보편적 가치’ 논쟁은 수그러들기 시작했다.

‘베이징 컨센서스’와 ‘중국 모델’ 논쟁

★   2009년부터는 보편적 가치 논쟁이 시들해진 대신 중국 모델과 베이징 컨센서스 논쟁이 활발해졌다.

‘베이징 컨센서스’는 미국 시사주간지 〈타임Time〉의 편집장 출신으로 골드만삭스의 고문이 된 조슈아 쿠퍼 라모Joshua Cooper Ramo가 중국이 ‘개발도상국의 성공 모델’이란 의미에서 만든 단어다. 2004년에 출간된 《베이징 컨센서스The Beijing Consensus》라는 책에서 처음 사용하면서 알려졌다.

베이징 컨센서스에 대한 엄밀한 정의는 없다. 다만 정치와 경제 두 가지 면에서 함축된 의미를 가진다. 정치 면에서는 ‘민주주의를 서두르지 않는다’를, 경제 면에선 ‘관이 경제개발을 주도하는 것’을 의미한다. 베이징 컨센서스는 민영화 및 규제 완화를 기준으로 삼는, 즉 시장원리를 중시하는 미영 방식의 ‘워싱턴 컨센서스The Washington Consensus’의 대항축이라 할 수 있다.

‘베이징 컨센서스’와 거의 같은 의미로 ‘중국 모델’이란 용어가 사용된다. 중국에서는 2010년 들어 《중국 모델, 경험과 어려움中國模式 經驗与困難》(정용녠鄭永年 저) 등의 중국 모델에 관한 서적이 잇달아 출간됐다.

| 표 9 | 베이징 컨센서스와 워싱턴 컨센서스

	베이징 컨센서스	워싱턴 컨센서스
정치	일당 지배체제 민주화를 서두르지 않음	복수정당제 민주 프로세스 중시
경제	관 주도의 시장경제화	철저한 민영화

중국 모델 지지파는 '국가자본주의'라 할 수 있는 관 주도의 강제 조치가 "금융위기 속에서 빠른 경기 회복을 가능하게 했다"고 평가한다. 30년간의 개혁개방 성공 체험이 아프리카, 남미 등 개발도상국에 모델이 될 수 있다고 본다.

이들은 급격한 민주화는 개발도상국이 발전을 추진하는 데 어려움이 따르기 때문에 "국가의 제도 건설이 먼저이며, 민주화는 나중"이라고 주장한다. 금융위기 상황에서 신속한 대책 마련에 실패하면서 경기후퇴가 장기화됐던 서방 국가들과 달리 중국은 경기 회복이 빨랐고, 이에 대해 자국 내에서 자화자찬의 목소리가 높았다.[26]

반론도 나왔다. 베이징대학의 야오양 교수는 미국 외교전문지 〈포린어페어스Foreign Affairs〉에 기고한 '베이징 컨센서스의 종언'이란 글에서 "중국이 경제성장과 사회 안정을 유지하려면 민주화 이외의 대안은 없다"고 주장했다. 그는 기득권층이 부의 재분배에 저항하고 있다며 빈부 격차 해소를 위한 정치 개혁을 요구했다.

인터넷 검열이 상징하듯 중국 공산당과 정부는 서방과는 이질적인 중국 모델에 집착하고 있다. 금융위기 대처 방식에서도 '국진민퇴國進民退 (국유 기업이 약진하고 민간 기업은 후퇴)'라 불리는 현상이 지적됐다. 관의 우위는 갈수록 강화되고 있고 이에 대한 반발 조짐이 나타나고 있다.

베이징 컨센서스나 중국 모델을 둘러싼 논쟁은 1980년대부터 1990년 대 전반에 나온 '아시아 가치관'의 우위성 논란과 흡사하다. 여기에는 자 유, 민주주의, 인권을 중시하는 구미의 가치관과는 대조적으로 아시아에 서는 사회 안정을 위한 개인의 자유 제한, 유교의 영향에서 나오는 가부 장적 권위, 자연과의 공존 등의 개념이 바탕에 깔려 있다.

중국 모델 정치체제는 일당 지배를 용인하고 경제성장을 우선시하는 '개발독재 모델'이다. 이는 개인의 자유와 권리가 침해되지만, 전체적인 경제 발전과 사회 안정을 위해 필요하다는 인식에 기초한다.

과거에도 보수파와 개혁파는 정국을 둘러싸고 논쟁을 벌였다. 2004년 부터 2007년에는 개혁개방 노선에 대한 평가가 쟁점이 됐다. '신좌파'는 빈부 격차 확대와 환경 오염 등 경제 발전의 '그림자' 부분을 비판했다. '신자유주의파'는 정치 개혁과 철저한 시장화를 통해 문제를 해결해야 한다고 주장했다.

시진핑 시대에 들어서서도 키워드에 대한 옳고 그름을 테마로 정치 개 혁 및 경제 발전을 둘러싼 보수와 개혁의 논쟁은 계속될 것이다.

형식적인
직접선거

수준 이하의 '언론 자유'

:: 03

풀뿌리 차원에서 중국의 민주화는 어느 수준일까. '위로부터의' 민주화인 직접선거와 '아래로부터의' 민주화로 연결되는 언론의 실태를 살펴보자.

베이징 시는 2010년 6월 18일 농촌 지역 말단 자치 조직인 촌민위원회 수장을 뽑는 직접선거 현장을 외국 언론에 공개했다. '촌장'에 해당하는 촌민위원회 주임을 2명의 입후보자 중에서 뽑는 투개표 과정을 보여주었다.

오전 7시 베이징 시 먼터우거우門頭溝 구 시왕핑西王平 촌의 투표소에

촌민들이 속속 찾아왔다. 투표소에는 '민주의 권리를 소중히'라는 슬로
건이 걸려 있었다. 10시 30분 투표가 끝나고 개표 작업이 시작됐다. 234
표를 획득해, 20표밖에 얻지 못한 상대 후보를 압도하며 3선을 달성한
현직 후보가 "민중의 생활을 개선하겠다"고 선언했다. 촌민들은 박수로
응답했다.

촌민위원회는 농촌 지역 주민의 자치 조직이다. 중국 전역 약 60만 곳
에 설치돼 있으며, 농촌 지역의 학교나 도로 건설에 필요한 경비 조달,
공동 소유 토지의 관리 등을 담당하는 등 실질적으로 정부기관에 가까
운 기능을 한다. 마을 인구에 따라 주임(촌장), 부주임, 위원 3~7명을 선
거로 뽑으며 임기는 3년이다. 18세 이상 촌민이 선거권과 피선거권을 가
진다.

중국은 자치 조직인 촌민위원회나 거민위원회居民委員會 등 촌 단위에
서는 직접선거를 실시하고 있다. 1988년부터 촌민위원회 최고지도자인
주임 등을 직접선거로 뽑기 시작했고, 1998년 정식 제도가 됐다. 직접선
거는 행정구역상 최소 단위인 향鄕, 진鎭, 현縣의 인민대표대회 대표(지
방의원)까지가 대상이며, 그 이상인 시市, 성省, 그리고 중앙정부 지도자
는 간접선거로 뽑는다.

베이징 시가 촌민위 선거를 외국 언론에 공개한 것은 민주화가 진전되
고 있음을 과시하려는 의도일 것이다. 그러나 유력 후보자 선정은 사실
상 공산당이 결정권을 갖고 있고, 선거부정도 여전하다. 민의를 반영하
는 조직으로선 한계가 있는 셈이다. 베이징의 한 정치학자는 "주임이 되
는 사람은 공산당이 사전에 심사하며, 선거는 형식적"이라고 비판한다.

베이징에서 실시된 촌민위원회 주임 선거에서 투표하는 주민(2010년 6월 18일).

시왕핑 촌의 당선자는 촌의 공산당 지부 책임자를 겸하고 있었고, 반면 대항 후보의 약력에는 비공산당원을 의미하는 '군중群衆'이라고 기재돼 있었다. 유효 투표의 90퍼센트 이상을 획득하는 압승에서 서방과는 다른 민주주의의 모습을 볼 수 있었다.

마을 주민에게 직접선거에 대해 물어보자 "매우 좋은 일"이라고 이구동성으로 찬양했다. 기자들의 질문에 대비해 당국이 사전에 '모범답안'을 가르쳐준 것 같았다. 옆 마을로 가서 그곳 주민에게 물어보니 "누가 주임이 되건 우리와는 상관없다", "간부는 썩었다"는 등 냉랭한 속내를 들을 수 있었기 때문이다.

각지에서 매수 등 선거부정이 끊이질 않는다. 베이징 시의 다른 마을에서는 투표증이 없는 사람이 투표한 사실이 확인되는 등 부정이 드러나 선거 무효가 됐다. 한 표를 100위안(1만 7,000원)에 매수한 사건, 후보 측 관계자가 개표 작업 도중 투표 용지를 찢고 상대 후보를 폭행한 사건도 발생했다. 이에 따라 공산당과 정부는 2009년 5월 "선거 매수가 심각한 수준"이라며 철저한 단속을 지시하는 공문을 내려보냈다.

원자바오 총리는 2006년 직접선거의 범위를 현재의 촌에서 성 차원으로 확대할 의욕을 보였지만 여전히 검토 단계에 머물고 있다. 후진타오 정권에서는 정치 개혁이 늦어지고 있고 부패 대책 등 과제가 산적해 있다. 직접선거가 확대될지는 여전히 불투명하다.

국영 언론의 '짜고 치기식 질문'

★* 류샤오보가 지적했듯 '알 권리'가 중국 민주화의 돌파구가 될 것이다. 그러나 권력을 감시하는 언론의 힘에는 한계가 있다. 공산당 통제 아래 중국 언론은 보도의 자유가 없기 때문이다.

'보도 자유'의 한계를 실감하기 좋은 예로 중국 당국이 여는 기자회견을 들 수 있다. 주 2회 외교부 정례 기자회견 때는 어느 언론사나 자유롭게 질문할 수 있다. 하지만 전국인민대표대회 등 중요한 회의 때 열리는 기자회견에서는 신화통신이나 중앙TV 등 국영 미디어의 '사전 각본 질문'이 대부분이다. 국영 언론의 기자에게서 저널리즘 정신을 찾아보기란 쉽지 않다. 그들은 당국이 강조하고 싶은 것을 질문하고 당국은 준비한 내용을 읽는 식이다.

2008년 3월 2일 전국인민정치협상회의 개막을 앞두고 열린 기자회견에서 있었던 일이다. 마카오TV 기자가 특정 국영 언론과 당국의 '짜고 치기식 기자회견'에 항의했다.

"당국과 특정 언론 사이에 '비밀 규칙'이 있는가? 기자회견은 소수 주요 언론의 독무대인가?"

우젠민吳建民 보도관은 "당신이 말하는 비밀 규칙이 무엇인지 이해하지 못하겠다. 기자회견에서는 모든 기자가 평등하다"고 답했다. 하지만 참석한 기자들에게 당국과 특정 언론의 비밀 규칙은 공공연한 비밀이었다.

후진타오 총서기나 원자바오 총리가 외국을 방문할 때 동행 취재가 허용돼 전용기에 동승할 수 있는 언론은 신화통신, 〈인민일보〉, 중앙TV, 인민라디오 등 주요 4개사다. 원자바오 총리의 경우 전용기에서 기자들과 '기내 간담회'에도 응하며 놀랄 만큼 솔직하게 국정 과제에 대해 얘기하곤 한다. 그러나 중국 국영 언론이 기내 간담회에서 나온 중국 수뇌의 생각을 알리는 '사람 중심의 기사'를 쓰는 일은 없다.

중국 국영 언론사 기자는 정상회담을 보도할 때 자신이 직접 기사를 쓰지도 않는다. 외교부 보도 담당자가 쓴 '기사 원고'를 받아, 앞부분에 자기 이름을 넣은 뒤 보낸다. 각 언론사의 기사는 기묘하다고나 할까, 아니면 당연하다고 할까, 완벽하게 똑같다. 그들에게는 순서를 바꾸거나 분석을 덧붙이는 권한이 없다.

이러한 '기사 원고' 보도 방식은 당과 정부뿐 아니라 기업의 기자회견에도 적용된다. 기업이 미리 원고를 준비해 기자회견장에서 나눠준다. 기업의 경우 '선전비'라며 기자에게 돈을 주는 경우도 많다.

신화통신에는 '국제부'와는 별도로 '참고 보도 편집부'라 불리는 부서가 있다. 이 부서의 기자는 독자를 위한 기사를 쓰지 않는다. 이들의 임무는 중국 수뇌부가 근무하는 중난하이 등에 내부 자료를 보고하는 것이다. 1999년 유고슬라비아의 중국 대사관이 미군의 오폭을 받았을 때 사망한 신화통신 기자가 바로 이 참고 보도 편집부 출신이었다. 이들은 보도기관이라기보다 첩보기관의 성격이 강하다.

중국 정부 당국자들은 정부가 언론을 관리하는 것이 국제적으로도 인정된 '상식'이라고 생각한다. 2006년 1월 중국 외교부 추이톈카이崔天 당시 아시아 국장은 중일 국장급 협의에서 "일본 언론은 왜 중국의 부정적인 면만 보도하는가. 일본 정부는 언론 지도에 노력해야 한다"고 말했다. 서방 사정에 밝은 추이톈카이 국장마저 이런 말을 할 지경이니 중국 내부의 병이 얼마나 심각한지 알 수 있다.

일본은 추이톈카이 국장의 발언에 "일본은 중국과 다르다. (언론 통제는) 불가능하다"고 반박했지만 보도의 자유를 둘러싼 양국의 인식 차이는 매우 크다.

한편 공산당에 순종적인 국영 언론의 권력은 막강하다. 2009년 2월 9일 밤 베이징 시 차오양朝陽 구 국영 중앙TV 신사옥에 인접한 부속 고층 빌딩인 '만다린 오리엔탈 호텔'에서 불이 나 건물이 전소됐다. 중앙TV가 이벤트회사를 고용해 건물 서남쪽 공터에서 수백 발의 폭죽을 쏜 것이 화재 원인이었다.

중앙TV는 베이징 시의 허가를 받지 않았고, 경찰이 제지하러 갔음에
도 아랑곳하지 않고 불꽃놀이를 계속했다. 사건이 악화되자 중앙TV는
사과했고, 자오화융趙化勇 사장이 사표를 제출했다. 이는 치외법권을 당
연시하는 국영 언론의 사고방식을 보여준 단적인 사례다.

자정 능력의 부재

답보상태인 부패 대책

04::

후진타오 지도부는 민주화 등 정치 개혁을 지연시키는 반면 간부 공모 확대, 부패 방지 등 행정 개혁에 힘을 쏟고 있다. 중국 중앙부처나 지방정부는 2010년 들어 과장급에 머물던 공모제도를 국장급으로 확대했고, 그해 400명의 국장급 간부를 공모했다. 행정 개혁의 성패는 공산당과 정부에 대한 국민의 불만을 달래고 공산당 일당 지배의 지속 여부를 좌우하는 핵심 사안이다.

'부국장급 간부 공개 선발.'

2010년 12월 13일자 〈인민일보〉에 이런 내용의 공고가 실렸다. 모집 대상은 산시山西 성 수리청水利廳 부청장 및 공상행정관리국工商行政管理局 부국장 등 부국장급 16명이었다. 신화통신에 따르면 부국장을 포함한 국장급 간부를 공모한 것은 중국 31개 성, 자치구, 직할시 중 약 절반인 10여 개이며, 그 여파로 지방정부 간 인재 확보 경쟁까지 벌어지고 있다.

베이징 시에서는 부국장 38명, 과장 186명 등 224개 직책을 뽑는 데 1만 1,416명이 응모해 51 대 1의 경쟁률을 보였다. 선발 과정의 투명성을 높이기 위해 후보자의 학력, 경력, 재산을 인터넷에 공개했다. 합격자 절반 이상이 석사 및 박사학위 소지자였고, 비교적 젊다는 것이 특징이었다.

구이저우 성이 2010년 4월에 공모한 교육청 부청장 등 28개 직책에는 2,468명이 응모했다. 필기시험을 통과한 136명이 7월 면접을 치렀고, 선발 작업에는 외부 인사도 참여했다. 저장 성도 7월 중순 176개 직책을 공모했다. 중앙부처에서는 공안부가 내부 공모를 통해 선전국장 및 마약 금지 국장 등 3개 국장을 선발했다. 자천타천으로 311명이 응모해 선전국장에 우허핑武和平 보도관을 임명하는 인사를 단행했다.

간부를 공모하는 목적은 '연줄' 인사를 막고 유능한 인재를 등용하기 위해서다. 중국에서는 연줄 인사가 만연하고 매수도 적지 않다고 정부 관계자는 말한다. 이 때문에 공산당은 2009년 12월에 2010년부터 2020년까지 10년간 인사제도 개혁 방안을 마련했고 공모 확대를 발표했다. 공산당 관계자는 외부 인사 공모의 장점이 "어학 및 전문 분야에 뛰어난 인재를 확보할 수 있다는 것"이라고 설명한다.

공안국 부국장 40만 위안(약 6,800만 원), 교통경찰 분견대장 10만 위안……. 허난 성 뤄양洛陽 시에서는 2004년에서 2006년 사이에 이런 가격에 관직이 거래됐고, 관련자가 체포되는 사건이 일어났다. 최근에는 중앙과 지방 간 인사 교류가 활성화됐지만, 대부분 지방 관료는 같은 지역에서 이동 없이 평생 근무한다. 이런 구조 때문에 부패의 소지가 생겨나고 중앙의 지시가 제대로 전달되지 않는 토양이 조성된다.

인사 개혁을 주도하는 인물은 리위안차오 당 조직부장이다. 그는 후진타오 총서기와 가깝고, 2012년 가을 최고지도부에 입성할 것으로 예상된다. 공산당과 정부는 부패를 막지 못하면 인민의 불만이 폭발할 것이라는 위기감과 더불어 '포스트 후진타오' 체제를 염두에 둔 '서비스형 정부' 구축을 위해 인사 개혁을 추진하고 있다. 그러나 공모직은 한정돼 있고 주요 직책은 대상에서 제외된다.

구이저우 성 사회과학원 법학연구소 런융창任永强 소장은 "구이저우 성은 중국에서 가장 가난하며 인재가 부족하기 때문에 외부에서 사람을 데려와야 한다"며 지역의 특수성을 설명한다. 베이징의 한 정치학자는 "낙하산 인사일지라도 일단 중앙부처 간부를 받아들여 중앙과 네트워크를 구축하려는 것이 목적"이라고 본다.

지방정부의 과장급 공모 선발에 관여했던 담당자는 "최종 결정은 성省 수뇌부의 정치 판단이 작용했다"고 털어놓았다. 선발 과정의 투명성을 높이고 공평성을 확보하는 문제는 여전히 과제로 남아 있다.

4조 4,000억 위안에 달하는 '회색 수입'

★* "인민의 생활 현장에서 발생하는 부패 척결에 주력한다."

2010년 12월 28일 중국 공산당은 후진타오 총서기가 주재한 정치국 회의에서 '반부패 투쟁'에 대한 결의를 새로이 다졌다. 부패는 민중이 강력하게 비판하는 문제이기도 하다. 대형 건설공사를 둘러싼 부정부패와 뒷돈, 과다한 경축 행사 및 심포지엄 개최, 관용 차의 부정 사용 등의 문제가 지적됐고, 중점적으로 감시한다는 방침이 결정됐다.

2010년 부패 등 규율 위반으로 징계받은 공산당원은 11만 9,527명이다. 2009년 4월부터 2010년 12월까지 발각된 공산당 기관 등의 뒷돈은 2만 5,738건, 127억 위안(약 2조 1,600억 원)에 달했다. 정부가 출자한 토목건설 사업은 손쉽게 부패의 온상이 된다. 2010년 1만 5,600건이 적발됐으며, 5,100명 이상이 사법 처리됐다. 그러나 이러한 수치는 빙산의 일각에 불과하다.

2010년 3월 전국인민대표대회에서는 '회색 수입'이 논쟁이 일어났다. 회색 수입이란 정부가 파악하지 못하는 수입을 말한다. 관료 등이 지위를 남용해 받은 뇌물 등이 이에 해당한다. 중국 경제개혁연구기금회의 국민경제연구소 왕샤오루王小魯 부소장은 회색 수입 총액이 연간 4조 4,000억 위안(약 748조 원)에 달할 것으로 추산한다.

2010년 들어 원자바오 총리는 전인대 첫날인 3월 5일 정부 활동 보고에서 "부의 공평한 재분배에 전력을 다할 것"이라고 밝혔다. 하지만 탈세로 연결되는 회색 수입은 그런 정부의 노력을 방해한다. 원자바오 총리는 "불법 수입을 엄중히 단속하고 회색 수입을 '정상화'시키겠다"고 말했다.

그러나 우리의 국회의원에 해당하는 '대표'들은 잇달아 회색 수입의 정의 및 정상화 내용이 애매하다고 지적했다. 최종적으로 결정된 정부 활동 보고에서는 회색 수입이 삭제됐고 "합법적 수입을 보호하며, 과도하게 많은 수입을 조정하고, 불법 수입을 단속한다"는 표현으로 수정 됐다.

초안에 들어 있던 '정상화'란 표현은 철폐라는 의미 없는, 즉 허점이 많은 표현이었다. 또 최종안에서도 '회색 수입을 단속한다'는 식의 구체적인 표현이 빠졌다. 부패 척결을 향한 벽은 높고, 공산당의 자체 정화 능력은 한계를 보인다.

유치원에서도 횡행하는 뇌물

★* 　중국에는 뇌물이 도처에서 횡행하고 있다. 출산을 위해 입원할 때는 일반적으로 5인실을 이용하는데, 내 친구 부인은 '연줄'을 이용해 1인실을 확보했다. 의사에게는 1,000위안(약 17만 원)을 사례비로 주었다. 돈을 건네면 최선을 다해 수술에 임하지만, 주지 않으면 적당히 할 우려가 있다는 것이다. 그래서 "뇌물은 환자를 안심시키는 데 필요한 경비"라고 의사들은 말한다.

우리 아이가 다닌 유치원에도 뇌물의 '흔적'이 있었다. 한 반의 원생 수는 대략 20명인데, 중국인 교사는 한 여자아이를 특히 귀여워했다. 운동회 때 원생 대표로 그 아이가 인사를 했고, 수업시간에는 여러 명이 손을 들어도 그 아이가 지명되는 경우가 많았다.

〈아기돼지 삼형제〉라는 연극에서도 그 여자아이는 짚이나 나무가 아닌, 벽돌집을 지어 살아남는 아기돼지 역할을 맡았다. 아무래도 그 아이의 부모가 교사에게 뇌물을 준 것 같았다(참고로 우리 아이는 늑대의 콧바람에 날아가버리는 짚으로 만든 집의 '짚' 역을 맡았다. 연극 초반 늑대가 우리 아이를 날려버린 뒤 짚은 연극이 끝날 때까지 바닥에 누워 있어야 했다).

원어민 교사의 영어 수업을 보러 갔을 때의 일이다. 미국인 교사는 뇌물과는 관계가 없는지, 아이들을 골고루 지명하며 발음을 연습시켰다. 그러자 한 중국인 교사가 그 아이 뒤에 꼭 붙어 "자, 대답해요. 지금 손을 들어야 해"라고 재촉했다. 중국인 친구에 따르면 뇌물은 유치원에서 대학까지 당연시된다고 한다.

중국 정부 당국자에게 그 유치원 얘기를 하자 "여자아이 부모가 유치원에 건넨 것은 '지원금'이며 뇌물이라고 부르지 않는다"는 대답이 돌아왔다. 지원금을 주면 교사가 정성스럽게 지도하는 것이 당연하다는 투였다. 그러면서도 그는 "나는 유치원에 지원금을 내지 않는다. 아이를 과보호하면 안 된다"고 말했다.

재산신고제의 허점

★* '뒷돈'을 시정하기 위해 중국 공산당과 정부는 관료 재산신고제를 정비했다. 관료가 되면 재산신고제 도입에 따라 급여, 주택, 유가증권 등을 신고해야 한다. 신고 내용 일부를 인터넷에 공개하는 지방정부

도 생겨났다.

2010년 1월 중국 공산당 중앙규율검사위원회는 베이징에서 열린 총회에서 "부패문제는 여전히 심각하다"며 뇌물 단속 강화에 전력을 쏟겠다고 발표했다. 당시 채택한 성명서에는 "관료의 재산신고제를 시급히 정비하고, 주택 및 투자자금, 가족의 취업 상황을 보고 대상으로 한다"고 명기했다. 이 제도는 2009년 9월 당 중앙위원회 제4차 전체회의(4중전회)에서 나온 것으로, 당 중앙이 다시 한 번 불호령을 내리자 나온 조치였다.

공산당 관계자에 따르면 일부 간부를 대상으로 하는 신고제가 이전부터 시행돼왔지만 신고 내용은 수입에 국한됐다. 부동산과 예금은 포함되지 않았으며, 가족도 신고 대상에서 제외됐다. 더구나 신고서에 금액을 기입만 하면 되며, 증빙서류를 제출할 필요도 없다. 상부기관이 확인하지도 않고, 허위로 기재해도 처벌 규정이 없다.

재산신고제 도입은 당 중앙이 갈수록 심각해지는 부패에 위기감을 느꼈기 때문이다. 재산신고제는 업자로부터 뇌물 등 부정한 돈을 받는 것을 막고 공무원 사회 정화를 목적으로 하고 있다. 지방에서는 2009년부터 시행됐고, 8곳 이상의 지방정부로 확대됐다. 신고 범위가 가장 넓은 곳은 2010년 1월 이 제도를 도입한 닝샤후이寧夏回족자치구에 있는 인촨銀川 시다. 본인과 배우자, 자녀의 집과 자동차, 예금, 주식, 경영하는 기업의 수입 등이 신고 대상이다.

가장 적극적으로 공개하는 곳은 후난 성 류양瀏陽 시다. 2009년 9월 간부 75명의 재산과 수입을 인터넷에 공개했고, 이름, 나이, 직책과 더불어 얼굴 사진까지 올렸다. 신장위구르자치구의 알타이지구도 신고 내용 일부를 인터넷에 공개하고 있다. 공개 결과 연간 급여는 1만 5,000(약 255만 원)~2만 위안(약 340만 원), 복지후생비는 1만 5,000위안 전후가 많았다.

2010년 7월에는 중국 공산당 중앙이 재산 신고 규정을 제정했다. 당과 정부의 간부 본인 외에 배우자와 자녀도 대상에 포함되며 부동산, 유가증권 등의 보유 상황, 해외에서의 취업 상황을 당에 의무적으로 보고하도록 했다. 사실과 다르게 신고했을 경우 면직 처분한다는 벌칙 규정도 마련했다.

하지만 신고 내용은 공개되지 않기 때문에 국민의 감시 기능은 작동되지 않는다. 또 각료급 이상을 제외한 관료들은 예금을 신고하지 않아도 된다. 공개해야 할 재산의 범위가 한정되는 등 허점이 있는 것이다. 그 배경에는 민중으로부터 '단물을 빨아먹으려는' 관료의 반발이 있었다.

부패 대책은 제도의 무력화를 노리는 관료와의 쳇바퀴 돌기 상황이 연출되고 있다. 지방에서의 재산신고제도에 대한 실험을 통해 과연 얼마나 실효성 있는 제도를 만들어낼 수 있을지가 시진핑 체제의 자정 능력을 측정하는 시금석이 될 것이다.

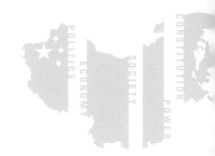

표류하는
도덕관

'주입식 교육'의 공과

05 ::

　중국의 미래를 예측하는 데 있어 주목해야 할 것은 청소년들의 사고와 행동이다. 중국에서는 30세 이상 세대와 30세 미만 세대 사이에 큰 단절이 있다. 1978년에 시작된 개혁개방으로 사회의 흐름이 180도 바뀌었기 때문이다. 1980년대 출생자를 의미하는 '바링허우八零後'는 개혁개방으로 경제가 성장하고 해마다 발전이 지속되는 현실을 목격해왔다. 이들은 극빈 시대의 중국을 알지 못하며 철들었을 때부터 생활이 나아지는 것을 경험해왔다.

　한편으로는 어린 시절부터 빈부 격차가 지속적으로 확대되고 부조리가 만연한 사회를 봐왔다. 이들은 또 그런 상황을 인터넷이나 휴대전화를 통해 시시각각으로 파악한다. 세계가 넓어지고 있고, 자신이 살아가는 환경이 얼마나 비참한지도 잘 안다. 특히 2011년 전후로 대학을 졸업하는 1980년대 후반 출생자는 치열한 취업 경쟁에 시달리고 있어 사회에 대한 불신이 팽배해 있다.

괜찮은 기업에 취직하지 못한 채 부모에게 의존해 살아야 하는 바링허우도 많다. 이들은 '부모에게 얹혀산다'는 의미에서 '팡라오족傍老族'이라 불린다. 돈에 대한 욕심은 많은 반면 도덕성이 부족하다는 지적을 받는다. 공청단 관계자에 따르면 이들은 정치에 대한 관심이 비교적 적다. 1989년 톈안먼 사태 당시 이들은 유아나 초등학생으로, 민주화운동을 직접 체험한 나이는 아니었다. 취직에 유리하다는 이유로 공산당원이되려는 사람도 있지만, 기본적으로 공산당을 포함해 정치에 대한 불신이 강하다.

반면에 권리의식은 높다. 2010년 11월 22일 오후 10시 20분, 구이저우 성 류판수이六盤水 시의 제2중학교 식당에 약 1,000명의 학생이 모였다. 학생들은 "가격 인상 반대"를 외치며 식탁과 의자, 창문을 모조리 때려 부쉈다. 22일부터 음료수가 7자오角(중국의 화폐 단위. 1자오는 1위안의 10분의 1이다-옮긴이)에서 1위안으로, 음식도 2~5자오 정도 인상된 것에 대한 항의 시위였다. 사태는 20분 만에 출동한 경찰에 의해 수습됐다. 학교 측은 민간에 위탁했던 식당 관리를 직접 운영 체제로 바꾸었고 가격 인상도 백지화했다.

중국인들은 선악을 명확히 구분하는 경향이 있다. 그런 가치관을 갖고

있으면 외국에 대한 배타적 생각, 즉 '배외주의'에 빠지기 쉽다. 2005년
과 2010년의 반일시위는 배외주의에 빠진 학생 등 '바링허우' 세대가 중
심이 됐다.

중국 정부가 이름 붙인 '신세대 농민공'은 바링허우 세대 가운데 돈을
벌기 위해 고향을 떠나온 노동자를 말한다. 중학교나 고등학교를 졸업
한 뒤 바로 도시로 나온 사람들이다. 이들은 농사를 지은 경험이 없어 사
실상 농민도 아니다. 하지만 농촌 출신이기 때문에 '도시 호적'은 취득
하지 못한다. 교육, 의료, 복지 등에서 차별을 받아 불만이 가득하다. 중
화전국총공회의 조사에 따르면 신세대 농민공의 월평균 수입은 1,747
위안(약 29만 7,000원)으로, 도시 노동자 월평균 수입의 57.4퍼센트에 불
과하다.

불만의 분출구는 외국으로 향하기 쉽다. 2009년 3월에 출간된 책《중
국불고흥中國不高興(중국은 언짢다)》은 80만 부 이상 팔리는 베스트셀러가
됐다. "칼을 갖고 장사하는 것이 대국발흥의 승리의 길"이라는 등, 학자
를 포함한 5명의 강경한 주장이 실려 있다. 1996년에 나온《중국가이설
부中國可以說不(No라고 말할 수 있는 중국)》의 속편 격으로, 외국 비판을 통
해 불만을 발산하는 '분청憤靑(화를 낼 수 있는 청년)'이라 불리는 젊은 층
의 지지를 받았다.

바링허우의 이러한 특성은 철저한 애국 교육을 받았기 때문이라는 의
견도 있다. 중국 공산당은 1994년 8월에 '애국주의 교육 실시 요항要項'
을 공포했다. 1989년 톈안먼 사태를 계기로 장쩌민 국가주석이 사회의
단결력을 강화하기 위해 애국주의를 활용했다고 한다.

애국주의 교육 실시 요항은 "중화민족은 애국주의로 가득 찬, 영광의 전통을 가진 위대한 민족이다"로 시작해, 민족정신을 고양시키는 애국주의 교육 강화 방침을 담고 있다. 바링허우가 민족주의에 빠지기 쉬운 이유 중 하나다.

바링허우는 중국의 오랜 전통인 도덕성도 부족하다. 중국의 저명한 경제학자 마오위스茅于軾는 "중국 정치는 거짓말의 정치다. 항상 거짓말을 하고 있는데 도대체 어떻게 도덕성이 높아질 수 있겠느냐"고 지적한다. 도덕성 함양은 정치제도와도 관련돼 있다.

주입식 교육의 폐해

★* "경제학 석사학위 수여 결정을 철회한다."

2009년 5월 랴오닝 성 다롄 시에 있는 둥베이재경대학東北財經大學이 석사학위 취소 결정을 내렸다. 논문 표절이 이유였다. 표절 논문은 지명地名 등을 빼곤 원문과 완벽히 일치했다.

실제로 중국 인터넷에는 '논문 대필' 광고가 만연해 있다. 관계자에 따르면 대학 졸업논문 거래 가격은 1만 자당 약 1,000위안(약 17만 원)에 이른다. 석사논문은 그 2배다. 취업난으로 인해 학생들이 구직활동에 전념하느라 공부할 시간이 부족해 논문 대필 수요가 늘고 있다고 한다. 베이징어언대학北京語言大學 석사논문 심사에서도 인터넷 검색사이트에서 그러모은 글들을 짜깁기한 것으로 보이는 논문이 발견돼 충격을 주었다.

중국 랴오닝 성 선양瀋陽 시의 영재교육기관인 둥베이위차이東北育才

고등학교에는 해마다 도쿄대학, 오사카대학에 많은 합격자를 내는 일본 어반도 있다. 이 학교를 방문한 적이 있는데, 학생들이 이른 아침부터 늦은 밤까지 그저 공부만 하는 모습을 보고 충격을 받았던 기억이 난다. 중고생은 기숙사에 살고 체육 수업은 없다. 학생들 중에 '콩나물 체형'이 많은 점이 눈길을 끌었다.

노벨평화상을 수상한 류샤오보를 제외하면 중국엔 노벨상 수상자가 없다. 이에 대해 한 중국학자는 "주입식 교육의 병폐이며, 중국인들은 창조성이 부족하다. 공산당 일당 지배로 인해 학문 연구에 사실상 터부가 있는 것도 중국의 지知에 한계가 있는 원인"이라고 지적한다.

중국에서는 어렸을 때부터 시 낭송 등 암기를 통해 기억력을 키운다. 우리 아이는 네 살인데 중국 유치원에서 배운 '삼자경三字經'을 집에서도 중국어로 읊어댔다. 아동용 교재로 채택된 삼자경은 '인지초 성본선人之初 性本善(사람은 원래 태어날 때부터 착한 성격을 갖고 있다)'으로 시작된다.

뛰어난 암기력은 중국 지도자의 공통된 특징이기도 하다. 회담이나 연설을 할 때 일체 원고를 보지 않으며 복잡한 숫자도 줄줄 읊는다. 외국인의 눈에는 해당 분야에 밝은 '정책통'이라 자기 분야의 숫자를 줄줄이 꿰고 있는 것으로 비칠 수도 있다. 하지만 꼭 그런 것은 아니다. 그들은 사전에 연설 원고를 통째로 암기하는 데 뛰어날 뿐이다.

대학교육도 영어 등 모든 과목이 암기 위주로 진행되며, 시험 볼 때도 추론이 아닌, 암기해온 것을 그대로 적을 뿐이다. 10년 전쯤 내가 베이징대학에 유학했을 때 중국인 대학생에게 물어보면 무엇을 달달 외워야 할지 알려주곤 했다. 하지만 암기의 범위를 넘어 특정 사안에 대한 배경이나 분석 또는 의견을 물어보면 깊이 있는 대화가 오가지 못했다. 중국 학생들은 암기는 잘하지만 창의력이 약하다는 인상을 받았다.

일본에서는 학습 내용을 줄이고 학생들에게 생각할 시간을 부여하는 여유교육餘裕教育(유토리교육. 일본에서 학생들의 교육 부담을 줄이고 창의력을 키우자는 전인교육을 명목으로 2000년대 초반 도입한 교육 방식—옮긴이)이 비판받고 있지만, 중국에서는 반대로 '비非여유교육'이 주류를 이룬다. 물론 중국에서도 주입식 교육에 대한 비판이 나오기 시작했고, 개선론이 활발히 제기되고 있다.

원자바오 총리는 2011년 3월 전국인민대표대회에서 행한 정부 활동 보고에서 "교육 개혁을 서둘러, 초중등생의 숙제를 줄이고 창의력 육성에 힘쓰겠다. 초중학생에게 매일 한 시간씩 체육 활동을 보장한다"고 밝혔다. 향후 1년간 정부의 시책을 밝히는 자리에서 총리가 "숙제를 줄이겠다"는 말까지 해야 할 정도로 중국의 교육문제는 심각하다.

2010년 12월 교육부가 초중학생의 부담을 줄이기 위해 상하이의 한 학교를 시범 학교로 지정했다. 그 학교에서는 도덕성을 키우는 덕육교육德育教育을 중시하고 체육에도 힘을 쏟아 '창조적 인재 양성'을 추구한다고 한다. 하지만 '비여유교육'이 강행되는 배경에는 가혹한 대입 경쟁이 있다. 현실적으로 학부모들은 수업시간을 줄이는 것을 바라지 않는다. 대학생들이 극심한 취업난에 시달리고 있는 현실 때문에 더욱 '좋은 대학'에 들어가기 위한 경쟁이 치열해지고 있다. 중국의 비여유교육은 여간해선 끝날 것 같지 않다.

공자와 마오쩌둥

★★   중국의 정체성은 무엇일까. 중국은 공산주의 이념이 옅어지면서 정신적인 구심력이 약해지고 있다. 이와 관련해 흥미를 끄는 것이 공자孔子와 마오쩌둥의 비교다.

2011년 1월 베이징의 톈안먼 광장 동쪽에 있는 중국 국가박물관 북문 광장에 공자상이 등장했다. 높이 9.5미터의 청동상으로 '중화 문화의 유구한 역사와 정대正大한 기개의 상징'이라 한다. 유교의 창시자인 공자는 문화혁명 시절 유물론에 반대하는 유심론자로 간주돼 비판의 대상이 됐다.

중국에서는 빈부 격차 확대 등으로 국민이 마음 줄 곳을 찾지 못하고 있으며 기독교 신자도 늘고 있다. 이러한 가운데 중국 공산당은 공자를 중국 문화의 중심으로 만들고 유교를 사회 단결을 위한 지도사상으로 삼으려는 것 같다.

베이징대학의 한 교수는 "공자는 어디까지나 한漢족이 존경해야 할 사상의 대가일 뿐이며 55개 소수민족이 경애할 대상은 되지 못한다"고 말한다. 공자와 유교를 활용하는 사회 안정 대책에는 한계가 있다는 것이다. 그러고 나서 불과 3개월 만인 4월, 돌연 북문 광장에서 공자상이 철거됐다. 공자를 국가의 상징으로 삼으려는 시도에 거센 반발이 일었던 것이다.

반면 마오쩌둥 주석을 기리는 움직임은 활발하다. 경제 격차 확대 등 개혁개방 노선의 모순을 비판하는 보수파(좌파)뿐 아니라, 애국주의 교육이나 부패 척결 운동을 추진하는 중국 정부도 마오쩌둥을 전략적으로

후난 성 창사에 들어선 청년기의 마오쩌둥 조각상.

이용한다.

2009년 12월 26일 후난 성의 성도 창사長沙에서 32세의 마오쩌둥을 모델로 한 조각상 제막식이 열렸다. 마오쩌둥의 나이에 맞춰 조각상의 높이가 32미터였다. 제막식은 마오쩌둥 탄생 116주년에 맞춰 열렸다. 저우창周强 후난 성장은 "혁명정신을 이어받아 개혁개방에 정진하자"고 제창했다.

중국 언론에 따르면 조각상은 '큰 뜻을 품은, 영웅의 기개로 가득 찬 청년 마오쩌둥의 풍채'를 표현했다. 중국 각지에 마오쩌둥 조각상은 많지만 대부분 1949년 중국 건국 이후의 모습으로 청년 시절의 조각상은 드물다. 중국사회과학원의 둥즈카이董志凱 연구원은 "나라를 위해 최선을 다하는 (동상의) 표정이 청소년 교육에 좋다"며 애국심 함양에 효과가 있다고 말했다.

중국은 건국 60주년이던 2009년 애국주의 교육을 한층 강화했다. 마오쩌둥은 공산당의 정통성을 가르치는 데 있어 최고의 교재다. 국영 중앙TV는 그해 12월 말 열흘 동안 밤마다 건국 당시의 마오쩌둥 업적을 소개하는 프로그램을 방영했다.

2009년 11월에는 《마오쩌둥의 잠언毛澤東箴言》이라는 잠언집이 출간되어 한 달 만에 20만 부가 팔려나갔다. 격언집으로는 1966년 문화혁명 당시 홍위병들이 지니고 다녔던 《마오쩌둥 어록毛澤東語錄》이 유명하다. 이번에 출간된 잠언에는 "굳게 결의하고 희생을 두려워 말라" 등 어록에 담겼던 격언과 중복된 것도 많다.

마오쩌둥은 1893년 후난 성에서 태어났다. 베이징대학 도서관 조수 등을 거쳐 1921년 공산당 창설에 참여했다. 1935년 구이저우 성의 '쭌이에서 열린 회의遵義會議'에서 공산당의 실권을 장악하고, 1949년 중국 공산당 주석으로서 중국 건국을 선언했다. 1966년 문화혁명을 추진했고, 1976년 사망했다. 1981년에 공산당은 "문화혁명으로 중대한 과오를 범했지만 혁명의 공적은 과실보다 훨씬 크다"는 평가를 내렸다.

중국인들에게 마오쩌둥은 여전히 인기가 높으며, 공산당 입장에서 마오쩌둥의 위광威光은 대단하다. 충칭 시 최고지도자이 보시라이 당위서기는 마오쩌둥 등의 어록을 모은 책자를 읽도록 시민들에게 권장했다. 이를 통해 빈부 격차 확대, 관료 부패에 대한 불만이 높아지는 가운데 청

렴한 정치와 대중을 중시했던 마오쩌둥의 정치적 자세를 계승하겠다는 인상을 심어주었다. 2012년 가을 최고지도부 입성을 위해 보수파 원로의 지지를 얻어내려는 의도가 숨어 있는 것으로도 보인다.

중국에서 마오쩌둥은 관광 자원이기도 하다. 2009년 1월부터 10월까지 그의 생가가 있는 후난 성 사오산韶山 시를 찾는 관광객은 358만 명으로, 이는 전년 동기 대비 48퍼센트 늘어난 것이다.

베이징의 한 정치학자는 "마오쩌둥을 테마로 잡으면 예산이 지원된다. 그런 예산과 관련된 부패도 있다"고 지적한다. '마오쩌둥 활용'에는 중국 공산당의 정체성 확립이라는 목적 외에 다양한 계산이 맞물려 있다.

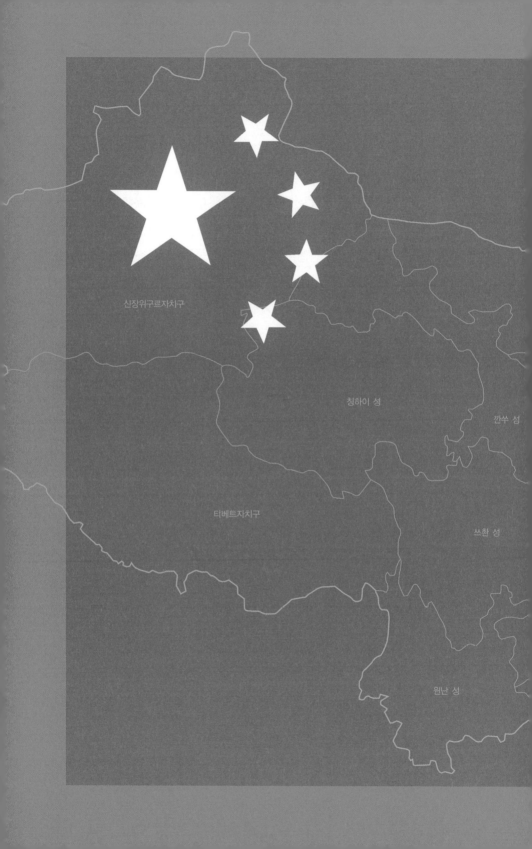

헤이룽장 성

지린 성

라오닝 성

네이멍구자치구

허베이 성

산시 성

산둥

성

허난 성

안후이

후베이 성

장시 성

후난 성

푸젠 성

장족자치구

광둥 성

하이난 성

4장

결정적 순간을 맞은 협조 외교

세계 2위의 자신감과 경계

온건이냐 강경이냐

경제대국의 두 시각

:: 01

시진핑 시대의 외교정책은 후진타오 시대와 어떻게 달라질 것인가. 후진타오 총서기 외교정책의 키워드는 '조화 和諧(허셰) 세계'였다. 경제성장에 우호적인 글로벌 환경을 조성하기 위해 국제 협조를 기본으로 삼았다. 후진타오의 이 전략은 2005년 4월 자카르타에서 열린 아시아-아프리카 정상회의에서 제시됐다.

시진핑은 '지속적인 성장'을 위해 국제 협조라는 기본 노선을 바꾸지는 않을 것이다. 중국은 무역과 투자를 통해 외국과 상호의존 관계를 더욱 심화할 것이다. 협조노선을 추진해온 후진타오 총서기의 영향력은 적어도 2010년대 전반까지는 남아 있을 것이기 때문에 시진핑의 독자적인 색깔이 집권 이후 곧바로 나올 수도 없을 것이다.

하지만 시진핑의 권력 기반이 탄탄하지 못할 경우 대외강경론을 주장하는 보수파에 휘둘릴 가능성을 부인할 수 없다. 중국이 대국이 됐다는 의식 속에서 외국에 대한 강경노선을 주장하는 보수파는 협조노선을 걸어온 후진타오를 비판하곤 했다. 보수파가 시진핑의 정권 기반을 지원하는 대가로 강경노선으로 선회하게끔 만들 가능성이 있다.

중국에서는 외교노선을 둘러싸고 국제 협조와 국익 중시 간의 균형이 큰 논점이 돼 있다. 강경파와 온건파의 공방은 시진핑 정권에서도 치열한 줄다리기를 할 것으로 예상된다. 중국의 해외 권익이 확대되는 가운데 보수파가 비교적 간섭하기 쉬운 국내 사안을 이용해 외교에 영향력을 행사하려 할 경우, 시진핑의 국제 협조노선은 위기를 맞을 가능성이 높다.

주권문제인 안보, 인권, 해양문제 등에서 국제사회와 마찰이 확대되는 것은 피할 수 없다. 이는 중국 정부도 인식하고 있는 것이다. 국제사회는 이러한 중국의 사정을 감안해 대중외교를 수립해야 한다. 중국이 외교정책을 수립하는 데 있어 중요한 것은 외국과의 갈등을 조정할 시스템을 마련해야 한다는 점이다. 대화 메커니즘을 정비하고 국방 면에서 신뢰 확보 조치를 강구해야 한다. 내정문제가 산적해 있는 상태에서 이러한 위기관리 시스템을 만들 수 있을지가 시진핑 외교의 과제가 될 것이다.

견지 도광양회, 적극 유소작위

★* 국제사회의 비난을 피하기 위해 국제 협조를 중시할 것인가, 아니면 마찰에도 불구하고 국익 확보를 우선시할 것인가. 중국 외교가 안고 있는 딜레마다. 이에 대해 중국 공산당과 정부는 2009년 7월 중요한 결정을 내렸다.

7월 17일부터 20일까지 베이징에서 '제11차 재외사절회의'가 열렸다. 재외사절회의는 5년에 한 번 해외에 나가 있는 대사들을 불러들여 외교 정책을 협의하는 자리로 장기적인 외교 전략을 결정한다. 2009년 7월 회의에는 후진타오 총서기를 포함해 최고지도부인 공산당 정치국 상무위원 9명이 참석했다. 당시 회의에서 '견지 도광양회韜光養晦, 적극 유소작위有所作爲', 즉 '능력을 감추는 자세를 견지하고, 적극적으로 일정 수준의 일을 한다'는 중국 외교의 기본 방침이 정해졌다.

도광양회는 1989년 톈안먼 사태와 1991년 냉전 붕괴로 중국이 고립됐을 때 최고지도자 덩샤오핑이 제시한 외교 방침이다. 전체 문장은 '냉정관찰, 온주진각, 침착응대, 도광양회, 유소작위冷靜觀察, 穩住陣脚, 沈着應對, 韜光養晦, 有所作爲(냉정하게 관찰하고, 자리를 굳히며, 침착히 대응하고, 능력을 감추며, 일정 수준의 일을 한다)'이다. 국제사회와의 마찰을 줄이면서 대국을 추구하는 외교 전술이다. 도韜는 '활이나 검을 넣는 집'을 뜻하는 말로 도광韜光은 '빛을 감춘다'는 의미다. 양養은 휴양을 말하며, 회晦는 '어두움'을 나타낸다.

후진타오 총서기는 2003년 '평화적 대두'를 제창했다. 중국이 국제사회에 진출해도 국제사회의 패권 쟁탈전을 격화시키지 않는, 평화로운 상태를 보장한다는 선언이었다. 이에 대해 국제사회가 '대두'란 말에 경계심을 품자 '평화적 발전'으로 수정했다. 2007년부터는 '조화 세계 실현'이란 키워드로 정리됐다. 국제사회에서 너무 드러내지 않고 비난을 피해가는 국제 협조노선을 명확히 했다.

2009년 재외사절회의 때 추가된 '견지'와 '적극'이란 두 단어는 중국 공산당 정부가 사용하는 관료문학官僚文學의 전형적 표현으로, '적극'이 붙은 단어에 무게가 실린다. '견지'의 내용이 변하지 않았기 때문에 중국의 기본 외교 방침에는 변화가 없다고 중국 정부 관계자들은 설명하지만, 외교 방침의 궤도를 수정할 때 이러한 관료문학이 등장한다.

'유소작위'는 자국의 권익을 지키기 위해 실제로 행동에 나서는 것을 의미한다. 외교적 관점에서 말하면 때로는 마찰도 꺼리지 않는 강경책 단행을 용인한다는 의미다. 1990년대는 말 그대로 중국이 '엎드려 지내던' 시절이었다. 그러나 중국의 GDP가 세계 2위로 약진하면서 해외에서 지켜야 할 경제 권익이 늘어났고, 이에 따라 '유소작위'를 제창하게 됐다. 중국이 외교 면에서 우위에 서게 됐는데도 국제사회가 인권문제 등으로 계속 압박해오자 외교 방침을 전환한 것이다. 보수파와 일부 군부, 여기에 경제적 이권과 관련된 지도자와 관료 기업 등 기득권층이 강경론에 가세하면서 유소작위에 대한 지지가 확대됐다.

후진타오 총서기는 재외사절회의에서 외교의 키워드인 '조화 세계'에 대해 언급하면서도 "확고히 국가주권과 안전을 옹호하고 흔들림 없이 하나의 중국 원칙을 견지해야 한다"고 강조했다. 또 해양 권익 등 이권이 개입된 문제와 티베트, 대만문제에서 강경한 자세를 나타냈다.

'유소작위'를 중시하는 외교 전략은 2006년 9월 발족한 일본의 아베 정권이 내세웠던 '주장하는 외교'와 비슷하다. 일본도 전쟁에 대한 반성에서 패전 후에는 '도광양회' 정책을 채택했다고 할 수 있다. 외국의 안색을 살피기만 할 뿐 자국의 입장을 제대로 주장하지 않았고, 미국과 유럽이 주도하는 국제 시스템에 안주했다.

후진타오 정권과 아베 정권의 공통점은 교섭의 주도권을 외국에 빼앗겨서는 안 된다는 위기감을 불러일으켰다는 것이다. 새로운 국제질서 형성을 위해 주체적으로 글로벌 거버넌스의 주도권을 장악하려는 것 역시 공통점이다.

국제사회의 반발 초래

★* 　그러나 '유소작위'의 적극 추진은 중국 내에서 '강경'에 무게중심을 두는 것이란 인식의 확산으로 연결되면서 중국을 둘러싼 글로벌 환경은 긴박하게 전개된다.

2009년 12월 코펜하겐에서 열린 '제15차 유엔기후변화협약 당사국총회(Cop15, 코펜하겐기후변화회의)'에서 원자바오 총리는 하토야마 유키오 일본 총리, 버락 오바마 미국 대통령, 니콜라 사르코지 프랑스 대통령이 참석한 정상회의에 불참했다. 대신 실무진이라 할 허야페이何亞非 외교부 부부장(차관급)을 보냈고, '제로 회답(일체 대꾸하지 않는 방법으로 모든 요구를 거부하는 것-옮긴이)' 방식의 강경론을 펼쳤다. 오바마 대통령은 원자바오 총리와의 회담을 요구했지만 원자바오 총리는 끝내 거부했고,

오바마 대통령은 화가 머리끝까지 났다고 한다.

결국 COP15로부터 약 한 달 뒤인 2010년 1월 미국 정부는 대만에 대한 무기 판매를 결정했고, 2월에는 오바마 대통령이 티베트 불교 최고지도자인 달라이 라마 14세와 회담했다. 안보와 인권문제를 통해 대중정책을 강경으로 서서히 옮겨간 것이다.

이에 대해 중국은 국방 교류 중단과 미국 기업에 대한 제재를 발표했다. 3월에 열린 미중협의에서는 대만이나 티베트문제에 사용하는 '핵심적 이익'이란 표현을 남중국해에도 사용했다. 해양 지배권 쟁탈전에서도 미국과 대립각을 세웠고, 베트남, 필리핀과의 마찰도 격화됐다.

9월에는 센카쿠 열도(중국에서는 '댜오위댜오釣魚島'라고 부른다) 연안에서 중국 어선이 일본 해상보안청 순시선에 충돌한 사건이 일어나자, 중국인 선장의 석방을 요구하며 일본의 굴복을 요구하는 '힘의 외교'를 펼쳤다. 당시 조치는 국제사회에서 중국 위협론을 증폭시켰다. 그리고 그해 10월 노벨평화상 수상자로 민주인사 류샤오보가 결정됐다.

'군사대국'의 현실주의자 vs. '책임대국'의 자유주의자

★* 　강경노선이 역으로 중국에 불리한 글로벌 환경을 조성했다는 반성에서 2010년 가을부터 노선 수정을 요구하는 목소리가 확산됐다. 2010년 10월 베이징에서 열린 공산당 중앙위원회 제5차 전체회의(5중전회)에서 그런 주장이 많이 나왔다고 한다.

2010년 가을 이후 중국은 "남중국해에 '핵심적 이익'이 있다"는 표현을 비공식 협의에서도 사용하지 않게 된다. 10월 29일에는 동남아시아 국가연합ASEAN(아세안)과 남중국해에서의 분쟁 방지를 위한 지침 작성에 합의했다. 주권문제의 원칙을 지키면서도 국제사회의 비난을 피해가는 전술을 강구하기 시작한 것이다.

'도광양회'에 "호시탐탐 패권을 노린다는 의미는 없다"는 선전공작도 강화했다. 인민해방군의 '외교부장'이라 할 국제 담당 부총참모장을 역임한 슝광카이熊光楷 국방대학 교수는 2010년 9월에 있었던 강연에서 외국의 '도광양회'에 대한 해석은 본뜻을 오해한 것이라고 주장했다.

미국 국방부가 매년 한 차례 의회에 제출하는 중국 국방력에 대한 보고서에는 '도광양회'를 'hide our capability and bide our time(능력을 감추고 때를 기다린다)'고 해석하고 있다. 슝광카이는 "도광양회에는 야심과 발톱을 감춘다는 책략적 의미는 없으며, '와신상담臥薪嘗膽(복수를 맹세하며 노력을 거듭한다)'과도 다르다"고 말했다. 그는 도광양회에 대해 "능력이 있을 때에도 능력을 과시하지 않고 저자세를 유지함을 의미한다. 이는 중국인의 전통"이라고 설명했다.

12월 6일 중국 외교부는 홈페이지에 다이빙궈戴秉國 외교 담당 국무위원(부총리급)의 〈평화 발전의 길을 견지한다〉는 제목의 논문을 실었다. 이 논문은 당면한 중국 외교의 방향을 제시하는 중요한 자료다.

다이빙궈는 논문에서 "국제사회에는 '도광양회, 유소작위' 등 중국의 격언을, 아직 강대해지지 않은 중국이 선택한 일종의 음모와 트릭이라고 억측하는 사람이 있다. 하지만 진정한 의미는 중국은 근신하는 태도를 유지하고, 정상에 서지 않고, 기수旗手가 되지도 않으며, 확장하지 않고,

패권을 요구하지 않는다는 것이다. 이는 평화 발전의 길을 걷는다는 사상과 일치한다"고 설명했다.

옌쉐퉁閻學通 칭화대학 현대국제관계연구원 원장은 나와의 인터뷰에서 '엎드리는' 도광양회와, '고개를 쳐드는' 유소작위의 비율에 대해 "2009년 7월 재외사절회의에서 '80 대 20'에서 '60 대 40'으로 바뀌었고, 2010년 12월 다이빙궈 논문에서는 다시 '70 대 30'으로 도광양회의 비중이 높아졌다"고 밝혔다. 또 옌쉐퉁은 중국인은 '45 대 55'로 유소작위를 선호할 가능성이 있다고 보았다. 강경노선을 바라는 국민 여론과 후진타오 지도부 사이에 괴리가 있다는 것이다.

다이빙궈의 논문은 '핵심적 이익'에 대해서도 설명하고 있다. 핵심적 이익이란 첫째, 국체國體 및 정치체제와 정치의 안정이다. 즉 공산당 지도, 사회주의 제도, 중국의 특색 있는 사회주의의 길을 지켜야 한다는 것이다. 둘째, 중국의 주권 안전, 영토 보전, 국가 통일을 의미한다. 셋째, 중국 경제와 사회의 지속 가능한 발전에 대한 기본적 보장이라고 정의하고 있다.

중국에서 외교정책을 총괄하는 다이빙궈 국무위원이 '국체' 보호를 언급한 것은 주목할 만한 일이다. 이는 중국 외교의 가장 큰 목적이 '공산당 지도', 즉 공산당 일당 지배 유지임을 보여주는 것이기 때문이다. 외교에 국한되지 않고 경제, 사회 정책 등 모든 것의 최대 목표가 공산당 일당 지배체제 유지라는 사실을 솔직히 인정한 것이다.

여기서 국제관계를 연구하는 중국인 학자를 성향에 따라 분류해보자. 서방 학자에 대한 분류와 마찬가지로 중국 학자를 자유주의자liveralist와 현실주의자realist로 나누는 것은 어느 정도 가능하다. 이는 중국 공산당과 정부라고 해서 모든 의견이 통일돼 있는 것이 아니며 폭넓은 의견이 나올 수 있음을 시사한다.

자유주의자는 왕지스王緝思 베이징대학 국제관계학원 원장, 왕이저우王逸舟 부원장 등이 유명하다. 후진타오 주석의 외교 브레인으로 '평화대두'의 제창자인 정비젠鄭必堅 중국 개혁개방 포럼 이사장도 자유주의자이며 소프트파워를 중시한다. 자유주의자는 '도광양회'를 옹호한다.

반면 '신보수주의자'라고 불리는 현실주의자의 대표는 옌쉐통 칭화대학 현대국제관계연구원 원장, 인민해방군 홍보를 담당하고 있는 양이楊毅 해군소장 등이다. 이들은 마오쩌둥 시절 서방의 패권정책에 대항했던

| 표 10 | 국제관계를 연구하는 중국 지식인들의 성향

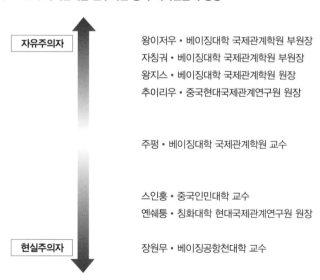

자유주의자
왕이저우 • 베이징대학 국제관계학원 부원장
자칭궈 • 베이징대학 국제관계학원 부원장
왕지스 • 베이징대학 국제관계학원 원장
추이리우 • 중국현대국제관계연구원 원장

주펑 • 베이징대학 국제관계학원 교수

스인훙 • 중국인민대학 교수
옌쉐통 • 칭화대학 현대국제관계연구원 원장

현실주의자
장원무 • 베이징공항천대학 교수

세력이 중심이며, 외국의 민주화 및 인권 요구를 비판한다. 옌쉐퉁 등은 '도광양회'를 철회하고, 금융시스템 개혁 등 새로운 세계질서 창출에 적극적으로 나설 것을 촉구한다.

베이징 컨센서스권의
실체

안정과 번영의 활弧

:: 02

　3장에서 소개한 '베이징 컨센서스'를 국제관계론 관점에서 분석해보자. 베이징 컨센서스는 민주화보다 국내 체제 안정 및 유지를 우선시하는 국가자본주의 모델이다. 이 모델을 지지하는 신흥국 및 개발도상국이 늘고 있다. 중국은 경제 협력을 무기로 러시아, 중앙아시아, 서아시아, 아프리카, 중남미와 연대를 강화하며 '가치관 연합'을 구축하고 있다.

　'자본주의냐 사회주의냐'라는 이념을 대립 축으로 삼았던 냉전기의 파워게임은 소련 붕괴로 종언을 고했다. 미국의 정치철학자 프랜시스 후쿠야마Francis Fukuyama는《역사의 종말 *The end of history and the last man*》

에서 "세계가 민주주의 사회로 수렴할 것"이라고 주장했지만 새로운 세계질서에 대한 모색은 여전히 계속되고 있다. 한편으로 미국의 정치학자 새뮤얼 헌팅턴Samuel Huntington의 '문명의 충돌론'은 서양, 이슬람, 중화, 일본 등 세계질서를 문명의 축으로 분석한다. 그러나 문명이라는 하나의 잣대로 국제관계를 완벽하게 설명하기는 힘들다.

2008년 글로벌 금융위기 이후의 세계질서를 분석하는 방법론의 초점은 "세계를 '베이징 컨센서스권'과 '워싱턴 컨센서스권'으로 나눌 수 있는가", "두 진영은 어디까지 대립할 것인가"에 맞춰져 있다. 미국의 네오콘neocon(신보수주의) 논객으로 유명한 로버트 케이건Robert Kagen은 "새 시대에서는 민주국가와 전제 독재국가 사이의 긴장감이 높아지고 때때로 대립하는 시대가 될 것"이라고 예측한다.[27]

베이징 컨센서스와 워싱턴 컨센서스를 대립 축으로 했을 때, 각국이 어느 진영에 가담하고 있는지를 명백히 보여준 계기가 2008년 3월 티베트자치구 수도 라싸拉薩에서 발생한 대규모 소요 사태다. 당시 중국의 강경 진압에 대해 각국이 어떤 태도를 보였느냐가 판단 기준이 될 수 있다는 것이다.

우선 대부분의 서방 국가는 "힘으로 인권을 탄압했고 소요를 강제 진압했다"고 비판했다. 하지만 중국 외교부는 "110개 이상의 국가가 중국 정부의 입장에 이해와 지지를 표명했다"고 밝혔다. 중국 외교부는 홈페이지에 '지지와 이해'를 표시한 국가를 소개하는 담화를 네 차례에 걸쳐 실었다. 중국 측이 거론한 64개국은 〈지도 1〉과 같다.

중국은 64개국 외에 아프리카, 아랍 국가와 상하이협력기구(중국, 러시

| 지도 1 | 베이징 컨센서스권 국가들

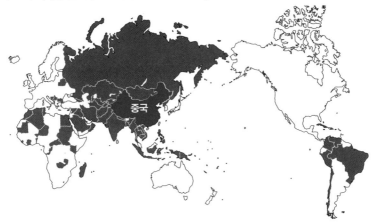

이 책에서는 베이징 컨센서스권을 2008년 3월 티베트 소요 사태에 대한 중국 측 진압에 "이해와 지지를 표명했다"고 중국 정부가 명시했거나, 류샤오보의 노벨평화상 시상식에 불참한 국가로 정의하고 있다. 모두 68개국이다.

| 표 11 | 2008년 티베트 소요 사태에 대한 중국의 진압 조치에 '이해와 지지를 표명했다'고 중국 정부가 발표한 국가(지역 내 국가 순서는 발표 순)

대륙	국가명
아프리카 18개국	레소토, 모리타니아, 코트디부아르, 콩고, 잠비아, 시에라리온, 베냉, 모리셔스, 마다가스카르, 부룬디, 수단, 코모로, 지부티, 카보베르데, 중앙아프리카, 알제리, 케냐, 니제르
아시아 17개국	파키스탄, 싱가포르, 베트남, 인도, 북한, 몽골, 네팔, 방글라데시, 캄보디아, 라오스, 필리핀, 스리랑카, 아프가니스탄, 태국, 미얀마, 동티모르, 인도네시아
유럽 14개국 (구소련 국가 포함)	러시아, 벨로루시, 카자흐스탄, 키르기스스탄, 타지키스탄, 그루지야, 세르비아, 키프로스, 알바니아, 몬테네그로, 투르크메니스탄, 우즈베키스탄, 보스니아-헤르체고비나, 불가리아
중남미 8개국	도미니카, 앤티가바부다, 쿠바, 베네수엘라, 브라질, 콜롬비아, 칠레, 페루
서아시아 5개국	시리아, 이라크, 오만, 카타르, 사우디아라비아
오세아니아 2개국	피지, 파푸아뉴기니

아, 카자흐스탄, 키르기스스탄, 타지키스탄, 우즈베키스탄 등 6개국으로 구성)
도 지지를 표명했다고 발표했다.

아프리카 국가 중 언급되지 않은 국가가 30개국 이상이며, 이 중 많은
국가는 중국 측 설명을 들었다면 이해를 표했을 가능성이 높다. 다른 지역
에서도 중국에 이해를 표시한 국가는 적지 않을 것이기 때문에 '베이징 컨
센서스권'이 110여 개국에 달한다는 중국 정부의 주장은 과장이 아니다.

명시된 베이징 컨센서스권 국가에는 아프리카 대륙의 서쪽에 있는 카
보베르데, 카리브해의 앤티가바부다 등 귀에 익지 않은 나라도 많다. 중
국은 건국 이후 120여 개의 개발도상국에 경제 원조를 제공했는데, 원조
를 받은 나라들이 베이징 컨센서스권에 포함돼 있는 것으로 보인다.

노벨평화상 시상식 불참

★* 　　베이징 컨센서스권의 구체적 범위를 보여주는 또 다른 예를 들
어보자. 중국은 2010년 12월 10일 오슬로에서 열리는 노벨평화상 시상
식에 각국이 불참할 것을 요구했다. 중국 측 요구에 따라 시상식 참석을
거부한 것으로 확인된 나라는 17개국이다(〈표 12〉 참조). 17개국 중 상당
수가 인권문제로 서방의 비난을 받고 있고, 중국과 자원 등을 통해 경제
관계를 강화하고 있는 나라들이다.

중국 외교부는 류샤오보의 노벨평화상 수상에 대해 "100여 개 국가와
국제 조직이 중국의 입장에 지지를 표명했다"고 강조했다. 앞서 티베트
소요 사태에 대한 탄압에 이해를 표시한 나라가 '110개국 이상'이므로,

| 표 12 | 2010년 오슬로에서 개최된 노벨평화상 시상식에 불참한 국가

- 러시아
- 아프가니스탄
- 카자흐스탄
- 베네수엘라
- 튀니지
- 이집트

- 사우디아라비아
- 수단
- 파키스탄
- 쿠바
- 이라크
- 모로코

- 이란
- 스리랑카
- 베트남
- 네팔
- 필리핀

(17개국)

중국이 베이징 컨센서스권에 속한다고 생각하는 국가는 100개국 이상인 셈이다.

류샤오보의 노벨평화상 수상이 결정되자 중국은 노르웨이에 대해 '조치'를 취했다. 노벨평화상 수상자를 선정하는 것은 노르웨이 노벨상 위원회 위원이며, 위원에 대한 임명권은 노르웨이 국회에 있기 때문이다.

중국 정부는 노르웨이의 어업–연안문제 담당 장관과 회담을 취소한 데 이어, 17명으로 구성된 노르웨이 정부 간부시찰단 방중도 연기시켰다. 중국에서 공연되던 노르웨이인 출연 뮤지컬도 중단됐다. 자유무역협정FTA 교섭은 연기됐고 "양호한 관계 유지는 어려운"(장위姜瑜 외교부 대변인) 상황이 됐다. 류샤오보의 노벨평화상 수상자 결정에서 2010년 12월 시상식까지의 3개월간 중국과 노르웨이의 무역액은 전년 동기 대비 2.4퍼센트 감소했다. 이는 무역에서도 '제재 조치'를 내렸음을 보여준다.

베이징 컨센서스권에 속하지 않은 국가는 경제적으로 불리한 상황에

처하게 되고 사실상의 제재를 받는다. 독일 괴팅겐대학의 조사에 따르면 외국 정상이 티베트 불교 최고지도자인 달라이 라마 14세와 회담했을 경우, 그 국가의 중국에 대한 수출은 2년에 걸쳐 연평균 8.1퍼센트 감소한다고 한다. 그만큼 중국이 쥐고 있는 '경제 카드'의 위력은 크다.

2010년 무역 통계를 보면 베이징 컨센서스권 국가들이 중국에 '아첨'하는 이유를 알 수 있다. 베이징 컨센서스권 국가 중 중국과의 무역액 증가율이 전년에 비해 높은 나라는 이라크(91.5퍼센트), 캄보디아(85퍼센트), 미얀마(53.2퍼센트), 러시아(43.1퍼센트), 베트남(43퍼센트), 베네수엘라(42.7퍼센트), 이란(38.5퍼센트), 수단(35.1퍼센트), 북한(29.6퍼센트) 등이다.

노벨평화상 시상식 참석을 놓고 각국은 중국의 노골적인 보복 앞에 몸을 사렸다. 대중관계와 인권문제 사이에서 고민한 국가도 많다. 국제인권단체 휴먼라이츠워치Human Rights Watch는 2011년 1월에 발표한 연례 보고서에서 중국의 인권 탄압을 비난하면서 "세계 대부분의 나라가 겁쟁이가 됐다"고 말했다.

당초 불참 의사를 나타냈던 세르비아와 우크라이나는 결국 참석했다. 세르비아는 유럽연합EU 조기 가입을 추진하고 있었고, 유럽연합이 유감을 표명하자 방향을 선회한 것이다.

경제적 실익을 중시하는 베이징 컨센서스인가, 인권 등 보편적 가치에 무게를 두는 워싱턴 컨센서스인가. 중국에 대한 정책을 놓고 많은 국가들이 딜레마에 빠져 있다.

자유와 번영의 활에 대항

★＊　　베이징 컨센서스권을 '중국의 2008년 티베트 소요 사태에 대한 진압에 이해와 지지를 표명했다고 중국 정부가 명시'했거나 '류샤오보의 노벨평화상 시상식에 참석하지 않은' 국가라고 정의할 경우, 그 대상은 68개국이 된다. 중국 정부가 생각하는 베이징 컨센서스권은 최소 100개국 이상이므로, 68개국은 좁은 의미에서 본 베이징 컨센서스권이라 할 수 있다. 앞의 〈지도 1〉을 보면 한국과 일본을 제외한 유라시아 대륙의 동쪽에서 동남아시아, 서남아시아, 중앙아시아, 서아시아, 아프리카, 중남미까지 펼쳐진다.

이는 아소 타로麻生太郎 전 일본 총리가 꿈꿨던 '자유와 번영의 활'의 대상국과 상당 부분 겹친다. 자유와 번영의 활 구상은 유라시아 대륙의 남쪽을 연결하는 형태로, 한국, 일본, 동남아시아, 서남아시아, 중앙아시아, 그리고 유럽에 보편적 가치(자유, 민주주의, 기본적 인권, 법치, 시장경제)의 범위를 확대하는 외교 전략이었다. 그러나 아소 정권 뒤에 탄생한 민주당 하토야마 정권이 '가치 외교적' 접근을 부인하면서 자유와 번영의 활 구상은 폐기됐다.

베이징 컨센서스권은 정치체제 안정과 관 주도의 경제 발전을 추구하며, 그 범위는 '안정과 번영의 활'과 상당히 중복된다. 물론 자유와 번영의 활보다 길이가 길고 폭도 넓다.

중국은 베이징 컨센서스나 중국 모델이 절찬받고 있는 것에 당혹감도 보인다. 개발도상국들이 줄줄이 중국 모델을 채택하게 되면 중국 위협론이 높아질 수밖에 없기 때문이다. 더불어 튀니지, 이집트 등 정변이 발생한 나라와 중국이 동일시되는 것을 원하지 않는다.

　원자바오 총리는 2011년 3월 기자회견에서 프랑스 기자로부터 "중국은 독자적인 발전 모델을 구축했는데 다른 나라들도 중국 모델을 도입할 수 있다고 보는가"란 질문을 받았다. 이에 대해 "우리의 개혁은 여전히 모색 단계이며, 중국의 발전이 하나의 모델이 될 수 있다고 생각한 적은 없다"고 답변했다. 또 "각국은 자국 사정에 맞는 발전의 길을 걸어야 한다"며 중국 모델을 확산시킬 생각이 없음을 강조했다.

　베이징 컨센서스권의 확대와 결속에는 한계가 있다. 가장 큰 이유는 일당 지배를 통해 성공하는 중국 모델을 응용하기가 쉽지 않기 때문이다. 중국 모델의 성공 비결은 중국 공산당의 통치 능력에 있다. 중국은 문제의 발견과 해결에 탁월한 능력을 갖고 있기 때문에 일당 지배를 유지할 수 있는 것이다. 아프리카 등지의 독재자의 통치 능력이 반드시 뛰어나다고는 할 수 없으며, 중국의 일당 지배 모델이 효율적으로 운용되리라는 보장도 없다. 2011년 1월에서 2월 사이에 발생한 튀니지 및 이집트 정변은 이를 증명한다.

　베이징 컨센서스권에 속한 국가일지라도 각국의 계산은 저마다 다르다. 그들은 서방의 비난을 반박하며 자국의 정당성과 체제를 유지한다는 데 계산이 일치한, 응집력이 약한 '정치연합'에 불과하다. 경제, 국방 면에서 결합이 군건해진다는 보장도 없다. 베이징 컨센서스권에는 필리핀, 태국, 이집트 등 미국과 국방 협력 관계를 맺은 나라도 일부 포함돼 있다. 반대로 중국과 무역이 확대되면서 베이징 컨센서스권 국가들과 중국 간 통상 마찰이 빚어지기도 한다. 베이징 컨센서스권 국가들이 냉전시대의 자유주의

블록에 대항하는 사회주의 블록 같은 존재가 될 가능성은 극히 낮다.

경제가 성장하면 사회 각층의 이해관계가 복잡해진다. 따라서 민주적인 해결 과정은 정권 안정의 필수적인 요소가 된다. 튀니지, 이집트 등 중동에서 발생한 민주혁명으로 독재정권은 붕괴했으며, 비독재체제에서 독재체제로 전환하여 오래 지속된 정권은 거의 없다.

베이징 컨센서스권의 국가 모델은 영원히 이어지는, 지속 가능한 정치 경제 모델은 되지 못한다. 중국도 그 점을 잘 알고 있기 때문에 베이징 컨센서스 동맹까지는 바라지 않고 있다.

기존 시스템과의 거리감

★* 　　중국은 어느 수준까지 기존 국제 시스템에 도전하고 어떠한 국제질서를 구축하려는 것일까. 선진국이 만들어낸 규칙의 기반까지 통째로 바꾸려는 것일까. 이 문제에 대한 나의 결론은 세 가지다.

첫째, 중국은 서방의 금융위기를 계기로 새로운 국제질서를 만들겠다는 의욕은 보이고 있지만, 공산당 정권 내에서는 여전히 결론이 나지 않은 상태다. 모색이 이어지고 있는 것이다.

둘째, 중국이 노리는 새로운 국제질서의 '개혁' 대상은 한정적이다. 즉 개혁 대상은 중국을 축으로 한 신흥 개발도상국의 발언권 확대에 초점이 맞춰져 있다. 무역 투자 면에서 세계무역기구WTO 등 '기존 규칙'들을 개정하려는 모습은 보이지 않는다.

개혁은 경제에 초점이 맞춰져 있고 안보는 뒷전으로 밀려 있다. 안보

면에서는 유엔 안전보장이사회 상임이사국 자리를 계속 유지하는 것이 중국 입장에서 가장 바람직하다. 중국을 중심으로 서열화된 '화이華夷 (중국과 오랑캐, 즉 주변 국가) 질서'의 부흥까지 시도한다는 의견이 인터넷 여론을 중심으로 나오고 있다. 하지만 정책 당국자들로부터 그러한 '중국 중심' 사관史觀을 들은 적은 없다.

셋째, 중국이 어느 수준까지 새 질서를 지향할지는 미중관계에 좌우된다. 대미관계가 악화되면 중국은 자국 권익을 확보하기 위해 새 질서 구축에 나설 것이다. 반면 대미관계가 안정된다면 기존 시스템을 그대로 활용하는 것이 중국 입장에서 결코 나쁘지 않다.

중국이 우선 해결 과제로 삼고 있는 국제 금융 시스템 개혁을 살펴보자. 중국은 국제통화기금IMF의 출자비율 개정을 과제로 삼아왔다. 신흥 개발도상국의 새로운 출자비율은 42.3퍼센트로, 미국, 유럽, 일본 등 G7의 43.4퍼센트와 대등한 수준이 됐다. 출자비율을 높이면 돈에 걸맞은 자리를 요구하게 된다. IMF와 세계은행World Bank의 주요 자리뿐만이 아니다. 1966년에 발족한 이후 일본이 독점해온 아시아개발은행ADB 총재 자리도 시진핑 시대에는 중국이 차지하는 날이 올지 모른다.

달러를 기축통화로 하는 현재의 국제통화 체제를 개혁하고 장기적 목표로 새로운 통화체제를 추구하려는 움직임도 보이고 있다. 중국은 IMF 가맹국이 미국의 달러 대신 '특별인출권SDR(외환 교환에 사용하는 합성통화 단위─옮긴이)'을 기축통화로 하는 새로운 체제를 제창했다. SDR의 구성통화(달러, 유로, 파운드, 엔)에 중국의 위안화를 추가하기 위해 교섭을 벌이고 있는 것으로 알려져 있다.

다극화의 길

'1초超, 1준초準超, 다강多强' 체제로의 재편

:: 03

　중국은 향후 10~20년간의 세계질서에 대해 어떤 구상을 갖고 있을까. 공식적으로는 '다극화'를 추구하고 있다. 초강대국 미국의 뒤를 중국, 러시아, 유럽연합, 일본이 추격하는 '1초超 4강强'의 현 구도에 인도 등 신흥국의 비중이 높아지는 상황을 그리고 있는 것 같다.

　2007년 9월 미국의 서브프라임론Subprime loan(신용도가 낮은 개인을 위한 주택융자) 사태가 심각해지고, 2008년 9월 리먼브라더스 쇼크로 상징되는 금융위기가 발생한 것이 중국으로 하여금 새로운 국제질서 구축을 모색하게 만드는 전기가 됐다.

중국 정부 계열 싱크탱크인 중국현대국제관계연구원의 추이리우崔立如 원장은 "서브프라임론이 지구 차원의 금융위기를 초래해 제2차 세계대전 이후 국제 금융 분야를 지배해온 서방의 지위가 흔들렸다. 반면 중국, 인도, 브라질로 대표되는 신흥국의 비중은 높아졌고, 세계경제의 다극화가 형성되기 시작됐다"고 지적한다.[28]

자유주의자로 분류되고 후진타오 정권과도 노선이 비슷한 왕이저우 베이징대학 국제관계학원 부원장은 나와의 인터뷰에서 "적어도 15년에서 30년은 '1초다강一超多强'이 이어질 것이다. 유럽이 하나의 구역區域이 되고, 남미와 러시아 주변도 하나의 지역으로서 '대국'이 되는 등 국제질서는 복잡한 피라미드 구조가 될 것"이라는 견해를 피력했다.

반면 옌쉐퉁 칭화대학 현대국제관계연구원 원장은 2025년 무렵까지 다극화가 아닌 양극화(이극화) 추세를 보일 것이라고 주장한다.

중국은 '다강' 중에서 압도적으로 앞서가며 3위 이하와의 거리를 넓히고 있다. 나의 견해로는 국제사회의 선두 집단은 단순한 이극체제나 다극체제가 아닌 '1초超(미국), 1준초準超(중국), 다강多强(일본·러시아·유럽연합 등)'의 3중 구조가 될 가능성이 높다.

중국의 시점에서 보면 어떤 세계가 눈앞에 펼쳐질까. 중국 정부의 직속 싱크탱크인 중국사회과학원이 2010년 10월에 발표한 〈국가경쟁력청서國家競爭力靑書〉를 보자. 〈국가경쟁력청서〉는 세계 100개국을 경제, 문화 등의 경쟁력에 따라 순위를 매겼다. 2008년 시점에서 종합 경쟁력은 미국이 1위다. 2위 유럽연합, 3위 일본, 4위 한국, 5위 싱가포르, 6위 독일, 7위 영국, 8위 네덜란드, 9위 스위스, 10위 프랑스로 이어진다. 중국은 17위로, 자국에게 매우 박한 점수를 주고 있다.

〈국가경쟁력청서〉는 중장기적으로는 중국이 서서히 대두하는 모습을 그리고 있다. 2020년에 '5강' 안에 들고, 2030년에는 미국, 유럽연합에 이은 3위로 부상한다. 그리고 2050년 유럽연합을 제치고 미국을 바싹 추격하는 '세계 제2강국'이 된다는 시나리오다. 또 "(중국은) 미국을 따라잡는 것을 목표로 삼아야 한다"고 전제한 뒤 "경제 규모에서는 일본을 추월했지만 경쟁력에서는 여전히 일본에 미치지 못하고 있다"고 분석했다. 중국 정부는 국제적 지위가 높아진 데 대해 자신감을 가지면서도 지나친 낙관론은 경계하고 있다.

양제츠楊潔篪 외교부장은 "개발도상국에는 여전히 많은 과제가 있고, '북강남약北强南弱'의 파워 균형은 장기적으로 존재한다. 다극화에는 많은 시간이 필요하고, 중국의 앞길에는 많은 어려움이 놓여 있다"고 지적하고 있다.[29] 중국은 '대국'과 '개발도상국'의 두 가지 얼굴을 번갈아 내보이며 자신에게 유리한 환경을 구축하고 있다.

중국 정부의 입장에 가까운 왕지스 베이징대학 국제관계학원 원장은 중국과 일본을 비교하며 "중국은 인구가 많고 영토도 넓다. 경제 규모뿐 아니라 국방력에서도 일본을 압도하며 핵무기도 보유하고 있다. 아시아태평양 지역에서의 영향력은 이미 일본을 추월했다"고 밝혔다. 이어 "다만 과학기술과 교육 수준은 일본이 중국을 앞서며 중국은 소프트파워도 약하다. 중국의 영향력이 세계로 확산되고는 있지만 아시아에서 주도적 역할을 담당하는 수준까지는 이르지 못했다"고 덧붙였다.[30]

G20 중시

★* 　　중국이 새로운 국제질서를 구축할 때 중시하는 것이 20개 국가 및 지역(G20)의 틀을 구축하는 것이다. 양제츠 외교부장은 G20에 대해 "세계경제를 구축하는 기본 환경이며, 점차 조직화되고 시스템을 갖추는 방향으로 나아갈 것"이라고 내다본다. 중국은 IMF와 세계은행 등 금융 시스템에서 신흥 개발도상국의 발언권을 확대하고, 지구온난화 대책에서는 개발도상국에 유리한 국면을 조성하려 한다.

　G7은 1975년에 시작된 'G6'에, 1년 뒤 캐나다가 추가된 구조다. 민주주의 가치관으로 연결된 선진국이 국제질서를 주도하고 협력을 모색하기 위해 탄생했다. 2008년부터 정상회의가 시작된 G20에는 G7 외에 중국, 러시아, 한국, 인도, 인도네시아, 호주, 터키, 사우디아라비아, 남아프리카공화국, 멕시코, 브라질, 아르헨티나, 유럽연합이 추가됐다. 민주주의 선진국인 G7이 만들어온 국제질서와 국제 규칙이 변화의 국면을 맞고 있는 것이다.

　개발도상국 연합의 틀에서 핵심이 되는 것이 'BRICs(브릭스)'다. 브라질, 러시아, 인도, 중국 등 4개국 국가 이름의 영어 첫 글자를 딴 말로, 골드만삭스의 짐 오닐Jim O'Neill(현 골드만삭스자산운용 회장) 등이 2001년 명명했다. 인구로는 세계의 40퍼센트, GDP로는 10여 퍼센트를 차지하는 조직인 BRICs가 미국, 유럽, 일본에 대한 대항 축으로 뭉쳐 발언권 확대를 노리고 있다. 2011년 4월 중국 하이난海南島 성에서 열린 정상회담에는 남아프리카공화국도 참가해 5개국이 참여하는 'BRICS'로 바뀌었다.

　2010년 4월 15일 밤 브라질의 수도 브라질리아에 BRICs 4개국 정상이 모였다. 후진타오 국가주석은 브라질 룰라 대통령, 러시아 메드베데프 대통령, 인도 싱 총리와 함께 공동 기자회견에 나섰다. 나도 현지에서 취재했는데, 친밀한 동료들이 모인 탓인지 정상들은 매우 여유 있는 모습이었다.

회담 뒤 나온 공동 성명의 항목 수는 33개였다. 2009년 6월 러시아에서 개최됐던 첫 정상회담의 공동 성명에 비해 항목 수가 약 2배로 늘었다. 온난화 대책 및 반테러, 에너지 개발 등을 포함하는 등 협력이 확대되고 있음을 과시했다.

공동 성명에서 큰 비중을 차지한 것이 국제금융제도 개혁이다. 2009년 공동 성명은 '안정적이고 보다 다양화된 국제통화 시스템 구축'이라는 식의 다소 추상적인 표현을 썼다. 하지만 2010년에는 '미국 달러를 개입시키지 않는 자국 통화 기준의 무역결제 연구'를 언급했고, 국제통화기금 및 세계은행에서 BRICs의 역할을 강화할 것이라고 선언했다. 자국 통화 기준의 무역결제를 통해 달러 변동에 따른 환율 리스크를 낮추고 경제적 영향력을 확대하겠다는 의도였다.

2011년 BRICS 정상회담 공동 성명에서는 "글로벌 금융위기로 인해 현 금융 시스템의 결함이 드러났다"고 지적했다. IMF의 SDR 구성통화에 위안화 등을 추가하는 논의를 환영한다는 입장도 명기됐다.

중국, 러시아, 인도 등 3개국은 거리도 가깝고 BRICS에서도 핵심적인 존재다. 2002년부터 해마다 3개국 외무장관 회담을 개최하고 있다. 2010년 11월 허베이 성 우한武漢 시에서 열린 외무장관 회담에서는 '세계질서의 다극화 추진'을 담은 공동 성명을 발표했다. IMF 조직개혁안에서

는 42.3퍼센트인 신흥 개발도상국의 출자비율을 미국, 유럽, 일본 등 G7
의 비율(43.4퍼센트)과 동률로 높인다는 목표를 세웠다.

다만 BRICS 소속 국가들의 계산은 저마다 다르다. 후진타오 주석은
'정치체제나 발전 방법이 다른 나라들의 협력 모델'로 (다소 소극적으로)
규정했다. 최근 들어 BRICS 국가 간 통화 마찰 등 해결해야 할 현안은 점
점 늘어나고 있다.

단순한 경제공동체에 머물 것인가, 아니면 외교 및 국방 분야를 포함
하는 정치연합으로 심화시킬 것인가. 미국, 유럽, 일본은 민주주의 등 공
통의 가치관을 통해 정책적 협조를 쌓아왔다. BRICS가 군건한 연합을
구축하려면 앞으로도 암중모색을 거듭해야 할 것으로 보인다.

소프트파워 강화와 과제

★*   중국이 국제질서에서 중요한 축이 되기 위해서는 경제력, 국방
력 등 '하드파워' 강화에만 그쳐서는 안 된다. 문화 등 '소프트파워'를
키우고 중국식 가치관의 구심력을 높여야 한다.

중국은 소프트파워 강화 전략의 거점으로 '공자학원'과 '공자과당孔
子課堂'을 추진하고 있다. 두 조직은 중국 교육부가 세계 각지에 중국어
교육 및 문화 보급을 목적으로 2004년부터 시작한 국가 프로젝트다. 중
국 대학들이 강사를 파견하고 중국 정부가 DVD 등 교재를 제공한다.

'2010년, 500개교 설립'이란 목표는 이미 달성됐다. 2010년 10월 시
점에서 96개국에 322개의 공자학원, 369개의 공자과당 등 691개가 설립

됐다. 2015년에는 1,000개교를 넘어설 전망이다. 가장 많이 설립된 지역은 북미와 중남미로 343개교에 달한다. 이어 유럽이 187개교, 아시아 112개교, 아프리카 26개교, 오세아니아 23개교다.

중국의 소프트파워 강화 전략은 신흥 개발도상국에만 중점을 두는 것은 아니며, 민주주의를 채택한 선진국에도 침투하고 있는 점이 주목된다. 중국 정부에 따르면 2009년 해외에서 중국어를 배우는 사람은 4,000만 명을 넘었다. 최근에는 대학뿐 아니라 초중고교에서도 중국어 수업을 하는 나라가 늘고 있다고 한다.

공자학교는 어학 교육이 중심이지만 중국 문화의 보급 거점이 되기도 한다. 중국의 이미지를 개선하면 중국 위협론을 완화시킬 수 있다. 국제사회에서 중국에 우호적인 환경을 만드는 '공공외교public diplomacy'의 핵심이다.

2011년 1월 21일 미국을 공식 방문한 후진타오 국가주석이 시카고의 공자학원을 방문했다. 직원들에게 "미국 학생이 중국어를 배우고, 중국 학생이 영어를 배우고 있다. 교류의 기회를 만드는 것은 양국 국민의 우호와 교류에 도움을 주는 일"이라고 훈시하자, 직원들은 "최선을 다해 사명을 달성하겠다"고 맹세했다. 외국에 파견된 중국인 직원들의 사명감은 드높다.

중국 정부가 자국 언어 교육과 문화 보급에 힘쓰는 것은 기존 문화 전략이 취약했다는 사실을 보여주는 것이기도 하다. 2007년 3월 국정 자문 기관인 전국인민정치협상회의에서는 "대외 문화 교류에 대한 국가 전략이 빈곤하다"는 비판이 쏟아져 나왔다.

중국의 서적 수입액은 수출액의 약 10배다. 대상 국가를 미국, 유럽으로 국한하면 수입이 수출의 약 100배에 달한다. 영화도 마찬가지다. 2000년에서 2005년 사이 수입영화는 4,332편에 달했지만 수출은 10편 이하다. 중국 국무원 신문판공실 주임을 역임한 자오치정은 "4대 발명(종이, 인쇄술, 나침반, 화약) 이후 세계문명에 대한 중국의 공헌은 격감했다"고 한탄한다.

중국 정부는 2007년 4월 각국에 흩어져 있는 공자학원의 관리 일원화를 위해 베이징에 본부를 창설했다. 이 본부는 공자학원에 대한 신설 인허가권을 가진다. 학원 사업이 후진타오 지도부 외교 전략의 일환으로 확고히 자리매김한 것이다. 문화의 '수입 초과=문화 적자' 해소를 향한 중국의 의지가 엿보인다.

국영 언론의 해외 진출도 늘고 있다. 중앙TV는 2009년 9월부터 중국어, 영어, 스페인어, 프랑스어, 아랍어, 러시아어 등 6개 국어 채널 체제로 방송하고 있다. 해외지국도 19개에서 57개로 늘릴 계획이다. 신화통신은 거의 모든 국가에 지국을 설립했고, 뉴욕지국은 미국 최대의 번화가인 타임스퀘어로 이전한다.

중국이 소프트파워를 강화해 '문화대국'으로 우뚝 서려면 콘텐츠 강화가 필수적이다. 중국 정부는 2006년 가을, TV의 황금시간대에 외국 애니메이션 방영을 금지했다. 중국에서는 일본 만화 〈명탐정 코난 名探偵ㅋ ナン〉이나 드라마 〈하얀 거탑 白い巨塔〉 등의 인기가 높다. 외국 문화의 급속한 유입을 막음으로써 중국 콘텐츠의 발전을 노리는 것이다. 하지만 규제만으로는 한계가 있다.

G2론의
허와 실

깊어지는 중미 간 의존과 불신감

:: 04

중국이 두 나라 간 외교에서 가장 중시하는 나라는 미국이다. 우선 미국이 중국을 어떻게 보고 있으며 대중정책의 특징은 무엇인지 살펴보자.

중국에 대해선 미국뿐 아니라 다른 나라들도 ①강경노선인 '봉쇄' 및 '억제(헤지hedge)' ②협조노선인 '관여(인게이지engage)'의 두 가지 방식으로 접근한다. 미국의 대중정책은 이 강경과 협조노선 사이를 오간다. 오바마 정권 이전의 대부분 미국 정권은 발족 초기에는 강경노선을 걷다가 2년 정도 지나면 협조노선으로 전환하는 경향을 보여왔다.[31]

미국에서 대중정책은 지지단체의 표와 직결된다. 외교라기보다 국내

정치인 셈이다. 민주당 정권 지지단체는 인권 및 환경단체와 노동조합 등이며, 공화당 정권을 지지하는 세력은 군사적 매파 및 종교 보수파다. 공화당 지지세력은 중국에 대해서 강경노선을 지향한다.

경제 면에서 중국과의 교류를 통해 이익을 얻는 사람은 많다. 국가 차원에서 보면 미국 국채를 대거 보유하고 있는 중국의 위상 등을 감안해 중국과 경제관계를 안정시키고 강화하려는 정책을 선호하게 된다. 미국 정부는 여론에 신경 쓰면서 대중정책을 조정하고 있다.

1997년 클린턴 대통령과 장쩌민 국가주석은 워싱턴 회담 뒤 공동 성명을 발표했다. 공동 성명에서는 미중관계를 '건설적이고 전략적인 파트너십constructive strategic partnership'으로 만들기로 했다. 공동 성명은 1989년 톈안먼 사태나 1996년 대만해협 위기 등 대립하던 시기를 지나, 경제적 실리를 추구하는 협조노선으로 옮겨가는 계기가 됐다.

중국이 두 나라 간 관계에서 '전략'이란 표현을 사용한 것은 러시아에 이어 미국이 두 번째다. 중국은 1996년 러시아와 '전략적 파트너십' 구축에 의견 일치를 보았다. 중국에서 전략은 안보 분야에 한정되지 않으며 이익의 일치를 전제로 하지도 않는다. 전략이란 표현을 사용할 수 있는 조건은 ①장기적 관계 ②지구 차원의 과제 협의 ③전면적인 관계 등 세 가지다.

상대국을 막강하다고 간주하면 전략이란 단어를 많이 사용하게 되는데, 2004년 프랑스, 영국과 '전면적 전략 파트너십 관계'를 구축했다. 2005년에는 인도와 '평화와 번영의 전략적 협력 파트너십 관계'를 선언했고, 일본과는 2006년 10월 아베 신조安倍晋三 총리가 중국을 방문했을 때 '전략적 호혜관계' 구축에 합의했다.

2001년에 출범한 부시 정권은 당초 중국을 '전략적 경쟁 상대strategic competitor'라고 불렀지만 대테러 협력 등을 계기로 '건설적 협력관계'로 수정했다. 2005년에는 '책임 있는 이해 공유자responsible stakeholder'로 명명하며 중국에 대한 '관여'를 강화해왔다. 북한 핵 등 국제문제에서 중국에 역할을 분담시키고 세계경제 안정을 위해 위안화 개혁에 나서게 하려는 전략이었다.

오바마 정권, 출범 때는 협조노선

★* 2009년 1월 출범한 오바마 정권은 초기에는 중국과 협조노선을 택했다.

"펠로시, 중국 인권에 관심을 가져라."

2009년 5월 하순, 베이징에서는 낸시 펠로시Nancy Pelosi 당시 미 하원 의장의 중국 방문에 맞춰 시민들은 이런 문구가 새겨진 플래카드를 앞세워 집회를 열었다. 펠로시 의장은 중국의 인권 침해 비판의 선봉에 서 있는 인물이다. 후진타오 주석과의 회담에서 인권, 티베트문제 등을 언급했다고 기자단에게는 강조했지만, 후진타오와는 인권 등에 대한 심도 있는 대화는 피했다.

외교 소식통은 "양국 정부 간 사전조정 작업을 통해 인권문제를 깊이 거론하지 않기로 합의했다"고 말한다. 금융위기로 경기대책에 골머리를 앓던 서방 입장에서 중국 경제의 중요성은 한층 커져 있었고, 따라서 대중 외교는 인권보다 경제에 초점을 맞출 수밖에 없다고 판단했던 것이다.

당시 미국에서는 미국과 중국 2개국이 세계 문제를 해결해가는 'G2' 론이 활발히 나오고 있었다. G2 구상은 2008년 여름 미국의 싱크탱크인 피터슨국제경제연구소의 프레드 버그스텐Fred Bergsten 소장이 외교 전문지 〈포린 어페어스〉에 기고한 글에 나온다. 기고문에서 버그스텐 소장은 "미국과 중국 정상이 정기적으로 만나야 한다"고 제안했다.

그러나 2009년 5월 원자바오 총리는 프라하에서 열린 기자회견에서 "미중 공동 통치론은 잘못된 것"이라며 G2론을 부인했다. 중국이 부인한 배경에는 1인당 경제, 군사, 과학, 기술력에서 중국은 도저히 미국에 미치지 못한다고 판단했기 때문이다. 더불어 중국의 대두에 대한 거부감과 견제를 피해보려는 계산도 엿보였다. 중국이 추구하는 국제질서는 '세계의 다극화'이며, 유럽도 다극화의 한 축이 된다는 인식을 유럽에 보여주려는 전략이기도 했다.

2009년 9월 제임스 슈타인버그James Steinberg 미 국무부 차관보가 '전략적 보증strategic reassurance'을 제창했다. 중국의 대두를 인정해주는 대가로, 미국 등 타국의 안전을 위협하지 않겠다고 약속할 것을 요구한 것이다.

2009년 11월 취임 후 처음으로 아시아 순방에 나선 오바마 대통령은 일본에서의 연설에서 "중국을 봉쇄할 생각이 없다"고 선언했다. 동시에 "중국과는 현실적인 협력을 추구해야 한다"며 대립점을 뒤로 미루고 상호 이익 증진을 중시하는 자세를 보여주었다. 인권문제 등 '불씨'에 대한 언급은 자제하면서 저자세로 경제·외교 면에서 실리를 추구하는 전술이었다.

2009년 11월 17일 베이징에서 열린 미중 정상회담 뒤 양국이 발표한 공동 성명은 '전략적 신뢰 구축 심화', '적극적인 협력', '전면적인 관계', '공동 과제에 대처하는 21세기의 파트너십 관계'를 선언했다. 미국과 중국이 공동 성명을 발표한 것은 1997년 이후 12년 만의 일이었다.

2009년 공동 성명에서는 "쌍방은 미중관계의 안정된 발전을 위해 상호 핵심적 이익을 존중하는 것이 매우 중요하다는 데에 인식이 일치했다"고 강조했다. 이를 통해 중국은 대만문제 등 주권과 관련된 사안에 미국이 개입하는 것을 막는 장치를 갖게 됐다. 반면 미국에서는 공동 성명에 대해 '저자세'라는 비판이 일었다.

관여에서 억제로 노선 전환

★* 그러나 2009년 12월 무렵부터 미중관계의 흐름이 변한다. COP 15에서 중국은 노골적으로 강경자세를 보였고, 오바마 정권은 '강온 양면' 전술을 수정하기 시작했다. 2010년 1월 대만에 대한 무기 판매를 결정했고, 2월에는 오바마 대통령이 티베트의 정신적 지도자 달라이 라마 14세와 회담했다.

2010년 2월 미 국방부는 〈국방전략검토보고서QDR〉를 통해 해양, 우주, 사이버 공간에 '글로벌 코먼즈global commons(세계의 공유물)'라는 지위를 부여했다. 그러면서 중국이 이들 영역에 대한 미군의 접근을 거부할 능력을 강화하고 있다며 경종을 울렸다. 또 해군 및 공군 전력의 통합 운용에 중점을 두는 '공해전air sea battle 구상'을 발표했다. 대놓고 지칭하지는 않았지만 명백히 중국 억지를 목표로 하는 국방 전략이다.

이에 대해 중국은 2010년 3월 중국을 방문한 슈타인버그 미 국무부 차관보에게 대만이나 티베트문제에만 사용하던 '핵심적 이익'이란 표현을 남중국해에도 사용했다. 7월 클린턴 국무장관은 하노이에서 열린 '아세안지역안보포럼ARF' 각료회의에서 "남중국해에서의 운항 자유는 미국의 국익"이라고 강조하며, 남중국해 등 해양 진출을 강화하던 중국을 견제했다. 관여에서 '억제'로 중심을 옮긴 것이다.

2010년 8월 3일 헌츠먼 당시 주중 미국대사는 중국의 유명한 인권운동가이자 저술가인 위제를 대사관으로 초청했다. 미 대사관은 부시 정부 때는 위제와 연락을 취했지만 오바마 정부 발족 후에는 접촉을 자제해왔다. 위제를 초청한 것은 중국에 대한 온건자세를 바꿀 것이며, 중국과 마찰을 빚더라도 인권을 중시하겠다는 외교 노선을 공개적으로 밝힌 것이었다. 바로 대중 외교 전환 선언이었다.

헌츠먼 대사가 "최근 수년간 어떤 활동을 하셨습니까"라고 묻자, 위제는 기독교도로서 지하 교회에서의 활동과 지하 교회가 중국 사회에서 맡고 있는 역할에 대해 설명했다. 구속된 류샤오보의 근황도 얘기했다. 위제가 "7월 5일 경찰에 네 시간 구속됐었습니다"라고 하자 헌츠먼 대사는 "대사관뿐 아니라 미국 정부와 백악관도 이러한 상황에 깊은 관심을 갖고 있습니다. 외교 루트를 통해 지원하겠습니다"라고 밝혔다. 끝으로 "앞으로는 언론의 자유와 종교의 자유를 위한 노력을 지속적으로 지지하겠습니다"라며 민주화운동과 종교활동에 대한 지지를 약속했다.

"G2는 존재하지 않는다"

★*   2011년 1월 후진타오 국가주석은 국빈 자격으로 미국을 방문했다. 당시 발표된 미중 공동 성명의 특징은 양국 간 대립을 '굳이' 문서로 남겼다는 점이다. 공동 문서는 일반적으로 표현을 완화해서라도 "공통된 인식에 도달했다"는 표현을 넣는 '관료문학'의 걸작품이다. 그러나 당시 성명에는 양국 간 갈등이 적나라하게 표현됐다. 예를 들어 인권문제에서 "미국은 인권과 민주화의 촉진을 외교정책의 중요한 구성요소라고 강조. 중국은 내정 간섭을 해서는 안 된다고 강조"라고 일일이 적어넣었다.

2009년 공동 성명에서 언급했던 '핵심적 이익의 존중'이란 표현은 2011년 성명에서 사라졌다. 중국은 2009년의 성명과 마찬가지로 '핵심적 이익'을 명문화할 것을 요구했지만 미국은 "그 표현이 들어가면 성명을 발표할 수 없다"고 거부했다.

하지만 중국은 대만, 티베트 등의 주권문제나 공산당 일당 지배체제와 관련된 핵심적 이익에서는 양보를 거부해 중국이 원칙적인 입장을 바꾼 것은 아니란 사실이 드러났다. 2011년 성명에는 "중국은 대만문제가 중국의 주권과 영토 보전에 직결된다고 강조했다"고 적혀 있다. 정상회담에 앞서 열린 환영 행사에서 후진타오 국가주석은 "중국과 미국은 상호 발전 노선을 택해야 하고 핵심적 이익을 존중해야 한다"며 다시 한 번 핵심적 이익을 강조했다. 중국은 당초 대만문제와 관련하여 미중관계를 '새로운 단계'로 격상시키기 위해 성명이 아닌, 새로운 공동 성명서 형식으로 발표할 것을 요구했다.

미중의 대립은 군사 면에서도 확대되고 있다. 후진타오 국가주석의 미국 방문에 앞서 로버트 게이츠Robert Gates 미 국방장관이 중국을 방문해 량광례梁光烈 국방부장과 회담했다. 군사 교류의 틀 구축에 관한 작업부회 신설에는 합의했지만 대만에 대한 무기 판매, 남중국해 및 동중국해에서의 양국 활동 등을 둘러싸고 이견이 오갔다. 양국은 거리낌 없이 강경책을 채택하는 외교로 전환했고, 대립을 숨기지 않는 세계 1~2위 경제 및 군사 대국으로서의 위상을 과시했다.

글로벌 차원의 과제는 미국과 중국 두 나라에 의해 크게 좌우된다. 하지만 양국 간 마찰이 계속되면서 '미중의 협조 아래 세계 시스템을 구축한다'는 G2론은 허구임이 밝혀졌다. 후진타오 주석이 미국을 방문하기 직전 클린턴 국무장관도 강연에서 "G2는 존재하지 않는다"고 공식 부인했다.

중국이 후진타오 주석의 미국 방문의 성과로 강조한 것은 미중 공동성명에 들어간 "전략적 상호 신뢰의 육성과 심화에 더욱 노력한다"는 내용이다. 중국 측이 '상호 신뢰'를 어떻게 해석하고 있는지는 정확히 알수 없지만, '핵심적 이익'에 관해 미국이 표면상으로는 강력하게 반발하지 않았다고 받아들이고 있는 것 같다.

중국 정부는 핵심적 이익인 대만, 티베트 인권문제에 대해 미국과의 대립 해소는 불가능하다고 생각하고 있다. 따라서 일정 수준의 대립과 마찰은 수용하고 불의의 사태가 발생했을 때를 대비해 최소한의 의사소통 라인을 유지하는 것이 중요하다고 생각한다.

중국은 마찰 해소를 위해 상대편에게 양보를 강요하는 것이 아니라 서로의 차이점을 인정하면서 협력할 수 있는 분야는 진전시키려 한다. 핵심적 이익과 직접적 관련 없는 사안은 양보의 대상, 즉 '대미 협상 카드'가 될 수 있는 것이다.

중국은 공동 성명에 미국이 문제시하는 북한 우라늄 농축 계획에 대해 우려를 표하는 것에는 동의했다. 중국에 실질적인 피해는 크지 않은 반면 미국이 성과라고 내세울 수 있는 사안에 대한 양보는 앞으로도 계속 있을 것으로 보인다.

보이지 않는 손의 효력

★* 그럼에도 미중관계는 생각 이상으로 굳건하다. 키신저 전 국무장관 등 친중파, 경제 이권으로 연결된 월가 등 경제계가 중국의 정재계와 긴밀한 라인을 유지하고 있기 때문이다. 두 나라 사이에 불의의 사태가 발생했을 경우 이 라인이 가동된다.

2009년 3월 24일 중국 최고지도부가 집무하는 베이징 중난하이에 2명의 미국인이 나타났다. 브렌트 스코크로프트Brent Scowcroft 전 대통령 보좌관(국가안전보장 문제 담당)과 윌리엄 코언William Cohen 전 국방장관이었다. 이 두 사람이 웃음 띤 얼굴로 악수한 상대는 왕치산 부총리였다.

"정부와 시장이라는 두 가지 '손'의 역할을 충분히 가동해야 한다."

왕 부총리는 금융위기 타개책을 둘러싸고 '신의 보이지 않는 손'을 중시했던 경제학자 애덤 스미스의 시장 원리와 더불어 정부의 대응도 필요하다며 양국의 협조를 강조했다. 한편 스코크로프트 전 보좌관은 미중 외교의 중진이며, 키신저 전 국무장관과 연결되는 친중파다. 당시 만남은 미중관계에서 왕치산의 존재가 얼마나 큰 비중을 차지하는지 잘 보여주었다.

1997년 파산한 광둥성국제신탁투자공사GITIC의 처리 및 재건은 골드만삭스와, 당시 광둥 성 부성장이던 왕치산이 담당했다. 이런 관계는 미중관계가 표류했을 때 구조선을 띄우는, '보이지 않는 손'이 될 수 있다.

조셉 나이Joseph Nye 전 국방부 차관보에 따르면 키신저는 일본과 중국이 화해해 미국에 대한 공동전선을 펴는 상황이 발생할 수 있다고 믿고 있다. 유럽의 고전적인 '세력 균형 모델'을 고려할 때 중국과 일본이 손잡고 미국에 대항하는 사태가 벌어질 수 있다고 보는 것이다.[32] 민주주의와 사회주의 등 가치관이 다른 일본과 중국이 미국에 대항하는 동맹관계를 구축한다는 것은 현실성이 없어 보이지만, 키신저는 중국에 대한 전략을 짤 때 그럴 가능성까지 고려하고 있다.

북중 혈맹의
복구

북한 외교의 주역은 중국

:: 05

2010년 11월 23일 평양의 인민문화궁전. 북한이 연평도에 포격을 가
해 충격을 준 그날, 중국 왕허민王和民 상무부 부부장과 북한 구본태 무역
성 부상(차관급)은 북한-중국 무역 과학기술에 관한 정기 협의를 하고
있었다. 포격전이 초래한 긴박한 상황과는 별천지인 평화로운 분위기 속
에서 경제무역협력 협정 등에 조인하고 웃으면서 악수했다.

약 한 달 전인 10월 25일은 중공군의 한국전쟁 참전 60주년 기념일이
었다. 베이징과 평양에서 기념행사가 열렸고, 베이징 행사에는 후진타오
국가주석과 시진핑 부주석이 참석해 "중국 국민은 양국 국민과 군대가

피로 뭉친 위대한 우호를 잊지 못한다"고 역설했다. 최근 들어 중국 지도자가 잘 쓰지 않는 '혈맹'이란 표현까지 사용하며 중국과 북한의 우호관계를 강조했다.

중국에서는 개혁개방에 나서라는 중국 측 제안을 거부한 채 군부를 중시하는 '선군先軍정치'로 치닫는 북한에 대한 불신이 강하다. 그럼에도 중국의 대북정책에서는 온건함이 눈에 띈다. 김정일 위원장은 2010년 5월과 8월, 2011년 5월 등 1년 사이에 세 차례나 중국을 방문했다. 이례적이라 할 수 있는 북중 밀월관계의 배경은 무엇일까.

중국과 북한 관계자에 따르면 2009년 5월 북한이 두 번째 핵실험을 강행하자 북한과 중국의 관계가 냉각됐다. 그러나 중국은 그해 여름 대북 온건 노선에 중점을 두는 내부 결정을 내렸다. 핵문제 해결보다 후계자 문제 등 북한 내정을 안정화하고 북한을 존속시키는 것이 중국의 국익에 도움이 된다고 판단했던 것이다.

2010년 봄부터 가을에 걸쳐 북중관계에 두 가지 요소가 추가됐다. 하나는 국제 협조보다 국익을 중시하는 보수파 및 군부의 발언이 강화됐다는 점이다. 군부와 보수파는 원래부터 북한에 우호적이며, 이런 중국의 내정 상황이 북중관계에 영향을 미친 것이다. 다른 하나는 동아시아에 대한 개입을 강화하는 미국에 대한 외교 국방 전략이다. 대미 노선이 대항에 비중이 실리면서 덩달아 북한의 가치가 높아진 것이다.

북한이 세 번째 핵실험을 강행할 경우 중국은 어떻게 나올까. 중국 정부 관계자에 따르면 2010년 가을 무렵 중국 정부 내에 이런 상황에 대한 검토가 있었다. 2006년과 2009년의 핵실험 때 중국이 외교부 성명을 통해 밝힌 입장은 '강력한 반대'였다. 한반도의 비핵화를 요구하는 입장에 의거해 비판적인 자세를 보였고, 이는 유엔 안전보장이사회 제재로 이어 졌다.

그러나 세 번째 핵실험에 대해선 '강력한 반대'를 표명하지 않는 방안 이 부상하고 있다고 한다. "북미 회담이나 6자회담에 응하지 않은 미국 에도 핵실험을 유발한 책임이 있다"는 논리다. 반대 의사를 표명해도 압 력은 가하지 않는 방안도 검토되고 있는 듯하다.

중국 의존도를 높이는 북한

★* 　북한은 중국과의 우호관계를 과시하고 있다. 국제사회가 압력 을 가해도 북한은 고립되지 않음을 내외에 보여주겠다는 의도다.

"이 공장은 북중 우호의 상징이다. 생산 활동에 온 힘을 기울여 양국 우호 협력의 생명력을 과시해야 한다."

2010년 11월 25일자 북한〈노동신문〉은 김정일 위원장이 중국의 무상 원조로 건설된 평안남도 유리공장을 시찰했을 때 이렇게 격려했다고 보 도했다. 시찰에는 후계자인 3남 김정은도 동행해 그가 중국과의 관계를 중시한다는 메시지를 보냈다. 김정일 위원장이 속으로는 중국을 불신하 면서도 굳이 배려하는 자세를 보이는 것은 경제 원조에 대한 고마움을 공 개적으로 표명하기 위해서다.

2010년 12월 31일 랴오닝 성 단둥 시에서 신압록강대교 착공 기념식 이 열렸다. 북한에서는 김창룡 국토환경보호상, 중국에서는 리성린李盛

중국 단둥과 북한 신의주를 연결하는 중조 우의교. 북중 무역의 약 70퍼센트가 단둥을 경유하는 것으로 알려져 있다.

霖 교통운수부장이 참석했다. 새로운 다리 건설은 2009년 10월 원자바오 총리가 북한을 방문했을 때 합의된 협력 프로젝트의 핵심 사항이다. 건설비 약 18억 위안(3,060억여 원)은 모두 중국이 부담한다. 압록강 내에 있는 섬 2곳을 자유무역구로 개발하는 계획도 추진되고 있다.

  중국 세관총서稅關總署(우리의 관세청에 해당—옮긴이)가 발표한 무역 통계에 따르면 중국과 북한의 2010년 무역액은 전년 대비 29.6퍼센트 늘어난 34억 7,168억 달러다. 2009년에 7년 만의 감소(4퍼센트)를 기록했다가 1년 만에 다시 증가한 것이다. 그것도 역대 최고액을 갱신했다. 군사

| 표 13 | 중국과 북한의 무역

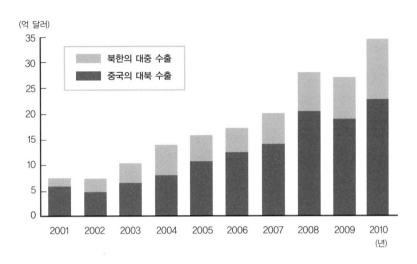

(억 달러)

북한의 대중 수출
중국의 대북 수출

도발을 거듭하고 국제사회에서 고립돼가는 북한이 중국에 대한 의존도를 높이고 있음을 명확히 보여주었다.

한국과 미국은 북한과의 직접 대화를 거부한 채 중국 측에 북한을 설득하라고 요구하고 있다. 북한을 둘러싼 외교의 '주역'은 북한에서 중국으로 바뀌고 있다. 하지만 중국은 북한의 전략적 가치를 활용하는 쪽으로 방향을 선회했고, 한국, 미국, 일본의 대북정책은 한계에 봉착했다.

중국도 핵개발 등 군사행동에 나서는 북한을 설득하지 못하고 있다. 경제 원조 카드의 효력은 한계가 있다. 북한에 대한 중국의 영향력에 대해 스인훙時殷弘 중국인민대학 교수는 "어느 정도 영향력은 있지만 사실

그리 크지 않다"고 말한다. 포를 쏘아대는 북한의 군사행동에 대해 후원자가 할 수 있는 일은 없다는 것이다.

중국에서는 북한에 엄중하게 대처할 것을 촉구하는 목소리도 나오고 있다. 중국 인민도 "북한에 원조할 바에는 중국 민중을 지원해야 한다"며 북한 지원을 회의적으로 보는 의견이 많다. 그래서 중국 정부는 북한에 대한 지원 규모를 공표하지 않고 있다. 핵문제를 둘러싼 6자회담에 대해 중국 외교 전문가 사이에서는 "북한의 핵개발을 결과적으로 인정했다. 6자회담은 핵개발을 억제하는 유효한 수단이 되지 못한다"며 폐지론까지 나오고 있다.

북한이 강성대국의 문을 연다는 2012년에는 시진핑 체제가 발족한다. 김정일 위원장이 사망한 뒤에는 북한 체제가 불안정해질 것이며 중국에서 대북정책과 관련된 논의가 한층 활발해질 전망이다.

북한 체제 불안정을 걱정하는 이유

★* 　북한이 불안정해지는 것을 중국이 우려하는 이유는 무엇일까. 단기적으로는 북한의 무장병과 난민이 국경을 통해 중국으로 밀려들 가능성이 있기 때문이다. 무장하지 않은 평범한 농민이 아닌 살기 위해 물불 안 가리는 북한 군인들이 중국으로 들어와 약탈과 살인을 자행하는 사태를 예상할 수 있다. 북한 핵무기의 확산이란 악몽도 전혀 가능성이 없는 것은 아니다.

장기적으로 북한이 붕괴한 뒤 한국 주도로 통일국가가 탄생했을 경우,

중국은 처음으로 미군이 주둔하는 국가와 직접 국경을 접하게 된다. 미국의 감시 레이더에 중국의 군사정보가 속속들이 간파될 가능성이 높다. 중국 입장에서 미군과 직접 마주하는 것을 막아주는 '완충지대 북한'의 가치는 결코 작지 않다.

통일국가의 탄생은 북한과 중국의 국경에 사는 200만 조선족의 민족의식을 자극하게 된다. 조선족의 독립의식이 높아지면 티베트나 위구르 등 다른 소수민족의 독립운동에도 영향을 미칠 가능성이 커지며, 이는 중국 공산당의 '핵심적 이익'과 직결되는 문제가 된다.

중국 외교 시스템에서 대북 외교체제는 특이하다. 6자회담 등 핵문제는 외교부가 관장하지만, 기본적으로는 공산당 중앙대외연락부(중연부)가 대북 창구다. 중연부는 북한, 베트남, 쿠바 등과의 정당외교를 담당하기 때문에 아무래도 우호와 교류를 중시하게 된다.

중국 정부 관계자에 따르면 외교부는 북한이 정치투쟁으로 혼란에 빠졌을 경우를 상정한 시나리오를 그리고 있는 데 비해, 중연부는 북한 위기 시에 대비해 수립해둔 방안이 없다고 한다. 따라서 외교부는 중연부라는 존재 때문에 대북정책을 총괄하지 못하고 있다. 대북정책은 최종적으로는 후진타오 주석만이 결정을 내릴 수 있다. 이 때문에 중국의 대북정책은 비정상적인 모습을 보이고 있다.

탈출구가 보이지 않는 북한 경제

★ 2009년 9월 중국 지린 성 창춘에서 열린 동북아시아 투자무역

박람회에 북한에서 23개 기업과 단체가 참가해 보석, 의약품, 식품 등 특산품을 선보였다. 일본 기업 가르비가 만드는 '새우깡'과 똑같은 새우과자가 전시돼 있어 놀랐던 기억이 난다. 5월의 두 번째 핵실험을 계기로 국제사회가 제재의 포위망을 좁혀가는 가운데 중국과 무역을 확대해 활로를 뚫어보자는 의도로 열린 박람회였다.

"시원하고 쾌적해요."

박람회에서 특히 호평을 받은 것이 북한의 샌들이다. 옥수수 줄기로 만든 샌들은 60위안(약 1만 원)에서 120위안. 평양에서 온 업자는 "캄보디아에도 수출했는데 채산이 맞지 않았다. 하지만 중국은 거리가 가깝고 날씨나 생활습관도 북한과 비슷하다. 중국 기업과의 협력을 희망한다"고 말했다.

북한 정부는 외국 기업에 대한 우대책을 늘려가며 대북 투자 확대를 노리고 있다. 9월 2일 북한 무역성은 창춘에서 중국 기업을 상대로 소득세 감면 및 토지사용료 면제 등 우대책에 대해 설명했다. 우대책에는 "외국 기업의 상품이 북한의 수요를 최대한 충족했을 경우, 유사상품 수입금지 등을 통해 국가가 해당 기업을 지원한다"는 내용도 있었다. 북한이 정부 재량권까지 총동원하겠다는 설명은 역으로 북한이 정치적으로 불안하다는 점을 부각시켰다.

박람회에서 특산품을 구입하는 사람은 많았지만 수출입 상담을 하는 모습은 보기 힘들었다. 샌들 생산업자는 "중국 기업 몇 곳과 상담했지만 합의에는 이르지 못했다"고 말했다. 조선방직무역회사의 전금룡은 "박람회에 온 것은 상담뿐 아니라 북한 문화를 선전하는 목적도 있다"고 애기했다.

　박람회를 방문한 한 중국 기업 간부는 "북한의 비즈니스는 가구나 건축자재 분야에서는 성공한 사례가 많다. 하지만 광물자원 분야는 90퍼센트 실패하고 있다"고 밝혔다. 북한 유수의 철광석 생산 거점인 무산광산 개발을 둘러싸고 2005년 중국 기업이 북한과 투자 계약을 맺었지만 문제가 발생해 회사 문을 닫았다고 한다.

　김일성 배지를 단 북한 기업 경영인들에게 유엔 안전보장이사회의 대북제재 결의가 미친 영향을 묻자 "전부터 제재를 받아왔기 때문에 영향은 없다"며 당연하다는 표정으로 입을 맞춰 말했다. 상품 소개 때는 미소를 짓고 있다가도 정치 외교로 화제가 바뀌면 돌연 강경한 어투로 변한다. 핵문제에서 비롯된 국제사회와의 대립은 해결 기미가 보이지 않으며 북한 경제가 직면한 상황은 탈출구가 없어 보인다.

외자 유치에 혈안

★* 　　　북한은 외국 자본을 유치하는 '조선대풍국제투자그룹'을 설립했다. 김정일 국방위원장의 측근인 김양건 조선노동당 통일전선부장이 이 그룹의 이사장을 맡고 있다. 그룹 총재인 조선족 중국인 박철수 씨와 몇 차례 만난 적이 있다.

　2010년 2월 박 씨는 베이징에서 나의 질문에 "평양 등 8개 도시를 외국 자본에 개방하는 새로운 특구로 지정하고, 세제 등의 면에서 우대조치를 부여한다"고 북한의 방침을 소개했다. 인프라 부문을 중심으로 융자를 해주는 정책 금융기관인 '국가개발은행'을 3월 중순에 설립하는 등 국가수출입은행 설립 계획도 열심히 설명했다.

"일본과도 관계를 개선하고 싶다."

투자 유치에는 일본의 협력이 필수적이라고 판단했는지 일본 기업도 투자하라고 열심히 설득했다. 나와 대화하는 도중에도 쉴 새 없이 휴대 전화가 울렸고, 중국어와 북한말로 정신없이 상담을 진행했다.

그러나 핵문제 때문에 전망은 밝지 않다. 국제사회의 제재가 계속되고 있어 한국과 일본은 물론 미국, 유럽의 기업들도 운신하기 힘들다. 외국 자본을 끌어들이려던 전략은 기대했던 효과를 올리지 못하고 있다.

중국 공산당의 장롄구이張璉瑰 중앙당교 교수는 "(최근 북한의 경제개방 정책은) 중국의 개혁개방과는 다르다"고 말한다. 유엔 안전보장이사회 결의에 따른 제재 때문에 무기 수출이 어렵게 되자 경제개방에 나선 것이며, 부족한 외화를 획득하는 것이 목적일 뿐이란 설명이다.

특구 지정 및 외자 유치 구상은 과거에도 몇 차례 나왔다간 사라졌다. 북한은 1991년 나진-선봉 지구를 경제특구로 지정했지만 외자 도입책 미비로 실패하고 말았다. 2002년에는 중국과 국경 지역인 신의주에 특별행정구역을 만들고, 네덜란드 국적의 중국인 실업가 양빈楊斌을 행정 장관에 임명했다. 신의주에 독자적인 입법·행정·사법권을 갖는 특구를 만들어 '1국 2제도'를 도입하고, 외자 기업에는 우대세제를 적용한다는 구상이었다. 그러나 중국 경찰이 양빈을 사기혐의로 체포하면서 구상은 좌절됐다.

박 씨가 설명했던 외자 유치 정책은 그리 순조롭게 진전되지 않는 것

같다. 박 씨는 '제2의 양빈'이 되고 마는 것일까.

우정과 타산의 중국-러시아 관계

★* 　중국과 러시아 관계를 살펴보자. 두 나라 간 및 다자간 외교관
계는 모두 우정과 타산의 '이중 구조'다. 중국과 러시아의 관계가 전형이
다. 에너지 분야를 중심으로 한 경제적 이익, 그리고 국제사회에서의 발
언권 강화를 위해 서로에 대한 이용가치가 크다. 그러나 러시아는 중국
의 대두에 경계심을 높이고 있고, 중국도 역사적 경위로 인해 러시아에
대한 경계심을 지우지 못하고 있다.

　2010년 9월 드미트리 메드베데프 러시아 대통령이 중국을 방문해 후
진타오 국가주석과 회담했다. 두 정상은 석탄, 원자력, 에너지 절약기술
에 관한 협력 문서에 조인했다. 또 '전략적 협조관계의 전면적 심화'에
관한 공동 성명 및 일본에 대한 강경자세를 내용으로 하는 제2차 세계
대전 종전 65주년 기념 공동 성명에 서명하며 긴밀한 중러관계를 과시
했다.

　양국의 최대 협력 분야는 에너지다. 양국 수뇌는 동시베리아 유전에서
중국으로 원유를 공급하는 파이프라인 완공식 행사에도 참석했다. 파이
프라인은 러시아 극동에 있는 아무르 주 스코보로지노에서 헤이룽장黑
龍江 성 다칭大慶을 연결하는 루트로, 2011년 1월부터 공급이 시작됐다.
향후 20년에 걸쳐 매년 약 1,500만 톤을 중국에 수출한다. 석유 수요가
급증하는 중국과, 아시아 태평양에 대한 자원 수출을 확대하려는 러시아

의 계산은 일치한다. 러시아는 중국에 원자력발전소는 물론 정유공장도 공동 건설한다.

중러관계의 아킬레스건이 돼온 국경문제가 해결된 것은 2004년이다. 중러 정상회담에서 국경 하천인 아무르 강과 우수리 강의 합류 지점에 있는 헤이샤쯔黑瞎子 섬 안에 국경선을 긋기로 합의했다. 2008년 7월에는 양국 외무장관이 동부 국경에 관한 의정서에 서명했다. 약 4,300킬로미터에 이르는 국경선이 결정됐고, 1969년 무력 충돌까지 발생했던 중러 국경문제는 완전히 해결됐다.

2008년 10월 러시아가 실효지배하고 있던 헤이샤쯔 섬 일부가 중국에 반환됐고, 러시아의 하바롭스크와 헤이룽장성을 육로로 연결하는 계획이 진행되고 있다. 군사적 대치 상태가 지속됐던 헤이샤쯔 섬을 자유무역구로 지정해, 중러 경제 교류의 거점으로 삼는 구상도 추진되고 있다.

러시아는 헤이샤쯔 섬에 호텔, 공원, 마술장馬術場 등 상업 오락시설을 건설하게 된다. 중국도 상업, 관광시설을 만든다. 값싼 노동력을 보유한 중국과 풍부한 자원이 강점인 러시아를 묶는 '신경제권'에 대한 기대감이 높아지고 있다.

군사 면에서는 중국, 러시아와 중앙아시아 4개국이 참여하는 '상하이협력기구'가 합동 군사훈련을 통해 결속을 과시하고 있다. 2010년 가을 카자흐스탄에서 실시된 상하이협력기구의 대테러 합동 군사훈련인 '평화의 사명 2010'에 중국은 육군과 공군 1,000여 명을 파견했다.

그러나 일본 외무성 간부에 따르면 양국의 밀월관계는 2005년 대규모 군사훈련을 정점으로 답보상태에 빠져 있다. 강대국으로 부상하는 중국에 대한 러시아의 경계심, 그리고 러시아와 서방의 협조노선 회귀가 배경이다. 러시아의 국력은 원유 가격에 좌우된다. 시진핑 시대의 중러관계는 '타산적인 우정'을 심화할 것으로 보인다.

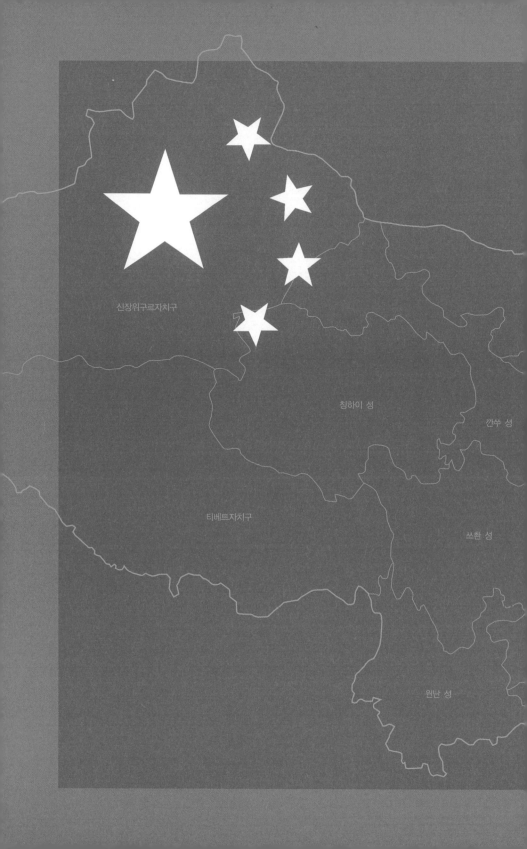

헤이룽장 성

지린 성

라오닝 성

네이멍구자치구

허베이 성

산시 성

산둥 성

시 성

허난 성

안후이

후베이 성

후난 성

장시 성

광둥 성

푸젠 성

강시장족자치구

하이난 성

5장

군비 증강으로
새로운 세력권
구축

안보 균형의 변화

중국 지도부의 최대 세력

군부의 강력한 영향력

:: 01

　중국 군부는 정계에 강력한 영향력을 갖고 있다. 외교 및 안보 정책뿐 아니라 정치에 대한 발언권도 강력하다. 이는 공산당 정부의 요직에 앉아 있는 공산당 중앙위원(약 200명)의 면면을 살펴보면 분명해진다. 중앙위원 중 군부 인사는 21퍼센트에 달해 태자당(19퍼센트)이나 공산주의청년단(10퍼센트)보다 많다. 군부가 중국 정계의 최대 세력인 것이다. 반면에 외교부는 1~2퍼센트에 불과해 일본에 비해 큰 힘이 없다. 군부가 외교정책을 거침없이 비판할 수 있는 배경에는 이러한 중국 특유의 권력 구도가 자리 잡고 있다.

2010년 4월 중국 해군의 함재艦載 헬기가 일본 해상자위대의 호위함에 근접 비행해 중국과 일본 사이에 마찰이 빚어졌다. 중국은 "일본에 대한 경계 및 감시활동에 필요한 방위 조치"라고 주장했다. 중국 내에서도 해군의 행동을 의문시하는 목소리가 있었지만 외교보다는 군의 논리가 우선시됐다.

군부가 관련된 안건은 원자바오 총리도 해결하지 못한다. 해결할 수 있는 인물은 군의 최고지도자인 중앙군사위원회 주석을 겸하고 있는 후진타오 총서기뿐이다. 군 간부 중에는 태자당도 많으며 '중난하이', 즉 최고지도부와의 네트워크를 통해 '밀명'을 받고 남몰래 활동하는 경우도 있다. 고이즈미 정권 시절 냉각됐던 중일관계를 개선 국면으로 전환시킨 것이 아베 신조 총리의 2006년 10월 중국 방문이었다. 하지만 아베의 중국 방문을 성사시킨 핵심 인물이 중국 인민해방군 군인이었다는 사실은 거의 알려져 있지 않다.

아베 정권 탄생 직전, 중국의 관심은 '일본 총리의 야스쿠니 신사 참배 문제에 어떻게 대처할 것인가'였다. 2006년 여름 중국의 한 군인이 극비리에 일본을 방문해 당시 관방장관이던 아베를 만났다.

군인은 아베에게 "총리가 된다면 야스쿠니 신사를 참배할 것이냐"고 물었다. 아베는 "갈 것인지, 가지 않을 것인지 밝히지 않겠다"는 식의, 일본 역대 정권 특유의 '애매모호한 전술'을 구사했다. 군인은 야스쿠니 신사 참배를 하지 말라고 요구하지 않는 대신 자신이 하고 싶은 말을 거침없이 했다. 그런 모습에서 발언권이 막강한 인물이란 사실을 알 수 있었다.

이 군인은 아베로부터 "야스쿠니 신사 참배를 하지 않겠다"는 언질을 받아낼 수 없음을 확신하고, "신사 참배를 전제로 아베 정권에 대한 대응 전략을 수립해야 한다"고 중국 수뇌부에 조언한 것으로 알려졌다. 그 군인은 야치 쇼타로谷內正太郎 외무차관과도 만났다. 그 후 중국과 일본 간의 조정 작업은 야치 차관과 다이빙궈 중국 외교부 부부장의 정식 외교 루트로 옮겨갔고, 아베 총리의 전격적인 중국 방문이 실현됐다.

국방을 중시하는 시진핑

★* 　2022년까지 이어질 시진핑의 중국은 군사 면에서 크게 성장할 것이다. 그리고 중국의 군비 증강은 아시아의 군사적 균형에 큰 변화를 초래하게 될 것이다.

중국은 국산 항공모함을 여러 대 배치하고 제5세대라 불리는 최신예 전투기도 배치하기 시작했다. 2020년 무렵 중국의 군사력은 기술 면에서 서방에 여전히 뒤질 것이다. 운용 능력도 제한적일 수밖에 없다. 그러나 러시아 의존에서 벗어나 중국 자체 기술로 무기체계를 갖추게 돼 미사일이나 해군의 항공 전력은 비약적으로 향상될 전망이다. 국방비는 공식적인 발표 규모만으로도 일본의 수배에 달할 가능성이 있다.

2008년판 중국 〈국방백서〉는 국방과 군대의 현대화 작업을 3단계로 추진하겠다고 밝혔다. "2010년까지 기초를 확고히 다지고, 2020년까지 기계화와 정보화 건설을 통해 중대한 진전을 이룩하고, 21세기 중엽에 국방과 군대의 현대화 목표를 실현한다"고 명기했다. 기계화는 '화력 등 타격력 강화', 정보화는 '무기의 첨단화 및 정보의 디지털화, 전력의 시스템화 및 네트워크화'를 추구한다.[33] 여기서 말하는 '중대한 진전'이 의미하는 내용은 불분명하지만, 시진핑 시대 후반에 군비 증강을 통해 대대적인 변화를 달성한다는 '예정표'는 마련돼 있다.

중국은 전통적으로 군부를 중시한다. 다카하라 아키오高原明生 도쿄대학 교수는 그 원인을 세 가지로 분석하고 있다. 첫째, 1840년의 아편전쟁을 계기로 반半식민지로 전락하는 굴욕을 맛보면서 '약하면 당한다'는 교훈이 몸에 배어 있다는 것이다. 둘째, 일본의 25배나 되는 국토와 긴 국경선, 해안선 방어를 위해 현실적으로 군의 역할이 절실하기 때문이다. 셋째, '권력은 총구에서 나온다'는 마오쩌둥의 말로 상징되듯 혼란기에는 군의 힘에 의존할 수밖에 없기 때문이다.[34]

시진핑 역시 국방력 강화를 중시할 것이라고 보는 견해가 지배적이다. 그리고 그 근거로 20대 후반 중앙군사위원회 판공청에서 일한 경험이 거론된다. 시진핑이 성장으로 있던 푸젠 성에 2000년 예비역을 중심으로 한 고사포부대 훈련소가 설립됐다. 시진핑은 당시 방공 임무를 띠고 창설된 이 부대의 제1정치위원을 맡았다. 2인자인 시진핑 성장에게 제1정치위원은 격이 낮았지만 성심성의껏 직무를 수행했다고 한다.[35]

시진핑의 안보관에 대해 한 중국 지식인은 "고이즈미 준이치로 전 일본 총리, 부시 전 미국 대통령과 비슷하다"고 분석한다. 안보를 중시하며 국익 수호를 위해 필요하다면 무력 행사도 불사하겠다는 자세가 엿보인다는 것이다.

2007년 10월 공산당 대회에서 후진타오 총서기(중앙군사위원회 주석)

는 활동 보고를 통해, 군사정책은 "국가의 부강과 군대의 강화를 함께 실현해야 한다"고 밝혔다. 경제 발전 속도에 맞춰 군사력을 정비하는 '부국과 강군의 통일' 방침을 밝힌 것이다. 경제성장에 비해 억제돼왔던 국방 예산을 늘려 부국강병을 추구하겠다는 방침이었다. 시진핑 시대에도 부국과 강군을 동시에 추진하는 정책이 계속될 것이다.

군권 장악과 당黨·군軍 유착

★* 공산당과 군부의 관계도 주목된다. 2009년 3월 군부 회의에서 후진타오 중앙군사위원회 주석은 군의 '세 가지 확보'를 지시했다. ①당의 절대적 지도 아래에 있는 인민의 군대 ②국방과 군대 건설의 과학적 발전 ③새로운 세기의 새로운 단계에서 군대의 역사적 사명 달성이다. 군부가 정부의 군대가 아니라 당의 군대임을 명백히 밝힌 것이다.

군부와 관계가 깊은 시진핑은 후진타오에 비해 쉽게 군권을 장악할 수 있을 것으로 보이지만 군부와 유착관계에 빠질 가능성도 배제할 수 없다. 중국 군사 동향에 밝은 일본의 군사전문가 가야하라 이쿠오茅原郁生는 2020년 무렵 공산당이나 인민해방군 모두 특권 계급이 될 것이며, 두 세력 모두 관료화돼 유착관계에 빠질 것이라고 예측한다. 이로 인해 "당이 총銃을 지휘한다"는 원칙이 흔들리며, 공산당 독재체제가 위기에 빠질 가능성이 있다고 본다.[36]

한편 시진핑이 군부와 관계가 깊기 때문에 더욱 군의 저항을 물리치고 과감히 군부 개혁을 단행할 수 있다는 견해도 가능하다. 시대에 뒤처진 육군의 병력을 과감히 삭감하고 해군과 공군 및 전략 미사일 부대의 첨단화에 인적 및 물적 투자를 늘리는 '선택과 집중' 전략에 나설 것이란 분석이다.

예를 들어 '사령관과 정치위원의 이원관리제'는 개정 대상이 될 수 있다. 중국 특유의 직책인 정치위원은 군 사령관과는 별도로 공산당 입장에서 군을 감시하기 위해 부대에 배치된다. 작전 지휘는 지휘관인 사령관이 맡고, 사상교육과 인사권은 정치위원이 가진다. 작전 명령에도 정치위원의 승인이 필요하기 때문에 신속한 부대 운용에 문제가 생길 가능성이 있다고 한다. 전투의 현대화에 맞게 부대 조직을 개혁할 때 인민해방군의 '정치위원' 제도에 대한 수술도 과제가 된다. 다른 한편으로 정치위원은 공산당이 군부를 지도하는 데 필수적인 장치다. 중국 군사과학학회 부사무국장을 맡고 있는 러위안羅援 소장少將은 나와의 인터뷰에서 "(정치위원 개선은) 있을 수 없다"고 강조했다.

시진핑을 중심으로 한 문민정부가 군권을 어느 정도까지 장악할 수 있을까. 더불어 기동성 개선 등 중국 군대의 질을 어디까지 향상시킬 수 있을까. 군 개혁의 향배는 내정과 군사 양면의 미래를 점칠 수 있는 중요한 척도가 된다.

해양 권익에 대한 방어권 확대

대양 해군의 실상

:: 02

중국 정부는 2011년 3월에 발표한 2010년도 〈국방백서〉에서 해양 권익 옹호를 위해 군비를 증강하겠다는 방침을 명확히 밝혔다. 늘어나는 경제적 권익을 보호하기 위해 해군과 공군을 중심으로 활동 범위를 확대하고 장비 첨단화 작업을 가속한다는 전략을 공개했다. 경제적 권익에 대한 '방위권'을 확대하는 것이다.

중국 인민해방군 중에서도 해군의 증강은 눈부시며 그 위상도 상승하고 있다. 여기서 중국에게 '바다'가 갖는 의미를 생각해보자. 중국은 국가 차원에서 총력을 기울여 바다에 대처한다는 장기적 해양 전략을 수립하고 있다. 때문에 단순히 해군의 움직임만을 분석하는 것으로는 이에 대한 충분한 이해를 얻을 수 없다.

중국은 유라시아 대륙의 동쪽에 광대한 면적을 가진 랜드파워(대륙국가)다. 전통적으로 육지를 중시하는 국방관을 지향해왔다. 예로부터 방어의 핵심은 '북'으로부터의 위협에 대한 대처였다. 역대 왕조를 위협한 것은 흉노 등 북방민족이었고, 진시황제가 구축한 만리장성은 북방 방어의 상징이었다. 이에 비해 동중국해와 남중국해는 13~16세기에 왜구의 습격을 받긴 했지만 바다로 격리돼 있어 큰 위협은 되지 않았다. 러시아와 관계가 개선되면서 북의 위협은 감소했고, 동중국해, 남중국해에서의 자원 발견을 계기로 국방의 무게는 육지에서 바다로 옮겨지게 된다. 동중국해, 남중국해에 접한 해양 국가로서의 면모가 큰 비중을 차지하게 된 것이다.

중국이 냉전 사고에서 벗어나 새로운 군사전략을 제시한 것은 1993년이다. 방위 범위를 대륙 국토에서 동중국해, 남중국해의 해양 국토로 확대해 해양 권익 방어를 명시했다. 2008년 이후 중국-대만 관계 개선에 따라 대만을 주 전장으로 간주했던 국방전략은 영토와 해양자원 등의 방어로 비중이 옮겨갔고, 군의 방어 범위는 영토, 영해 등 외부로 확대되고 있다.

제1열도선에서 제2열도선으로

★* 　　중국 대륙에서 일본을 바라보는 시점으로 다음 지도를 살펴보

| 지도 2 | **중국에서 태평양을 바라봤을 때의 모습**

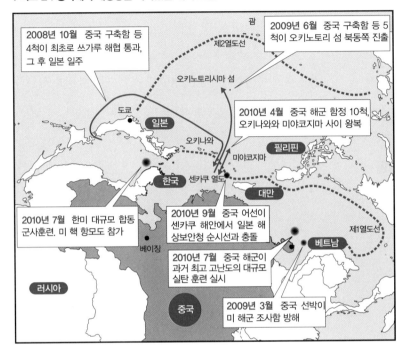

2008년 10월 중국 구축함 등 4척이 최초로 쓰가루 해협 통과, 그 후 일본 일주

2009년 6월 중국 구축함 등 5척이 오키노토리 섬 북동쪽 진출

괌

제2열도선

오키노토리시마 섬

2010년 4월 중국 해군 함정 10척, 오키나와와 미야코지마 사이 왕복

도쿄

일본

오키나와

필리핀

미야코지마

한국

센카쿠 열도

대만

2010년 7월 한미 대규모 합동 군사훈련. 미 핵 항모도 참가

2010년 9월 중국 어선이 센카쿠 해안에서 일본 해상보안청 순시선과 충돌

제1열도선

베이징

2010년 7월 중국 해군이 과거 최고 고난도의 대규모 실탄 훈련 실시

베트남

러시아

중국

2009년 3월 중국 선박이 미 해군 조사함 방해

자. 중국 입장에서 일본은 해양 진출을 방해하는 '불침항모'로 비친다. 센카쿠 열도(댜오위다오)는 대만에 가깝고 군사적 요충지이기도 하다. 미국과 군사동맹 관계에 있는 일본과 대만, 필리핀이 중국 포위망을 형성하고 있다. 중국 해군은 덩샤오핑의 지시에 따라 1982년 근해 방어전략을 수립했다. '근해'란 캄차카 반도에서 치시마千島 열도, 일본 열도, 오키나와, 대만, 필리핀을 연결하는 선의 안쪽을 말한다. 이를 '제1열도선 列島線'이라 부른다.

최근 중국 해군은 연안-근해 방어 해군에서 외양 해군으로 변신하고 있다. 해군 최고지도자인 우성리吳勝利 해군사령관은 2008년 가을 간부 회의에서 "후방 지원이 가능한 작전 해역을 근해에서 원해로 연장해야 한다"고 지시했다. 회의에서는 "다양한 위협에 대한 대처 능력을 강화하고 군사 임무의 다각화를 완성한다"는 방침도 확인됐다. 지리적 범위와 활동 임무 양면을 모두 확대한다는 목표를 명확히 밝힌 것이다. 2010년 4월 26일자 공산당 간부 양성기관인 중앙당교의 기관지 〈학습시보學習時報〉는 "장차 중국 해군의 작전 범위는 근해에 머물지 않으며 태평양 서북부까지 연장해 제해권control of the sea을 탈취해야 한다"는 주장을 실었다.

중국 해군은 제1열도선에서 영향력을 확보한 뒤 이제 태평양 쪽으로 활동 범위를 넓혀가고 있다. 오가사와라小笠原 열도에서 사이판, 괌을 연결하는 '제2열도선'에 대한 영향력 강화를 노리고 있는 것이다. 중국은 태평양으로의 출구를 확보하기 위해 착실히 움직이고 있다. 해양조사선이 오키나와와 미야코지마 등지에서 해역 조사를 실시한 것이 1996년 봄이다. 잠수함의 잠항潛航에 필요한 수온 분포 및 해수 분석 등 데이터를 수집한 것으로 알려졌다. 그 후에도 조사선은 해당 해역을 운항하고 있다. 1999년부터 동중국해의 일본 근해에서 중국 함정의 운항이 속속 확인되고 있다.

2008년 11월에는 최신예 루조우旅洲급 미사일 구축함 등 4척이 오키나와와 미야코지마 사이를 통과해 태평양으로 빠져나갔다. 일본 해상자위대가 루조우급 구축함을 일본 근해에서 발견한 것은 이때가 처음이었다. 2010년 4월 10일에도 같은 해역을 중국 함정 10척이 운항했다. 공해이긴 하지만 일본의 앞마당을 10척의 대규모 선단이 운항하는 것은 이례적이었다.

이틀 전인 4월 8일에는 중국의 함재 헬기가 중국 함정을 감시하던 일본 해상자위대 호위함 '스즈나미'의 수평거리 90미터까지 접근했고, 21일에도 호위함 '아사유키'의 90미터 거리까지 접근 비행했다. 남중국해에서 했던 것처럼 '어선 → 조사선 → 군함' 순으로 활동 범위 확대를 기정사실화하는 작업을 차곡차곡 쌓아가고 있다.

오키나와와 미야코지마 사이는 중국이 태평양으로 빠져나갈 수 있는 중요한 루트다. 중국 입장에서 해군이 태평양으로 나갈 수 있다는 것은 군사적으로 큰 의미를 가진다. 대만문제와 관련해 태평양에 있는 미군 항공모함 등에 대한 공격이 쉬워지기 때문이다.

중국의 해군 강화는 자원 확보 차원에서도 이뤄진다. 경제성장으로 에너지 수요는 앞으로도 크게 증가할 것이다. 따라서 남중국해와 인도양으로의 진출 배경에는 자원 확보가 깔려 있다.

중국 전함의 쓰가루 해협 통과

★* 오키나와뿐이 아니다. 2008년 10월 19일에는 중국 전함이 쓰가루津輕 해협을 통과했다. 장카이江凱 1급과 2급 등 2척의 구축함, 소브레멘누이급 구축함, 보급함 등 4척이 쓰가루 해협을 지나 태평양으로 빠져나갔다. 장카이 2급과 보급함 2척은 이틀 전인 17일 쓰시마 앞바다를 지

나 북상했다.

쓰가루 해협은 유엔해양법 조약에서 군함을 포함한 외국 선박의 운항이 인정돼 있다. 2000년에 중국의 정보수집함이 통과했으며 전함 통과는 2008년이 처음이었다. 연료와 식량을 실은 보급함을 동반한 것으로 미뤄 장기 훈련으로 분석됐다.

중국군은 2008년 10월 23일 '바다에 떠 있는 병원'이라 불리는 병원선을 배치했다. 이 선박은 부상자를 수송하는 헬기가 착륙할 수 있고 높은 수준의 치료가 가능한 설비를 갖추고 있다. 배치된 곳은 동중국해를 관할하는 동해 함대다. 병원선의 배수량은 1만 톤 이상이다. 신화통신은 "중국은 해상 구급 능력을 갖춘 세계 유수의 국가가 됐다"고 보도했다.

2008년 9월에는 해군의 공정부대가 처음으로 헬기에서 낙하산 훈련을 실시했다. 헬기 낙하는 수송기 낙하보다 어렵다. 해군은 "특수작전 및 인명 구조, 재해 구조 등 실용적 임무를 수행한다"고 설명했다.

미군은 중국 해군의 해양 진출에 대한 대처를 강화하고 있다. 미 국방부는 2010년 2월에 발표한 4년 주기의 〈국방전략 검토 보고서QDR〉에서 해군과 공군 전력의 통합 운용에 중점을 둔 '공해전 구상'을 제창했다. 1970년대로 거슬러 올라가는 '공지전air land battle' 구상의 후속 전술로, 2010년 7월 한미 합동 군사훈련 등에서 실시됐다.

남중국해로 시점을 옮기면 미군은 1990년대 전반 필리핀 클라크 공군기지와 수빅 해군기지에서 철수했다. '힘의 공백'이 생기자 중국은 남사군도南沙群島(스프래틀리 군도) 등에 조사선 및 해군 함정을 파견해 실효지배를 향한 포석을 두었다. 2010년 7월에는 남중국해에서 역대 최고 난이

도의 실탄 훈련을 실시하며 미군을 견제했다.

중국인민대학의 진창룽金燦榮 교수는 중국 국방정책의 미래에 대해, 중국 기업의 해외 진출에 따라 "중국 국익의 경계는 더욱더 외부로 확대된다. 그러나 중국의 군사적 자위 수단은 현저히 부족하며 나날이 늘어나는 해외 권익을 보호하는 것이 차기 국가안전 전략 계획의 핵심 내용이 될 것"이라고 지적했다.[37]

해양 전략의 강화

★★ 　　중국 정부의 해양정책을 살펴보자. 2011년에서 2015년의 정책 운영 방침을 정한 2011년 3월의 제12차 5개년 계획안에서 중국 정부는 처음으로 장章 수준으로 해양정책 방침을 명기했다. 계획안에서는 "해양 발전 전략을 수립하고 해양 개발, 관리 능력을 높일 것"이라고 밝혔다. 해양 권익 보호 및 해상 수송로의 안전 확보를 위해 해양과 관련된 문제에 강력히 대처하겠다는 의지를 보였다.

중국에서 해상 경비를 담당하는 것은 농업부를 비롯해 국가해양국, 교통운수부 해사국, 공안청 변경해경부대, 세관 등 5개 기관이다. 중국은 최근 조직을 개편해 중국판 '해경'을 설립할 움직임을 보이고 있다. 그러나 부처 간 이기주의 등 행정적 문제로 당분간은 실현되지 않을 전망이다.

2010년 9월 센카쿠 열도의 중국 어선 충돌사건을 계기로 센카쿠 열도 주변에서 순시활동을 정례화한 것은 중국 농업부 어정국의 어업 감시선이다. 어업 감시선에는 '어정漁政'이란 글자가 적혀 있고 1990년대부터 활동하기 시작했다. 필리핀과 영유권 분쟁이 일고 있는 암초에도 감시선 부대가 상주한다.

농업부는 향후 5년 이내에 3,000톤급 이상 선박 3~5척을 건조 혹은 개조할 계획이다. 최대 어업 감시선은 군함을 개조한 '어정 311호'로, 4,450톤급이다. 311호는 2009년 3월부터 주로 남중국해에 파견하고 있다.

국가해양국은 2011년 3월 해양조사선으로는 최대급인 '하이젠海監50호(배수량 3,336톤)'을 후베이 성 우한 시에서 진수했다. 6월 동중국해를 관할하는 동해 분국에 배치된 것으로 보인다. 해양 권익에 대한 보호 시스템을 강화한 것이다.

중국이 영유권을 주장하는 센카쿠 열도 부근의 해양 조사와 감시는 더욱 활발해질 전망이다. 하이젠50호의 운항 속도는 최대 10노트(시속 약 33킬로미터)다. 최첨단 위성통신 장치를 갖추었고 헬기도 탑재한다. 전장 98미터이며 폭은 15미터다. 남중국해를 관할하는 남해 분국에는 배수량 3,000톤이 넘는 대형 해양조사선 '하이젠83호'가 2005년부터 배치돼 있다. 동중국해 배치는 하이젠50호가 처음인 것으로 알려졌다.

중국 외교부도 해양 권익 보호체제를 강화했다. 2009년 봄 국경 획정과 해양에 관한 외교정책을 입안 조정하는 '국경-해양사무국'을 신설했다. 마자오쉬 보도국장은 기자회견에서 사무국의 주요 임무는 '인접국과의 육상 국경 획정 및 합동조사 등의 관리 업무', '영토 지도 지명 등 대외 안건의 처리' 등이라고 밝혔다. "이들 기능은 원래 외교부 권한으로, 국경과 해양의 대국인 중국이 전문 조직을 만드는 것은 당연한 일"이라고 강조했다.

법률 정비도 진척되고 있다. 중국은 1992년 영해법을 제정하고 센카쿠 열도 등을 '중국령'으로 명기했다. 2009년 12월에는 낙도의 보호 개발을 규정한 '도서島嶼보호법'이 제정됐다. 중국에는 면적 500제곱미터 이상의 섬이 6,900여 개 있으며, 이 중 약 94퍼센트가 무인도다. 500제곱미터 미만의 섬은 1만 개 이상으로 침식으로 사라진 섬도 많다. 도서보호법은 '해양 권익 확보'가 목적이며, 국가에 의한 무인도 관리 및 낙도의 환경 보호가 핵심이다. 또 섬 주변의 배타적경제수역EEZ의 에너지 및 어업자원 확보를 목적으로 한다.

해양자원 개발과 관련된 대륙붕 연장문제를 놓고 중국 정부는 2009년 5월 유엔해양법 조약에 근거해 200해리(약 370킬로미터)를 넘어 펼쳐지는 대륙붕에 대한 권리를 촉구하는 문서를 유엔 대륙붕한계위원회CLSC에 제출했다. 당시 동중국해의 오키나와 해구海溝가 대륙붕의 경계선이라고 주장했었다. 중국은 유엔에 제출한 문서에 동중국해 해저 지형을 조사한 데이터를 첨부했고, "중국의 동중국해 대륙붕은 200해리를 넘어 자연적으로 연장돼 있다"고 주장했다. 구체적인 획정안은 해역 데이터를 추가로 수집한 뒤 '적절한 시기'에 제출하겠다고 밝혔다. 남중국해에 대해서는 "문서를 제출할 권리를 유보한다"며 주변국과의 마찰을 자제하는 모습을 보였다.

유엔해양법 조약은 대륙붕이 200해리를 넘어 이어져 있는 경우 200해리 외측에 대륙붕을 설정할 수 있다고 규정하고 있다. 해안을 마주 보며

200해리 선이 중복되는 국가 간 대륙붕 경계선 획정에 대해서는 해양법 조약에 구체적인 기준이 제시돼 있지 않다. 중국이 주장하는 '자연 연장론'은 1960년대 국제 판례에서 사용된 적은 있지만 최근에는 해안선 사이에 중간 선을 긋는 '등거리 원칙'이 정착돼 있다.

동중국해에서 중일 간 대륙붕 및 배타적경제수역 경계는 획정되지 않고 있으며, 일본은 양국의 해안선에서 등거리 중간선을 기준으로 삼을 것을 제안하고 있다. 중국과 일본이 대립하고 있기 때문에 유엔위원회가 중국의 신청을 인정하지는 않았지만 양국의 불씨로 남아 있다.

신형 함정이 총출동한 관함식

★* 　　중국 해군의 실태는 어떨까. 2009년 4월 23일 중국 해군은 창설 60주년을 맞았다. 당시 나는 산둥 성 칭다오 앞바다에서 중국군 함정에 타고 있었다. 중국 해군이 칭다오에서 개최한 국제 관함식에 일본 언론 대표로 취재할 기회를 얻은 덕분이었다. 내가 탄 함정은 후진타오 주석이 승선한 미사일 구축함 '스자좡石家莊'의 뒤를 따라 운항했는데, 관함식에 어떤 장비가 선보일지는 사전에 통보되지 않았다.

처음 등장한 것은 샤夏급 전략 핵잠수함 '창정長征6호'와 한漢급 핵 잠수함 '창정 3호' 등이었다. 샤급은 사정거리 2,150킬로미터의 수중발사 탄도미사일을 12발 탑재하며 일반 공개는 당시가 처음이었다. 디젤기관을 사용하는 재래식 잠수함도 2척 등장해 중국이 잠수함을 중시하고 있음을 보여주었다. 스자좡함은 2007년 취역한 구축함으로 러시아제 신형

미사일을 수직으로 발사할 수 있어 대공 방어 능력이 뛰어나다.

관함식에는 신형 함정이 많이 등장해 중국이 해군력 증강에 역점을 두고 첨단화를 추진하고 있음을 보여주었다. 2008년 최초로 도입한 병원선도 모습을 드러냈다.

관함식의 테마는 '조화和諧(허셰) 해양'이었고, 미국, 러시아, 인도 등 14개국의 군함이 참여했다. 대표단을 파견한 국가는 미국, 영국, 프랑스, 러시아, 북한 등 29개국이다. 관함식 전날인 22일에는 초대받은 외국 해군 수뇌 등에게 신형 잠수함 내부를 공개하며 투명성을 강조하기도 했다. 후진타오 주석은 관함식에 앞서 외국 해군 수뇌들과 회담하며 "영원히 패권을 주장하지 않으며 군비 확산과 군비 경쟁을 하지 않고 어떤 국가에도 군사적 위협이 되지 않을 것"이라고 강조했다.

관함식에서 함정들은 운항만 했으며 잠수하거나 실탄 사격을 하는 일은 없었다. 따라서 실제로 잠수함 등을 운용할 수 있는 능력을 키우려면 다소 시간이 필요할 것이란 인상을 받았다. 중국 국내용으로 대대적으로 선전됐지만 여전히 과제가 산적해 있다는 느낌이었다.

속속 진행되는 항공모함 건조

중국은 항공모함을 건조하고 있다. 상하이 조선소에서 일반형 항공모함 건조를 위한 초기 공정에 들어갔고 함재기 조종사 훈련도 실시하고 있다. 이들이 배치되면 동아시아 안보 환경에 영향을 주기 때문에 어떤 형태로 운용될지 관심이 모아진다.

| 표 14 | **중국의 군사력(총 병력 약 230만 명)**

육군 · 병력 약 160만 명

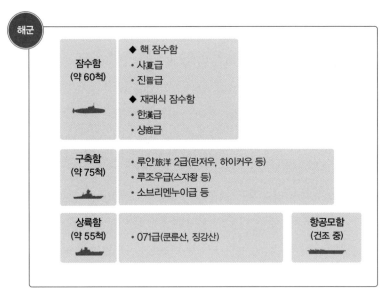

해군

잠수함
(약 60척)

◆ 핵 잠수함
· 샤夏급
· 진晋급
◆ 재래식 잠수함
· 한漢급
· 상商급

구축함
(약 75척)

· 루안旅洋 2급(란저우, 하이커우 등)
· 루조우급(스자좡 등)
· 소브리멘누이급 등

상륙함
(약 55척)

· 071급(쿤룬산, 징강산)

항공모함
(건조 중)

공군

전투기

◆ 제4세대
· 젠10: 배치 완료
◆ 제5세대
· 젠20: 개발 중

수송기

국산 대형기 개발 중

미사일

◆ 대륙간탄도미사일(ICBM)
· 둥펑東風 31A 등
◆ 내함탄도미사일(ASBM)
· 둥펑 21D 등
◆ 순항미사일
· 둥하이東海10 등

중국군은 1980년대부터 항공모함 도입을 검토했는데, 엄청난 비용과 첨단기술 확보 등 해결해야 할 문제가 많아 잠수함 증강에 무게를 두어 왔다. 해군에는 '항공모함파'와 '잠수함파'의 노선 대립이 있었는데, 결국 항공모함 건조 쪽으로 결정 났다.

량광례 국방부장은 2009년 3월, 중국을 방문한 하마다 야스카스浜田靖一 일본 방위상에게 "대국 중 항공모함을 보유하지 않은 나라는 중국뿐이다. 영원히 항공모함을 갖지 않을 수는 없을 것"이라고 말했다. 중국 정부가 최초로, 또 공식적으로 항공모함 건조 의지를 밝힌 것이었다. 량광례 국방부장은 또한 "중국은 넓은 해역을 갖고 있고 바다를 지켜야 할 막중한 책임이 있다. 그런데 중국 해군은 약하므로 발전해야 한다"고 강조했다. 한편으로 "다양한 요소를 고려해야 한다"고도 말했다.

미국 항공모함은 전투기 외에 적의 레이더나 통신을 방해하는 전자전기, 조기경보기 등을 탑재하고 다양한 임무를 수행할 수 있다. 그리고 구축함, 잠수함 등이 항공모함을 호위한다.

중국은 구소련에서 항공모함 '바랴크 함', '민스크 함', '키예프 함'을 도입했다. 국산화 연구에 이용한 것으로 보인다. 나는 중국 군인들과 만날 때마다 "국산 항공모함을 개발하는 것은 어리석은 일"이라고 말해왔다. 정밀한 대함 미사일이 개발된 현대전에서 항공모함은 공격에 쉽게 노출된다. 항공모함의 탑재기나 호위 구축함 건조를 고려할 때 비용 대비 효과 면에서 항공모함이 아니라 미사일이나 잠수함 증강에 인력과 예산을 투입하는 편이 낫다고 얘기한 것이다.

이에 대한 군인들의 답변은 두 가지로 집약됐다. 첫째는 비용 대비 효과를 생각하면 항공모함이 최적이 아니라는 사실을 그들도 알고 있다는 것이다. 둘째는 그래도 중국은 국산 항공모함을 보유해야 한다는 주장이 었다. 2008년 12월 황쉐핑黃雪平 국방부 보도관이 말했듯 중국에게 항공 모함은 '국력의 종합적 표현'이며 군사적 효용 외에 '대국'의 위신을 과 시하는 목적도 있다.

2010년 12월, 중국계 기업이 우크라이나에서 구입해 랴오닝 성 다롄 시에서 개수 작업을 벌여왔던 러시아 항공모함 '바랴크 함'의 내부 설비 가 완전히 복구됐음이 판명됐다. 함재기 조종사의 이착륙 훈련 등에 사용 되고 있는 것으로 알려졌다. 이에 대해 캐나다의 민간 군사연구기관 칸와 정보센터KWIC는 "국산 항공모함 건조 노하우를 획득하는 것이 목적"이 라고 분석했다.

바랴크 함은 구소련이 설계한 미완성 쿠즈네초프급 항공모함이다. 우 크라이나의 소유가 된 뒤 1998년 마카오의 민간회사가 해상 카지노용으 로 사들였고, 2002년부터 다롄 항에 계류돼 있다. 하지만 그 민간회사는 유령회사였던 것으로 알려졌다. 바랴크 항공모함은 2005년 중국 해군 고유의 색깔로 칠해졌고 2006년 비행갑판에 미끄럼 방지제를 칠했다.

중국이 최초로 건조하는 국산 항공모함은 핵이 아닌 디젤기관 등으로 추진력을 얻는 재래식 항공모함으로 보인다. 배치 장소로 검토하고 있는 곳은 남중국해를 관할하는 남해 함대다. 남중국해에 배치되면 대만과 전 쟁이 일어날 경우 대만의 남동부에서 공격 거점을 확보할 수 있게 된다. 서사군도나 남사군도에서 동남아 국가들과 영유권문제로 갈등을 빚고 있는 상황에서 항공모함의 존재는 큰 억지력이 된다.

복수의 항공모함 전단戰團이 확보되면 동중국해에도 배치될 것으로 보인다. 이 경우 일본은 센카쿠 열도 방어에 영향을 받게 된다. 항공자위대의 나하那覇기지에서 F15 전투기가 출격할 경우, 중국은 대륙 내부에서 항공모함 함대를 지원하는 전투기를 발진시킬 수 있다. 중국 공군이 센카쿠 열도 인근 해역에서 우위에 서고 중국군이 센카쿠 열도에 상륙해 실효지배를 선언할 경우 일본의 독자적 힘으로 이를 배제하기는 힘들다고, 중국 군 사정에 밝은 아베 준이치阿部純一는 보고 있다.[38]

하지만 실제 전투가 가능한 수준으로 항공모함 운용 능력을 끌어올리는 데에는 많은 시간이 걸릴 것으로 보인다. 항공모함이나 함재기에는 고도의 기술이 필요하고 조종사 양성도 과제가 된다. 항공모함 함대를 편성하는 구축함 등의 첨단화도 필요하다. 항공모함을 어떤 형태로 배치하고 운용하는가가 문제가 된다.

서방 군사소식통에 따르면 최근 수년간 중국의 신형 구축함 건조 작업은 정체를 보이고 있다고 한다. 조선소 입장에서 민간 함정을 건조하는 것이 더 많은 이익이 남기 때문이라는 것이다. 이에 따라 군함을 건조할 경우 군부가 보상금을 지급하고 있다.

중국군이 항공모함을 보유하더라도 구축함을 포함하는 항공모함 전단을 완성하는 데는 상당한 시간이 필요하다. 따라서 중국이 항공모함 건조를 통해 공격력을 어느 수준까지 향상시키고자 하는지는 불투명하다. 국위를 높이고 남중국해에 대한 억지력 향상을 노리고 있는 것은 분명하다. 본격적인 항공모함 투입은 검토하지 않고 있다는 분석도 나온다.

'중국의 하와이'가 해군 요충지로

★ 중국 해군이 기지 규모를 확장하고 있는 하이난 성 싼야三亞 시의 움직임을 주목해야 한다. '중국의 하와이'라 불리는 관광지 하이난 섬이 남중국해 등지로 진출을 노리는 해군의 요충지가 되고 있기 때문이다.

2011년 2월 5성급 호텔이 줄지어 서 있는 싼야 시 야룽亞龍 만의 해변 리조트를 방문했다. 리조트로 가는 곳곳에 '군사금구軍事禁區'란 글이 걸린 철조망과 펜스가 설치돼 있었다. 철조망 건너편에는 해군기지가 펼쳐져 있었다. 관광객이 접근하면 경비병이 이렇게 외쳐댄다.

"오지 마시오. 떨어지시오."

펜스 건너편 부두에 남중국해를 관할하는 남해함대 미사일 구축함 란저우蘭州 함과 하이커우海口 함이 정박해 있었다. 두 구축함은 고성능 레이더 및 수직 발사형 대공미사일을 탑재해 '중국판 이지스함'이라 불리기도 한다. 2008년 여름 이곳을 방문했을 때는 없던 대형 부두가 건설되고 있었다. 현지 주민에 따르면 미사일 구축함인 광저우廣州 함과 우한武漢 함도 이곳에 정박한다고 한다. 남해함대 주력 4척의 남중국해 출동 거점이 되고 있는 것이다. 야룽 만의 좀 더 안쪽은 장차 항공모함 함대의 모항이 될 전망이다.

싼야 시는 잠수함의 거점이기도 하다. 2008년에는 싼야 시 옆에 있는 위린榆林 만 기지에 사정거리 8,000킬로미터의 잠수함발사탄도미사일 SLBM을 탑재할 수 있는 진晉급 핵잠수함이 배치됐다. 발사 사실을 탐지하기 어려운 SLBM으로 미국 본토를 사정권에 두게 됐고 인도양 해상수송로 방어도 강화됐다.

┃ 중국의 하와이라 불리는 관광지 하이난 섬이 해군의 요충지가 되고 있다(하이난 섬 해군기지의 모습). ┃

　하이난 섬에서는 대만과 필리핀 사이를 통과해 태평양이나 말라카 해협을 거쳐 인도양으로 쉽게 나갈 수 있다. 남중국해의 해군 군사력도 강화된다. 칭다오 등 북부 기지에 비해 미국과 일본의 대잠수함 초계 능력이 높은 동중국해를 피할 수 있다.

　2010년 3월 싼야 시 중심부의 하구河口에 퇴역 상륙함을 개조한 '해상군사박물관'이 문을 열었다. 박물관에는 장차 중국 항공모함 함대를 상정한 항공모함과 구축함 하이커우 함과, 우한 함의 모형이 진열돼 있다. 항공모함에 대한 설명문에 각국의 보유대수를 표시해놓았다. 중국은 '현역 0, 퇴역 3, 건조 중 1'이라고 적어놓았다. '건조 중 1'이 상하이에서 건조 중인 국산 항공모함이며, 퇴역 3척은 관광용으로 러시아 등지에서 사들인 퇴역 항공모함을 말한다.

중국판 이지스함으로 불리는 미사일 구축함 란저우 함.

　이 박물관은 전시용으로 2011년 러시아의 퇴역 항공모함을 사들일 예정이었다. 그러나 리원커李文科 관장에 따르면 러시아와의 교섭은 '퇴역 항공모함이 없다'는 등의 이유로 좌절됐다. 다시 영국에서 수입하려 했지만 "사회주의 국가에게는 팔지 않는다"며 거절당했다. 퇴역 항공모함의 추가 수입 전망은 불투명하다.

최대 규모의 상륙함 진수

　2010년 11월 중국 인민해방군 최대 상륙함인 '징강산井岡山 함(배수량 1만 9,000톤)'이 상하이에서 진수됐다. 전장 210미터, 폭 28미터로 에어쿠션 함정과 헬기를 탑재할 수 있는 것으로 알려졌다. 상륙함은 병력과 물자 수송을 목적으로 하는 함정이며 다른 함선의 지원 없이 자

력으로 상륙할 수 있는 능력을 갖추고 있다. 대규모 부대를 먼 곳으로 파
견하는 전력투사戰力投射(파워 프로젝션) 능력을 향상시켜 장거리 상륙작
전 능력을 한층 높여주게 된다.

징강산 함의 배치 장소는 확실하지 않다. 대만과 만약의 사태가 발생
했을 경우의 상륙작전에 대비하고, 남중국해의 남사군도, 서사군도 등
중국이 영유권을 주장하는 도서에 대한 대처를 염두에 둔 듯하다. 재난
구조 및 유엔 평화유지활동PKO과 관련된 활용도 생각하고 있을 것이다.

'071'형이라 불리는 중국의 도크형 상륙함은 2006년에 진수한 쿤룬
산崑崙山 함(배수량 1만 7,600톤)이 1번 함이고 징강산 함은 2번 함이 된다.
징강산 함은 마오쩌둥이 혁명 근거지로 삼은 장시江西 성의 지명이다. 쿤
룬산은 해적에 대처하기 위해 소말리아에 파견돼 있으며 원양에서 장기
훈련을 하고 있다.

캐나다의 중국계 군사평론가 핑커푸平可夫는 해군 육전대 제1, 제42집
단군에 있는 기계화 보병사단이 중국과 일본이 갈등을 빚고 있는 섬의
쟁탈전에 투입될 가능성이 있다고 지적한다. 또 센카쿠 열도에서는 중국
과 일본 군대 중 먼저 상륙한 쪽이 우위를 확보할 수 있다는 견해를 피력
했다.[39]

원양기지 건설 구상

★★   세계 각지에 원양기지를 건설해야 한다는 의견이 중국 군부에
서 나오고 있다. 2009년 2월 다이쉬戴旭 공군 상교上校(중령과 대령 사이

계급)는 중국 신문 〈환구시보環球時報〉에 게재한 논문을 통해 "해적 대책을 맡고 있는 중국 해군과 중국 상선을 위해 보급 거점이 될 수 있는 원양 기지를 건설해야 한다"고 제안했다. 중국의 경제적 권익을 보호하기 위해 서아시아, 아프리카, 인도양 등에 거점을 만들자는 구상으로, 특히 자원이 풍부한 남중국해에 기지를 건설해야 한다고 주장했다.

중국은 인도 대륙의 남쪽 연안에 '진주 목걸이'로 불리는 항구 거점을 갖고 있다. 파키스탄의 과다르, 스리랑카의 함반토타, 방글라데시의 치타공, 미얀마의 시트웨 등으로, 항만 개발을 지원한 뒤 중국 해군이 이용할 수 있도록 했다. 다이쉬는 이 '진주 목걸이'를 세계로 확대하자고 제안한 것이다. 다만 국제사회의 반발을 감안해 '대형 군사시설은 필요 없다'고 밝혔다.

중국 해군은 2009년 1월부터 해적이 출몰하는 동아프리카 소말리아 해역에서 중국 상선을 호위하고 있다. 원양에서 작전 임무를 순조롭게 펼치며 실적을 쌓고 있다. 상선 보호와 해적 퇴치가 목적이지만, 원양 작전 수행 능력과 물자 보급 등 후방 지원 능력을 시험하며 대양 해군을 향한 능력을 키우고 있다.

방위를 넘어
세력권 확보로

핵, 미사일, 우주

:: 03

    근대화가 눈부시게 진행되는 중국 군부의 의도와 능력을 정확히 파악하기란 어렵다. 다만 해양 진출과 공군 전략 미사일 부대의 군비 증강 실태를 분석해보면 대만을 주 전장으로 하는 '방위'를 넘어 좀 더 광범위한 '세력권 확보'를 노리고 있음이 드러난다.

    공격력 향상은 공군에서 특히 현저하게 나타난다. 중국군은 1999년 '국토 방어형'에서 '공방攻防 겸비형'으로의 전환을 결정했다.[40] 자국산 전투기 '젠殲10'의 양산, 러시아 수호이27 전투기의 라이선스 생산 등 제4세대 전투기 383기를 늘리며 근대화를 추진하고 있다.[41]

중국의 국산 전투기 젠10.

　가장 주목할 것은 '제5세대 전투기'라 불리는 최신예 '젠20' 개발이
다. 중국에서는 전투기를 '섬격기殲擊機'라 부르며 전투기에는 '殲' 문자
가 부여된다. 젠20은 2011년 1월 시험기가 완성됐고 이후 시험 비행한
사실이 확인됐다. 중국 국방부 관유페이關友飛 외사판공실 부주임은 신
화통신을 통해, 젠20의 시험 비행은 어떤 국가나 특정 목표를 겨냥한 것
이 아니라고 밝혔다. 당시 발언은 최초로 젠20의 시험 비행을 공식 인정
한 것이었다. "국가주권, 안전, 영토 수호의 필요성과 세계의 새로운 군
사 변화 및 신형 무기 장비의 출현에 대처하기 위한 것"이라고 주장했다.
　제5세대 전투기는 적의 레이더에 잘 탐지되지 않는 스텔스 기능이 특
징이다. 현재까지 배치된 것은 미 공군 F22가 유일하다. 개발 중인 제5세

대 전투기는 미국의 F35와 러시아의 T50이다. 1990년대 후반 서방 군사 소식통 사이에서 중국이 제5세대 전투기를 개발하고 있다는 관측이 나왔고 '젠14' 등의 이름으로 불렸다. 제5세대 전투기는 레이더 및 스텔스 등 첨단 기술이 필요하다. 그래서 미 국방부 대변인 데이브 레이펀Dave Lapan은 2011년 1월 "중국은 제4세대 전투기의 엔진 개발에서조차 어려움을 겪고 있다. 하물며 제5세대 엔진이라면 더더욱 어려울 것"이라고 밝혔다. 실전 배치까지는 "10년 가까이 걸릴 것"이란 견해를 표명했다.

레이펀이 지적한 대로 중국은 전투기 기술 개발에는 여전히 많은 문제가 있는 것으로 보이지만 빠르면 2018년 무렵에 실전 배치될 전망이다. 로버트 게이츠 당시 미 국방장관은 2020년까지 50기, 2025년까지 200기 정도 배치될 것이라는 견해를 피력했다.

2011년 1월 11일 쓰촨四川 성 청두成都에서 젠20의 시험 비행이 실시되었는데, 중국을 방문한 게이츠 미 국방장관이 후진타오 주석과 회담하기 약 세 시간 전에 이루어졌다. 게이츠 장관은 회담에서 젠20 시험 비행에 대해 질문했다. 회담에 동석했던 미 국방부 고관에 따르면 후진타오 주석은 주위를 돌아보며 어리둥절해하는 표정을 지었다고 한다.

후진타오 주석의 '행동' 때문에 미국에서는 문민이자 중앙군사위원회 주석인 후진타오 주석에게 젠20 시험 비행 사실이 보고되지 않았으며, 군부가 실권을 장악하고 있다는 분석이 나왔다. 그러나 중국 군사과학학회 부사무국장인 러위안 소장은 나와의 인터뷰에서 "후진타오 국가주석은 군사위원회 주석이며, 그가 시험 비행 사실을 몰랐다는 것은 말이 안 된다. 군사위원회 위원을 맡고 있는 쉬치량許其亮 공군사령관은 군의 중요한 활동을 시찰할 때 반드시 군사위원회 주석에게 보고해야 한다"며 반론을 제기했다. 따라서 후진타오 주석은 단지 설명하기 싫어 모른 척했을 가능성이 있다.

군용수송기 개발

★★ 공격력 향상과 더불어 파워 프로젝션 능력 향상이라는 관점에서 대형 군용수송기, 공중조기경보통제기AWACS, 공중급유기의 개발과 배치도 주목된다.

대형 군용수송기는 중국의 대표적인 항공기 제작사인 중국항공공업집단이 제작하고 있다. 이륙 최대 중량은 200톤으로 알려져 있다. 중국이 대형 군용기를 개발하는 것은 이번이 처음이다. 개발 거점은 산시 성 시안西安 시이다. 배치 시기는 확실하지 않지만 2010년대 후반 이후가 될 것으로 보인다.

현재 중국이 보유하고 있는 대형 수송기는 러시아제 '일류신76'이 중심이다. 국산인 '운수運輸8'은 이륙 중량이 중형에 불과한 61톤이며, 일류신76(190톤)에 비해 수송 능력이 떨어진다. 중국이 개발하고 있는 수송기는 이륙 중량이 일류신76을 넘는 규모가 될 것이다.

대형 군용수송기를 배치하면 공정부대, 전차, 무장 헬기 등을 신속히 공수할 수 있게 되어 대규모 병력을 짧은 시간에 원거리까지 투입할 수 있게 된다. 수송기는 또 공중급유기 및 공중조기경보통제기 기체의 기본이 된다.

중국은 일류신76을 기초로 AWACS도 개발했다. 러시아에서 일류신 76을 추가 구입하는 방향으로 2005년부터 교섭을 벌이고 있는데, 동시 베리아에서 중국의 군사력 확대를 우려하는 러시아가 판매를 꺼려해 교섭은 진전되지 않고 있다. 중국은 군사기술 면에서 러시아에 대한 의존도를 낮추는 방향으로 군비를 강화하고 있다.

사이버전에 대한 대비

★* "21세기는 정보화의 세기이자 우주의 세기이기도 하다. 군사경쟁은 우주 영역으로 옮겨갈 것이다."

2009년 11월 1일 신화통신은 쉬치량 공군사령관의 말을 인용했다. 그는 우주전력 증강에 무게를 두겠다는 방침을 강조했다고 한다. 중국은 우주를 '제4차원 전장戰場'으로 규정하고 항공과 우주를 통합한 '공천空天일체' 전략을 내세우고 있다.

2007년 1월 중국은 탄도미사일 기술을 응용해 인공위성을 파괴하는 실험을 실시했다. 2008년 9월에는 유인우주선 '선저우神舟 7호'를 발사했고, 우주비행사가 최초로 선외船外 활동에 성공했다. 또 중국판 위성위치확인시스템GPS인 콘파스용 인공위성 '베이더우北斗'를 발사했다. 콘파스는 2012년 무렵부터 아시아 태평양 지역에서 가동에 들어갈 예정이다. 이들 개발은 모두 군부 고관이 전면에 나서서 지휘하고 있으며, 민간용으로 개발된 항공기술을 군사 목적으로 전용하고 있다.

사이버전에 대한 대비도 서두르고 있다. 중국군은 사이버 공간을 육군, 해군, 공군과 우주에 이은 '제5차원 전장'으로 규정하고 있다. 군사소식통에 따르면 전국 7개 군구軍區에 사이버전 전문부대인 '전자전단電子戰團'을 배치했다고 한다. 2010년 7월 베이징에서 인민해방군 참모부의 '정보보장情報保障 기지' 창설 대회가 열렸다. 이 기지의 구체적 임무는 불명확하지만 '사이버 사령부'란 분석이 나오고 있다.

점차 비중이 높아가는 핵 전력

★ 2009년 8월 6일 이른 아침, 이슬비가 내리는 가운데 원자바오 총리가 민가를 방문했다. 그가 만난 사람은 84세의 주광야朱光亞 박사로 원자폭탄, 수소폭탄, 인공위성 독자 개발 계획인 '양탄일성兩彈一星' 프로젝트의 공로자로 유명한 물리학자다.

"선생은 제 공부의 표본이었습니다. 국가와 인민은 선생의 위대한 공헌을 잊지 않을 것입니다."

원자바오 총리는 주광야 박사의 두 손을 잡고 머리를 숙였다.

총리는 이날 5명의 과학자를 만나기 위해 그들의 자택과 병원을 방문했다. 5명은 모두 중국의 발전에 크게 공헌한 과학자로, 건국 60주년을 앞두고 정부 차원에서 업적을 치하하기 위해 찾은 것이었다. 그가 가장 먼저 주광야 박사를 만난 것은 중국 60년 역사에 핵과 미사일 전력이 미친 의미를 강하게 말해준다.

중국은 소련의 '핵우산' 아래로 들어가는 선택을 할 수도 있었다. 그러나 마오쩌둥은 1955년 독자적인 핵개발을 지시했고 1964년 최초로 원폭

실험을 실시했다. '핵 클럽' 회원이 되면서 유엔 가입 등 중국의 국제적 지위는 높아졌다. 그렇기 때문에 더더욱 오바마 정부의 핵군축 제안에 반발하며 핵과 미사일 전력을 강화하고 있는 것이다.

2009년 1월 중국 인민해방군 제2포병(미사일 부대) 총책임자인 징즈위안靖志遠 사령관 등은 공산당 이론지 〈구시求是〉에 게재한 논문에서 "정보화 전쟁에서 승리하기 위해 핵무기와 통상미사일의 작전 능력 향상을 가속화할 것"이라고 밝혔다. 이는 탄도미사일 성능 향상과 신속한 실전 배치를 염두에 둔 발언으로 보인다.

중국군의 주력 탄도미사일은 '고정식' 액체연료 추진 방식을 채택하고 있다. 그러나 이는 정찰위성 등에 발사 징후가 쉽게 포착되기 때문에 차량으로 이동할 수 있는 고체연료 추진 방식의 신형 대륙간탄도미사일 ICBM을 개발하고 있다. 동시에 탄도미사일의 다탄두화 및 순항미사일 개발도 추진하고 있다. 신형 '진'급 핵잠수함에 탑재하는 사정거리 8,000킬로미터로 추정되는 탄도미사일과 관련해 미 국방부는 "빠르면 2010년 초 실전 배치에 들어갈 것"이라고 예측했으므로 조만간 실전 배치 사실이 확인될 것이다.

제2포병은 '하이테크 부대'이며, 이들의 위상은 육해공 3군과는 차원이 다르다. 이들은 군 전체의 과학기술을 발전시키는 역할도 맡고 있는 것으로 분석된다. 이에 따라 제2포병에는 우수한 인재가 대거 배치돼 있다. 〈구시〉에 실린 논문에 따르면 제2포병부대 간부의 78.2퍼센트가 대졸 이상이다. 이는 '과학기술 강군'을 건설한다는 전략이며 "역사적인 변화가 일어났다"고 〈구시〉는 평가했다.

2009년 10월 1일 베이징에서 열린 군사 퍼레이드에서 주목받은 것은 108기에 달하는 제2포병의 미사일이었다. 미국 대부분을 사정거리에 두는 신형 대륙간탄도미사일 '둥펑31A' 등도 최초로 공개됐다. 둥펑31A는 사정거리 1만 킬로미터로 추정되며 미국 동해안까지 도달할 수 있다. 이미 실전 배치된 것으로 알려졌고 다탄두화를 추진하고 있다. 순항미사일 '둥하이10'은 사정거리 1,500~2,000킬로미터로 일본 전역이 사정거리 내에 있다.

중국은 2010년 말 항공모함을 공격할 수 있는 '항모 킬러'란 별명의 대함탄도미사일ASBM '둥펑21D' 개발을 완료했다. 2011년 2월 중국 군사소식통은 중국 언론에 둥펑21D의 배치가 완료됐다고 밝혔다. ASBM은 잠수함과 더불어 미군의 중국 근해 접근을 막아주는, 중국의 '액세스 거부 능력'을 높이는 주력 장비가 된다.

대일 작전 능력도 강화하고 있다. 미 의회의 초당파 대중국 정책 자문 기관인 '미중 경제안전보장재고위원회'가 2010년 11월에 내놓은 〈2010년 연차보고서〉는 "중국은 현 단계에서 이미 동아시아에 있는 6개 주요 미군기지 중 5곳에 대한 미사일 공격 능력을 보유하고 있다"고 분석했다. 구체적으로 주일미군 사령부가 있는 요코다橫田(도쿄), 가데나嘉手納(오키나와), 미사와三澤(아오모리) 기지를 지목했다.

캐나다에 본부가 있는 군사전문지 〈한화방무평론漢和防務評論〉은 2010년 3월 중거리탄도미사일을 배치한 중국군 제2포병(미사일 부대)의 시설이 산둥 성 라이우萊蕪 시에 있다고 보도했다. 일본 대부분을 공격할 수 있는 사정거리 1,800킬로미터의 '둥펑21'이 배치된 것으로 추정했고 시설의 위성사진을 게재했다. 라이우 미사일 부대의 신설은 2005년 중국 중앙군사위원회의 결정에 따른 것이라고 한다. 〈한화방무평론〉은 이에 대해 "대만과의 분쟁에 대비해 주일 미군기지에 대한 공격력을 강화하려는 목적"이라고 분석했다.

파워 프로젝션 능력 향상

★* 　중국 육군은 세계 최대인 160만 병력을 자랑한다. 그러나 일본 자위대와 마찬가지로 방위력위 간소화 및 콤팩트화를 통해 기동력 강화에 나서고 있다. 최근 특히 주력하는 것이 대규모 부대를 짧은 시간 안에 원거리에 투입하는 전력투사(파워 프로젝션) 능력을 높이는 작전이다. 중국군은 '실전'에 대비해 운용 능력을 실험하고 있다.

중국군은 2009년 8월부터 9월에 걸쳐 전국 7대 군구 중 선양, 란저우, 지난, 광저우 등 4개 군구의 육군사단이 참가한 합동 군사훈련을 실시했다. 군구별 경계를 넘어 군구를 통합 편성한 대규모 훈련은 이때가 처음으로 약 5만 명이 동원됐다. 병력을 소속 군구에서 다른 군구로 이동시켰고, 이동에는 군용기뿐 아니라 민간 여객기와 고속전철인 '허셰和諧호'도 활용됐다. 2010년 10월에는 육군, 공군 약 3만 명 규모로 광역 군사훈련을 실시했다. 7대 군구 중 베이징, 란저우, 청두 등 3개 군구가 참가했다. 수송기와 무장 헬기 등을 이용해 3만 병력이 이동한 거리는 1만 킬로미터에 달했다.

중국은 2008년 5월 쓰촨 성에 대지진이 발생했을 때 13만 병력을 피해

지역에 파견했는데 항공 수송 능력이 부족하다는 비판을 받았다. 장거리를 이동하는 대규모 훈련은 부대를 원격지에 투입하는 기동성을 향상시킬 뿐 아니라, 탄약 및 연료 보급, 정비 등 후방 지원 능력을 높일 수 있는 기회가 된다.

인민해방군의 편재는 원래 11개 군구 체제였다. 그것이 병력 삭감 등을 거치면서 1985년 현재 7개 구역으로 줄었다. 군구 사령부는 관할구역의 육군은 물론 해군과 공군도 지휘한다. 중국군은 1980년대 후반부터 평시에는 군구별 지휘를 받고 유사시에는 복수의 군구를 통합 지휘하는 '전구戰區'를 편성했다. 예를 들어 대만 유사시에는 광저우 군구와 난징南京 군구를 통합한 '동남東南 전구'를 편성해 전구 지휘부가 작전을 지휘하는 것으로 알려져 있다. 1990년대 후반에는 군구제도를 폐지하는 방안도 검토됐는데, 대규모 훈련을 통해 군구의 운용 능력을 높이고 있는 중국군이 과연 군구 개편에 나설지 주목된다.

군사 외교의 전략성

미국의 지배권 견제

:: 04

중국은 합동 군사훈련 대상국을 늘려가고 있다. 우선 2002년 키르기스스탄과 반테러 합동 군사훈련을 시작했다. 중국, 러시아와 카자흐스탄, 키르기스스탄, 타지키스탄, 우즈베키스탄 등 중앙아시아 4개국이 가입한 상하이협력기구SCO를 통해서도 2003년부터 합동 군사훈련을 실시하고 있다. 러시아와는 2005년 초 합동 군사훈련을 실시했다. 2007년부터는 인도·태국, 2009년부터는 싱가포르·몽골과도 합동 군사훈련을 시작했다. 중국 국방부에 따르면 2002년 이후 2010년까지 합동 군사훈련을 실시한 국가는 20개국 이상으로, 횟수는 44회에 달한다.

합동 군사훈련 대상국을 늘려간다는 것은, 경제에 역점을 두었던 관계를 군사 협력 분야로까지 확대해 미국의 군사적 지배권을 견제한다는 의미가 담겨 있다. 중국의 군사 협력권이 확대되면 아시아의 안보 구도에 변화가 발생할 수 있다.

싱가포르와는 2009년 6월 중국 남부 광시廣西 치완족자치구 구이린桂林 시에서 첫 합동 군사훈련을 실시했다. 국제 테러 상황을 상정해 양측에서 각각 61명이 참가했다. 합동 군사훈련은 국제 테러 조직이 국제박람회에서 핵-생화학 무기로 공격해오고 양측 대對테러부대가 함께 긴급 출동한다는 시나리오로 전개됐다. 중국 국방부는 "훈련은 양국 군대 간 우호를 강화할 뿐 아니라 핵-생화학 무기에 대한 대처 능력을 높여준다"고 강조했다.

합동 군사훈련의 초기 단계에는 해군에 의한 통신 훈련 및 수색 구조 훈련이 있다. 이는 신뢰 양성을 목적으로 한 방어 교류의 일환이다. 이에 비해 육군의 합동 군사훈련은 방어 교류 단계를 넘어 안보 면에서 협력과 연대를 강화하는 단계로 격상됨을 의미한다.

중국은 군사훈련을 통해 싱가포르와의 관계는 물론 부대의 훈련 강도를 강화하려 했다. 말라카 해협 주변의 해상 수송로 확보도 염두에 두었던 것으로 알려졌다.

한편 중국군과 몽골군은 2009년 6~7월 평화유지활동을 목표로 첫 합동 군사훈련을 실시했다. 정전 감시, 피난민 보호, 인도적 구호활동 등이 핵심이었다. 중국군이 평화유지활동을 주제로 외국 군대와 합동 훈련을 한 것은 당시가 처음이었다.

2010년 12월에는 필리핀 참모총장이 중국을 방문해 군사 협력문제를 협의했다. 중국은 공식적으론 발표하지 않았지만 필리핀 언론에 따르면 병참 분야의 군수용품 판매 협정에 조인했을 가능성이 있다고 한다. 양국 간 최초의 군사 협력 협정으로 알려졌다.

필리핀은 미국의 동맹국으로, 중국과는 남중국해의 남사군도 영유권 문제로 대립하고 있다. 그러나 〈환구시보〉에 따르면 필리핀은 미국이 낡은 군사장비만 제공하는 것에 불만을 갖고 있으며 구입처 다변화를 모색하고 있다고 한다. 중국은 필리핀에 병참용 장비를 제공함으로써 군사 협력관계를 구축하고 미국의 동맹 구도에 대한 침투를 시도하고 있다.

이 신문은 중국 해군의 전문가 논평을 인용해 군수용품 판매를 통해 중국 해군이 필리핀 항구를 보급 거점으로 이용할 가능성이 있다고 보도했다. 유사한 협정을 아세안 회원국과 체결하는 방안도 검토하고 있다. 중국 정부는 11월 필리핀 군대에 불도저, 롤러 차량 등 2,500만 위안(약 42억 5,000만 원) 상당의 장비를 기증했다. 병참 정비를 담당하는 공병부대용 장비로 판단된다.

또 중국은 태국과 2010년 10월부터 11월까지 태국 중부 사타힙에서 첫 합동 군사훈련을 실시했다. 테러 상황을 가정해 양측에서 약 200여 명이 참가했다. 중국은 수륙 양용 작전을 주된 임무로 하는 해군 육전대를 파견했다. 중국 해군 육전대가 외국 군대와 합동 훈련을 실시한 것은 이때가 처음이었다. 중국은 태국과 2007년부터 육군 합동 훈련을 실시해왔는데 해군까지 확대한 것이다.

호주와도 2010년 9월 서해에서 첫 실탄 훈련을 실시했다. 양국 구축함은 통신 및 수색 구조 훈련을 한 뒤 해상에서 실탄을 발사했다. 호주는 중국과 방어 교류의 일환으로 훈련에 참가했다. 그러나 중국 국방부 황쉐핑 미주 및 대양주 국장은 "양국 해군의 실무적인 협력관계를 추진했다"고 말해 군사 협력 단계로 접어들었다는 인식을 밝혔다.

힐러리 클린턴 미 국무장관은 2011년 1월 강연에서 "미국에는 일본, 한국, 태국, 호주, 필리핀 등 강력한 동맹국이 있다"며 중국에 대한 포위망 구축에 자신감을 나타냈다. 미군은 해마다 동남아 최대 합동 군사훈련인 '코브라골드Cobra Gold'를 태국에서 실시하고 있다. 이런 상황에서 중국은 클린턴 장관이 언급한 동맹국 중 3개국의 이탈을 노리고 있는 것이다. 군사 세력권을 둘러싸고 미국과 중국 사이에 줄다리기가 치열해지고 있다.

나토에도 손을 내밀다

★ 중국은 북대서양조약기구NATO(나토) 가맹국에도 손짓을 하고 있다. 중국과 터키는 2010년 9~10월 터키에서 첫 공군 합동 훈련을 실시했다. 터키는 F4, 중국은 수호이27 전투기를 동원했다. 중국과 나토 가맹국의 공군 합동 군사훈련은 당시가 처음이었다. 그해 11월 터키에서는 최초의 육군 합동 훈련도 실시됐는데 약 일주일 일정으로 산악 훈련이 이뤄졌다.

중국은 터키에 군사적으로 접근함으로써 나토 및 미국 무기에 대한 정보를 얻으려 했을 것으로 분석돼, 합동 훈련에 대한 미국의 우려가 높아

지고 있다. 나토 가맹국을 분열시키려는 포석, 무기 수출국을 확대하려
는 계산이 깔려 있는 것으로 분석된다.

2010년 11월 5일부터 13일까지 윈난雲南 성 쿤밍昆明 시에서 루마니아
군과도 육군 합동 훈련을 실시했다. 루마니아 역시 나토 가맹국이며, 당
시 훈련은 2009년 9월 루마니아 현지 훈련에 이어 두 번째였다. 유럽과
의 육군 합동 훈련이 중국에서 열린 것도 처음이었다.

무기 수출로 결속되는 관계

★* 　　중국이 아시아 및 아프리카 등 개발도상국과 연대를 강화하는
유력한 수단은 무기 수출이다. 2010년 11월 광둥 성 주하이珠海 시에서
중국 국제항공우주박람회가 열렸다. 중국 공군은 신형 자국산 전투기
'젠10'을 공개했다. 이 박람회는 1996년부터 2년마다 한 번 열리고 있
는데, 8회 당시에는 중국 공군이 최초로 박람회 주최자로 나서 무인정
찰기와 방공 시스템 장비 등을 선보였다. 군부가 전면에 나서 군사기술
을 과시하고 개발도상국에 대한 무기 수출을 확대하려는 계산이 엿보
였다.

박람회의 백미는 기체 색깔을 청색으로 바꾼 젠10이 최초로 공개된 것
이었다. 중국 공군 소식통에 따르면 편대비행을 통해 "높은 숙련도를 보
여주었다"는 자체 평가가 있었다고 한다. 전투기 JH7A도 처음으로 공개
됐다. 파키스탄 공군은 중국과 공동으로 개발한 다용도 전투기 JF17(중국
명 샤오룽梟龍)을 박람회에서 처녀 비행했다. 전시품으로 JF17도 나왔다.

중국과 파키스탄이 공동 개발한 전투기 'JF17'. 설명을 맡은 파키스탄 공군 담당자가 흔쾌히 사진 촬영에 응해주었다(2010년 11월 16일).

설명을 맡았던 파키스탄 공군 담당자는 "다양한 작전에 대처할 수 있고 가격도 합리적"이라고 소개했다. 기상 관측을 목적으로 한 무인선도 전시됐다. 중국판 GPS를 소개하는 코너도 있었다.

개막식에는 장더장 부총리, 리펑 전 총리(전 전국인민대표대회 위원장), 중국 측 현역 군 최고지도자인 궈보슝郭伯雄 중앙군사위원회 부주석 등이 참석했다. 파키스탄, 방글라데시, 요르단, 이집트, 알제리 공군 간부도 참가해 중국 공군의 최고지도자인 쉬치량 사령관과 회담하며 군사 협력 강화 방안을 논의했다.

잠비아 등은 젠10 구매에 관심을 보였다. JF17은 이란, 나이지리아 등에 수출될 것으로 예상된다. 서방과 인권 및 핵문제로 갈등을 빚고 있는 개발도상국에 대해 가격과 성능 양면에서 '합리적인' 중국의 무기를 판매하며 연대 강화를 노리고 있다.

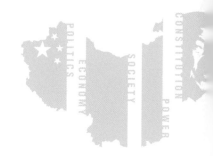

계속 늘어나는
국방비

군권 장악과 낮은 투명성

05::

　중국의 2011년 예산에서 국방비는 전년 대비 12.7퍼센트 늘어난 약 6,011억 위안(약 102조 원)에 달했다. 2010년에는 7.5퍼센트 증가해 22년 만에 한 자리 수 증가에 그쳤지만 2년 만에 다시 두 자리 수로 증가한 것이다. 연구개발비 등을 포함한 실제 국방 예산은 더 많을 것으로 보인다. 하지만 공개적으로 발표한 액수로도 이미 2007년 시점에서 일본을 제쳤고 미국에 이어 세계 2위를 유지하고 있다.

　중국이 발표한 2011년 국방 예산 증가율은 2010년에 실제로 지출한 실적액과 비교한 것이다. 2010년 당초 예산과 비교하면 증가율은 13퍼센트로, 2010년을 제외하고 1990년대 이후 계속 두 자리 수 증가를 기록하고 있다. 연구개발비 등을 포함한 실제 국방비는 더 많을 것이다. 미 국방부는 중국의 실제 국방비를 발표액의 2~3배로 추정하고 있다.

국방비 증가는 군인 월급 인상 때문

★* 　　중국의 국방비 증가와 관련해 중요한 것은 장비 증강에 사용되는 예산의 비율이다. 중국의 2010년 〈국방백서〉에 따르면 국방비는 ① 급여, 복리 등 병사의 생활비 ②훈련 유지비 ③장비 등 세 가지로 나뉘며, 각각 3분의 1을 차지한다. 중국 언론에 따르면 중국군은 2010년 후반부터 2011년에 걸쳐 병사의 급여를 5~40퍼센트 인상했다. 따라서 군인 처우개선비 증가가 국방비 증가에 막대한 영향을 미치고 있다는 발표는 사실로 보인다.

2000~2010년 후반은 특히 인건비 개선에 역점을 두었다. 중국 영관급 간부에 따르면 2007년 약 1,500위안(약 25만 5,000원)이던 월급이 4년 뒤인 2010년에는 약 6,000위안(약 102만 원)으로 4배가 됐다고 한다. 이는 같은 또래의 공무원보다 높은 수준이다. 군인 급여 인상은 후진타오 중앙군사위원회 주석의 군권 장악 수단이기도 하다. 급여 인상이 일단락되면 장비 증강에 더 많이 투자할 것으로 보인다.

문제는 세 번째 '장비비'의 내용이다. 〈국방백서〉는 장비비를 '무기장비 연구, 실험, 조달, 유지수리, 수송, 보관 등의 경비'라고 설명한다. 그러나 국산 항공모함 건조비, 2011년 1월에 시험 비행한 제5세대 최신예

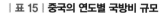
| 표 15 | 중국의 연도별 국방비 규모

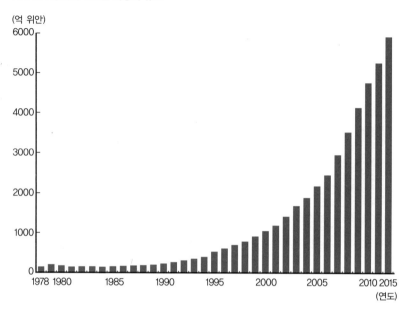

스텔스 전투기 '젠20' 등의 개발비 일부는 국방비와는 다른 항목으로 처리되고 있는 것으로 보인다. 연구개발비 등을 다른 지출 항목으로 분산하고 있는 것이다. 이러한 투명성 결여가 중국군의 의도와 능력을 의심하고 경계심을 높이는 원인이 되고 있다.

미국과 유럽은 감소, 아시아는 증가

★★   일본의 중기방위력 정비 계획(2011~2015년) 총액은 23조 4,900억 엔(약 352조 3,500억 원)으로 전회(2005~2010년)보다 7,500억 엔 줄었

다. 재정난으로 족쇄가 채워진 일본은 중국과는 반대로 마이너스 국방 예산이 불가피하다.

일본이 중국을 염두에 두고 방위력을 정비하려 해도 태평양으로까지 활동 범위를 확대하는 중국의 군비 증강 속도를 따라잡기는 힘들다. 중국이 해마다 10퍼센트씩 국방 예산을 확대하면 2014년 무렵에는 일본의 2배 이상, 2018년에는 3배 이상이 된다는 계산이 나온다. 결국 군사적 균형은 무너진다.

국방 예산 규모에서 압도적 1위를 유지하고 있는 미국은 향후 5년간 780억 달러를 삭감할 방침이다. 최신예 전투기 F35, 차세대 수륙 양용 전차, 육군의 신형 지대공 미사일 시스템 등 막대한 비용이 드는 첨단 무기의 '개발 속도'를 늦추는 방식으로 예산을 삭감한다. 미국의 2011 회계 연도(2011년 10월~2012년 9월) 국방비와 대테러비를 합한 국방 관련 예산은 전년 대비 5퍼센트 줄어 2001년 9·11 테러 이후 처음으로 감소했다. 금융위기의 영향으로 영국, 프랑스, 독일 등 유럽 주요 국가들도 재정 문제 때문에 국방비를 줄이고 있다.

반면 아시아에서는 일본을 제외한 각국이 경제 발전 덕에 국방비를 늘리고 있다. 인도는 2011년도 예산안에서 국방비를 전년 대비 11.6퍼센트 늘렸다. 중국의 군비 증강은 아시아의 군비 확장을 촉발해 군비 경쟁 양상을 띠고 있다. 자원과 관련된 해양 영유권 분쟁을 계기로 군비 경쟁, 특히 해군력 및 공군력의 증강이 두드러진다. 아시아에서 국가 간 신뢰는 진전되고 있지만 군비 확장을 막을 실마리는 찾지 못하고 있다.

스웨덴의 싱크탱크인 스톡홀름국제평화연구소SIPRI는 2009년 3월 군비 경쟁에 경종을 울리는 보고서를 발표했다. 보고서에 따르면 동남아에서 2005년에서 2009년까지 5년간 재래식 무기 수입이 2000년에서 2004년까지 5년에 비해 말레이시아는 8배 이상, 싱가포르는 2배 이상, 인도네시아는 84퍼센트 증가로 나타났다.

동남아시아가 주로 수입하는 군 장비는 해군, 공군에 집중돼 있다. 항속거리가 긴 신형 전투기가 공통된 구매 목록이다. 베트남, 인도네시아, 말레이시아는 러시아의 수호이30을 구매하기로 했고 싱가포르는 미국과 F15 구매 계약을 체결했다. 잠수함이 없던 말레이시아는 프랑스와 스페인이 공동 개발한 잠수함을 취역시켰다. 인도네시아와 베트남은 러시아제 킬로급 잠수함을 배치할 계획이다.

동남아시아의 해군력 증강은 대양 해군을 추구하기 위한 것이다. 자원문제로 남중국해에서 중국과 갈등을 빚으면서 해군력을 강화할 수밖에 없는 상황이다. 지금까지 러시아에 대한 의존도를 낮춰왔던 인도는 이제 거꾸로 러시아와 군사 협력을 강화하려 한다. 러시아는 항공모함 고르시코프 함(4만 5,000톤)을 2012년 말까지 인도에 넘겨주며, 인도는 미그29 전투기 29기를 약 15억 달러에 구입한다. 한국은 2012년까지 AWACS 4기를 도입할 계획이다.

아시아의 군비 확장 배경에는 재정적인 이유도 있다. 1990년 후반 아시아 금융위기로 각국은 국방 예산을 삭감할 수밖에 없었지만 2008년 리먼브라더스 쇼크에 기인한 금융위기에는 큰 타격을 받지 않아 미국, 유럽과 상황이 역전됐다.

스톡홀름국제평화연구소에 따르면 2009년 세계 국방비 중 북미와 유

럽이 차지하는 비율은 70퍼센트, 아시아는 17퍼센트였다. 미국이 전체
의 43퍼센트로 압도적 우위를 점하는 구도에는 변화가 없지만 아시아는
물론 재정 면에서 여유가 있는 자원부국과 개발도상국의 국방 예산 증액
이 뚜렷했다.

시진핑 시대에도 중국의 국방비는 계속 늘어날 것으로 전망된다. 재정
적인 여유와 더불어 시진핑이 군권을 장악하기 위해 군부를 배려할 것으
로 예상되기 때문이다. 중국의 GDP에서 국방비가 차지하는 비율은 1.4
퍼센트다. 리자오싱李肇星 전 외교부장은 "미국은 4퍼센트를 넘고 있으
니 중국은 비교적 적은 것"이라고 말한 적이 있다. 중국 국방대학의 국
방경제연구센터 주임인 장루밍姜魯鳴 교수는 국방 예산은 GDP의 2.6에
서 2.8퍼센트 규모가 적절하다고 주장한다. 1960년 중국의 국방비는 일
본의 4배, 인도의 5배였다. 따라서 중국은 낮은 수준으로 억제해왔던 지
난 시절의 예산을 만회하고 싶어 한다는 분석도 있다.[42]

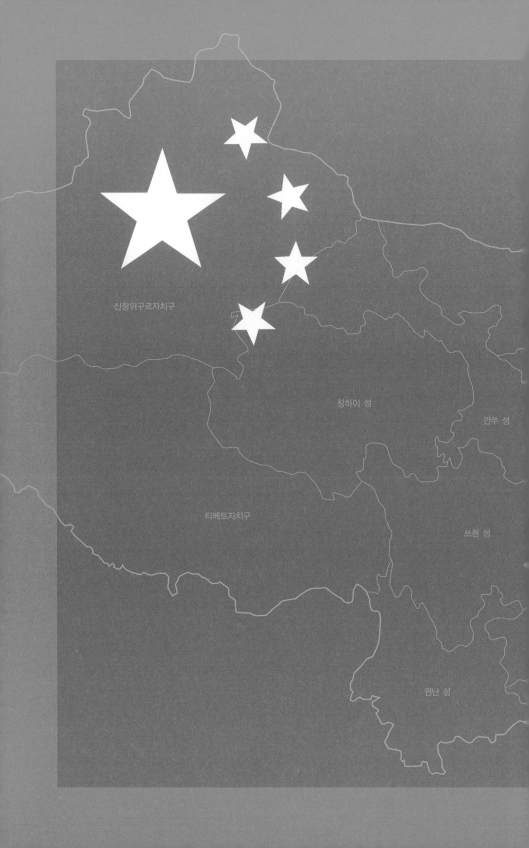

헤이룽장 성

지린 성

라오닝 성

네이멍구자치구

허베이 성

산시 성

산둥

허난 성

성

안후이

후베이 성

후난 성

장시 성

푸젠 성

시장족자치구

광둥 성

하이난 성

6장

세계 전략과
중국의 속내

외교 경향과 대책

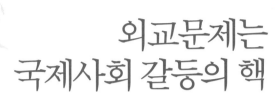

외교문제는
국제사회 갈등의 핵

중국 어선 충돌 사건

:: 01

2010년 9월 오키나와 인근 센카쿠 열도(댜오위다오)에서 일본 해상보안청 순시선과 중국 어선이 충돌했다. 이 사건을 계기로 과거 4년간 양호했던 중일관계가 긴장 국면으로 돌아섰다. 사건의 전말을 살펴보면 중국의 반일감정은 여전히 뿌리 깊고 일본과의 관계가 중국 내 정국의 불씨가 될 수밖에 없음을 알 수 있다.

9월 7일 오전 10시 15분쯤 센카쿠 열도 구바지마久場島 섬 북북서 약 12킬로미터 해상에서 중국 저인망 어선 '민진위閩晋漁 5179호'가 갑자기 속도를 올리며 다가와 일본 해상보안청의 순시선인 '요나쿠니' 호의

좌현 선미를 받았다. 일본 해상보안청은 불법 조업 중인 중국 어선에 대해 퇴거를 지시하고 있었다.

"배와 충돌했다. 상대가 다가와서 부딪혔다."

급박한 사태를 선원들에게 전하는 순시선의 함내 방송은 중일관계를 흔드는 사건의 서막이 올랐음을 알렸다.

중국 어선은 충돌 뒤에도 계속 항해했고, 구바지마 섬 북서 약 15킬로미터 지점에서 다시 일본 해상보안청의 순시선 '미즈키' 호를 향해 돌진했다. '정선' 명령에도 불구하고 순시선에 의도적으로 충돌한 것이다. 일본 해상보안청은 오후 1시쯤 정선한 중국 어선에 올라가 조사를 시작했고, 다음 날인 8일 새벽 2시 조금 넘어 중국 선장을 공무집행 방해 혐의로 체포했다.

사건 직후 중국은 일체 대응을 자제하는 모습이었다. 사건 당일인 7일 쑹타오宋濤 외교부 부부장이 베이징 주재 일본 대사 니와 우이치로丹羽宇一郎를 불렀다. 중국 외교부는 "니와 대사와 면담하고 엄중히 요청했다"고 발표했다. 당시만 해도 중국 외교부는 중일관계를 감안해 사건이 확대되는 것을 막으려는 분위기였다.

그러나 다음 날인 8일 돌연 강경 자세로 돌아섰다. 후정웨胡正躍 외교부 조리(차관보)가 "니와 대사를 불러 강력히 항의했다"고 발표한 것이다. 서서히 분위기가 강경 대처로 흘러가고 있었다. 10일에는 양제츠 외교부장이 직접 니와 대사를 불렀고, 자국 선장을 석방하라는 요구에는 '무조건'이란 표현이 붙었다. 시위도 이어졌다. 8일 센카쿠 열도의 중국 영유를 주장하는 '중국민간 댜오위다오 보호연합회中國民間保釣連合會'

회원이 베이징의 일본 대사관 앞에서 항의시위를 벌였고, 동중국해 가스전田 개발을 둘러싼 2008년의 중국-일본 합의 파기를 요구했다.

중국 공산당 중앙은 사건 직후 외교부에 중국인 선장의 석방과 일본에 대한 항의를 지시했다. 8일에는 외교부, 당 중앙 선전부, 교육부 등 관련 부처가 긴급회의를 열어 대응체제를 구축했다. '중일관계 유지'와 '국내 안정'을 목표로 삼고 ①민간 시위대의 센카쿠 열도로의 출항 저지 ②대규모 반일 항의 행동 제지 ③인터넷, 휴대전화에 대한 감시 강화 등을 결정했다.

중국민간 댜오위다오 보호연합회는 8일의 반일 항의시위에 이어 센카쿠 열도에 상륙할 것을 촉구하는 문서를 발표했다. 하지만 중국 당국의 지시로 철회할 수밖에 없었다. 상황을 파악하기 위해 전화한 내게 푸젠 성 아모이 시 항구에서 출항을 준비하고 있던 중국인 시위대는 주위에 경찰의 감시가 삼엄하다며 작은 목소리로 이렇게 말해주었다.

"댜오위다오로 출항하려고 배까지 준비했는데 당국의 강력한 압력 때문에 움직이지 못하고 있다."

중국 공산당은 9일 정치국 상무위원회를 소집한 것으로 알려졌는데, 이때 대일정책도 논의된 것으로 보인다. 군부와 보수파의 강경 발언이 이어지면서 후진타오 지도부도 더 이상 '약한 모습'을 보일 수 없게 됐다. 유화적인 대일정책을 표명하면 중국 정계에서 궁지에 몰리기 쉬워 모두들 꺼려한다. 중국 어선 충돌 사건은 외교부 차원을 넘어 고도의 판단과 조정이 필요한 정치 사안으로 변질됐다.

농업부는 어업 감시선을 센카쿠 열도에 파견했고, 9일 한밤중에 센카쿠 주변 일본 영해로 접근했다. 상황을 지켜보던 일본 외무성에는 "이대로 놔두면 중국 감시선이 센카쿠 열도 주변의 일본 영해 안으로 들어오게 된다"는 긴장감이 흘렀다.

10일 새벽 2시 베이징 일본 대사관의 와다 미쓰히로和田充廣 공사(정치담당)가 중국 외교부 간부에게 전화를 걸어 일본 영해에 진입하지 말라고 항의했다. 감시선은 항로를 변경해 영해에 들어가진 않았지만 재차 영해로 진입할 자세를 취했다. 10일, 현지의 이시가키石垣 간이재판소는 중국인 선장에 대한 10일간의 구금을 허락했다. 그러자 중국 외교부는 11일 새벽, 9월 중순으로 잡혀 있던 동중국해 가스전 개발을 둘러싼 중일 조약 체결 교섭을 연기한다고 발표했다.

장위 중국 외교부 대변인은 담화에서 "일본이 멋대로 행동한다면 반드시 자업자득하게 될 것"이라고 경고했다. 야스쿠니 신사 참배를 둘러싼 주술呪術에서 풀려난 2006년 가을 이후, 중일관계에서는 드물었던 일본을 비난하는 표현이 사용되기 시작했다.

계획된 공격이었나

★* 어선 충돌 사건이 발생했을 때 초점은 과연 중국 어선이 중일관계 악화를 노리고 의도적으로 일본 해상보안청 순시선에 충돌했는지, 또 중일관계를 악화시키려는 중국 정계의 세력이 사건의 배후에 있었는지 여부였다.

중국 어선이 매우 공격적으로 충돌한 것을 두고 선장과 승무원이 순수한 어민이 아니라 평상시에는 어업에 종사하다가 비상시에 군사 임무를 수행하는 무장조직인 '해상 민병'이 아니냐는 의문이 제기됐다. 해상 민병은 해군의 '조수' 역할을 하며, 2009년 3월 남중국해에서 미 해군 조사함 방해사건을 일으킨 중국 어선도 해상 민병이었을 가능성이 높은 것으로 알려졌다.

그러나 센카쿠 열도 충돌 사건을 일으킨 중국 어선은 해상 민병은 아니라는 견해가 많다. 우선 선장이 만취 상태였다는 점에서 그렇다. 또 중국의 사후 조치를 보면 우발적 사건임을 알 수 있다. 중국인 선장은 일본에서 풀려난 뒤 거주지인 푸젠 성 취안저우泉州 시로부터 '도덕모범' 표창을 받았다. 도덕모범 표창은 '맡은 업무에 정진하고 봉사한' 사람에게 주어지는 것으로, 133만여 명의 투표를 통해 결정됐다고 한다. 만약 선장이 군부나 정부의 지시를 받아 충돌 사건을 일으켰다면 그의 공적은 좀 더 높은 평가를 받아야 하며 도덕모범 표창에 그치지는 않았을 것이다.

1978년 4월, 센카쿠 열도에 중국 어선 약 200척이 집결했고 그중 수십 척이 일본 영해를 침범한 사건이 발생했다. 당시 사건에는 반일세력의 정치적 의도가 깔려 있었다. 어선에 지시를 내린 곳은 산둥 성 옌타이 시에 있는 인민해방군 해군 기지와 푸젠 성 아모이 시의 군항 두 곳이었다. 중일 평화우호조약 체결을 눈앞에 두고 이에 반대하는 세력이 사건을 준비했던 것으로 알려져 있다.

중국 어선의 일본 영해 침범 사건 직전 일본 자민당 아시아문제연구소는 중일 평화우호조약 체결의 조건으로 '일본의 센카쿠 열도 영유권을 중국이 인정하도록 할 것' 등 두 가지 요구 사항을 일본 정부에 제출했는데, 영해 침범은 이에 대항하는 조치였다. 어선은 경기관총으로 무장하고 있었고 사실상 해상 민병임이 확인되었다.[43]

2010년 어선 충돌 사건에 대해 일본에서는 "미일 동맹이 흔들린다고 판단한 중국이 사건을 일으켰다"는 분석이 나왔다. 하지만 중국 외교부 간부는 단호히 그런 시각을 부정했고, 중국 내 반일 세력이 주도하거나 중국 당국이 주도적으로 사주한 흔적은 발견되지 않았다. 실제 중국군은 사건 발발 한 달이 지나도록 아무런 움직임도 보이지 않았다. 충돌 사건을 담당했던 어업 감시선은 농업부 소속이며, 농업부는 해군과 관할권문제로 갈등이 심해 두 기관 간의 연대는 없었던 것으로 보인다.

10월 15일부터 19일까지 예정됐던 일본 해상자위대 훈련함의 칭다오 항 기항에 대해 중국 국방부는 방문 직전에야 연기를 통보했다. "일본이 중국 어민을 불법으로 구속했고 중일관계를 현저히 손상시켰다"는 것이 이유였다. 하지만 중국인 선장 구속이 연기의 이유라면 좀 더 빠른 시점에 통보하는 것이 자연스럽다. 즉 일본 자위대 훈련함이 칭다오 항에 기항하기 직전에 자위대 함정이 온다는 사실을 알게 된 공산당 지도부가 중지를 지시했을 가능성이 크다. 행사를 준비해왔던 중국 해군 담당자들은 행사가 직전에 취소되자 당황했다고 한다.

영토 방위는 중국군의 기본 책무이지만 충돌 사건 뒤에도 센카쿠 열도 주변에 대한 경비는 농업부의 어업 감시선이 주체였고, 군부가 감시 태세를 강화하는 모습은 보이지 않았다. 이는 '군부=대일 강경파'라는 단순한 도식이 항상 맞는 것은 아님을 보여준다.

중국의 공식 영유권 제기는 1971년

★* 　　센카쿠 열도의 역사를 살펴보자. 일본은 1885년 이후 현지 조사를 통해 센카쿠 열도가 "무인도이며 청나라의 지배 아래 있지도 않다"고 확인했다. 1895년 각의 결정으로 센카쿠를 정식으로 영토로 편입했다. 당시 일본의 결정에 대해 중국은 항의하지 않았다.

1951년 샌프란시스코 강화조약에서 센카쿠 열도는 오키나와의 일부로서 미국의 관할 아래 들어갔고, 오키나와 반환 협정에 따라 1972년 일본으로 돌아왔다. 중국과 대만이 센카쿠 열도 영유권을 공식적으로 주장하기 시작한 것은 유엔 조사에서 센카쿠 열도 주변 해역에 석유가 매장돼 있을 가능성이 제기된 1971년이다.

덩샤오핑은 1978년 8월 10일 중국을 방문한 소노다 스나오園田直 외상과의 회담에서 센카쿠 열도 영유권문제에 대해 "지금까지처럼 10년이건 20년이건 100년이건 방치해둬도 좋다"고 말했다. 덩샤오핑은 그해 10월 일본을 방문했을 때에도 "우리 세대는 아직 지혜가 부족하다. 다음 세대에서는 우리도 현명해질 것이다. 서로 장래에 해결을 맡기면 된다"고 기자회견에서 말했다.

일본은 "센카쿠 열도와 관련된 영토문제는 존재하지 않는다는 입장이기 때문에 중국이 자신들의 영토라고 주장하지 않는 한 문제는 없다"고 판단했었다. 그래서 굳이 덩샤오핑의 발언에 반론을 제기하지 않은 것이다.44 그러나 당시 일본의 '무반응'으로 인해 중국은 "(일본도 센카쿠 영유권에 문제가 있음을 시인했다. 다만) 영유권문제 해결은 연기하기로 합의했다"고 해석할 수 있는 여지가 발생했다.

중국은 1992년 센카쿠 열도를 자국령으로 명기한 영해법을 제정했다. 이에 대해 일본 정부는 "인정할 수 없다"며 항의했지만 항의 표명 수위가 약했다는 지적이 있다.

중국이 센카쿠 열도의 영유권과 관련해 제기하는 '연기론'에 대해 일본 정부는 "(연기) 약속은 존재하지 않는다"는 입장이지만, 중국은 2010년 10월 "연기론은 일본 각계의 공감을 불러일으켰다. 역사적 사실을 부인하는 것은 의미가 없을 뿐 아니라 양국의 관계 개선에도 무익하다"고 마자오쉬 중국 외교부 보도국장은 반박했다.

중국에서는 일본이 주장하는 역사적 근거가 언론을 통해 전달되지 않으며, 중국 지식인들도 '연기론'을 당연한 것으로 인식하고 있다.

심야의 응수

★* 센카쿠 열도에서 있었던 중국 어선 충돌 사건으로 돌아가보자. 2010년 9월 12일 새벽 0시 베이징의 중국 외교부. 외교정책을 총괄하는 다이빙궈 국무위원이 니와 우이치로 주중 일본 대사를 불렀다. 새벽 시간대에 부총리급 국무위원이 대사를 부르는 것은 극히 이례적이다.

"이런 시간에 불러 미안하지만 급히 할 얘기가 있다."

처음에는 이렇게 정중하게 시작했다고 한다. 니와 대사는 평상시라면 잠자리에 있을 시간이었다. 니와 대사는 다이빙궈가 센카쿠 열도문제에 관한 일본의 원칙적 입장을 잘 알고 있으리라고 생각해 이렇게 말을 꺼냈다.

"일본의 입장은 지금까지 말해온 것과 같으며……."

그러자 다이빙궈가 "댜오위다오는 중국 고유의 영토로서……" 하고 연설을 시작했다.

선수를 빼앗긴 니와 대사는 "그렇다면 일본 측 입장도 말하겠다. 센카쿠 열도는 오래전부터 일본의 고유 영토로서……."

두 사람 모두 자국을 의식한 원칙론적 응수를 이어갔다.

중국이 처음 니와 일본 대사에게 회담을 요청한 것은 11일 저녁이었다.

"오늘 밤 다이빙궈 국무위원과 회담이 있습니다. 시간은 다시 알려드리겠습니다"라는 연락을 받고 니와 대사는 저녁 9시까지 대사관에 남아 있었지만 연락이 오지 않자 관저로 퇴근했다. 그로부터 30분 뒤인 저녁 9시 30분쯤 "새벽 0시에 외교부에서 만나자"는 연락이 온 것이다.

일본 외무성에서는 "새벽의 호출은 예의가 아니므로 거절해야 한다"는 의견도 나왔다. 사사에 겐이치로佐々江賢一郎 외무차관 등이 니와 대사에게 전화를 걸어 설득했지만 니와 대사는 "외교 루트가 단절돼서는 안 된다"며 회담에 응했다.

중국은 후일 "일본 측에 오후 8시에 하자고 제안했지만 니와 대사가 회식 중이어서 시간이 맞지 않았다"고 설명했다. 물론 일본은 부인하고 있다. 매일 밤 술을 즐기는 니와 대사가 그날은 술도 마시지 않은 채 기다렸다는 것이다.

중국 정부 당국자에 따르면 11일 저녁 회담을 요청한 뒤부터 '새벽 0시'라고 회담 시간을 통보한 오후 9시 30분까지 중국 최고지도부는 일본 정세를 분석하며 대응책을 세웠다고 한다. 그래서 회담 시간이 새벽 0시로 늦어졌다는 설명이다. 다이빙궈 국무위원이 니와 대사에게 전할 내용을 최종 결정하려면 후진타오 국가주석, 원자바오 총리를 포함한 고위층의 결재가 필요했기에 통보 시간이 늦어졌던 것으로 보인다.

일본에서는 청융화程永華 주일 중국대사가 오카다 가쓰야岡田克也 외상과 회담하려 했지만 오카다 외상은 계속 거부했다. 회담을 거부한 이유는 '센카쿠 열도를 외교문제로 삼지 않는다'는 원칙론을 지키기 위해서였다. 결과적으로 중일 공식 외교 루트는 니와 주중대사와 중국 외교부 간부의 '베이징 루트'로 좁혀지게 됐다.

이토추상사伊藤忠商事 회장을 지낸 니와 대사는 민주당 정권의 '정치적 인사'를 통해 중국 대사가 됐고 7월 말에 막 부임했다. 니와 대사는 열정적으로 일했지만 기업인 출신 대사에게 안보 및 주권 분야는 생소하고 미숙했다.

당시 개각을 단행했던 간 나오토 정권도 외교 전략을 제대로 검토하지 못했고, 아무도 센카쿠 열도 사태를 예견하지 못한 상태에서 양국의 대립은 격화됐다.

반일시위 제1탄

★* 2010년 9월 18일은 만주전쟁의 발단이 된 류타오후柳條湖 사건 (1931년 일본 관동군이 만주 침략을 위해 벌인 자작극으로 류타오후 만주 철도 폭파 사건을 말한다—옮긴이) 79주년을 맞는 날이었다. 베이징 일본 대사관 앞에는 수십 명이 모여 약 30분간 "댜오위다오에서 나가라"고 외치

며 시위를 벌였다. 상하이와 랴오닝 성 선양 시의 일본 총영사관 앞에서
도 수십 명이 항의시위를 벌였다.

베이징의 시위대는 일본 대사관에서 약 1.5킬로미터 떨어진 중국 외교
부 앞에 도착해서는 "중국 외교부는 강경하게 나가라", "매국노를 타도
하라"고 외쳤다. 외교부에는 만약의 사태에 대비해 무장경찰 10여 명이
대기하고 있었다.

중국 당국은 항의 행동을 조직화하려는 반일단체 간부를 철저히 격리
했다. 9월 8일 베이징 일본 대사관 앞에서 벌어진 항의시위는 중국민간
댜오위다오 보호연합회가 준비했지만 막상 연합회 간부는 집회에 참가

| 2010년 9월 18일 베이징에서 열린 반일시위.

하지 못했다. 이 때문에 당초 대사관 앞에 모인 사람들은 20대 애국청년이 중심이었는데, 정부의 집회 탄압에 항의하는 50대들이 가담했고 시위 성격도 변질되기 시작했다. '반일'이 '반정부'로 바뀔 징조가 도처에서 나타났다.

중국 외교부는 "중국 국민이 이성적인 방법으로 자신의 주장을 표명하리라 믿는다"는 내용의 담화를 발표했다. 반일감정의 분출은 인정하는 반면 정부 비판이나 사회 불안으로 이어질 수 있는 과격한 행동은 봉쇄하겠다는 뜻이었다.

중국 공산당 관계자에 따르면 반일시위 직후 후진타오 지도부는 대일정책을 협의하는 회의를 열었다. 중일관계를 중시하는 후진타오 총서기 및 원자바오 총리의 대일 온건 노선에 대한 반론이 나왔다고 한다. 당시 회의를 계기로 후진타오 정권은 강경 자세를 한층 강화했다.

어선 충돌 사건은 양국의 경제관계에도 영향을 미쳤다. 일용품을 제조하는 중견업체인 보건일용품공사寶健日用品公司는 9월 17일 선장 체포에 반발하며 직원 약 1만 명의 일본 여행을 중단한다고 발표했다. 숙박비 및 예약금 등 2,000만 위안(약 34억 원)에 달하는 손실은 모두 회사가 부담했다. 7월부터 중국인에 대한 개인 관광비자 발급 조건이 완화돼 중국인 관광객이 급증하던 시기였다. 중국 세관에서는 일본에 수출되는 희토류(전기, 하이브리드 자동차, 태양열발전 등 첨단산업 제품의 핵심 원료—옮긴이) 통관 수속이 지연됐다. 중일관계의 기반인 경제 분야에까지 피해가 나타나기 시작한 것이다.

중국과 일본의 세 가지 인식 차이

★* 　　중국 어선 충돌 사건 당시 중국 공산당 및 정부와 일본 사이에
는 세 가지 커다란 인식 차이가 있었다.

첫째, 중국 측에선 "일본이 중국인 선장을 조기에 석방할 것"이라고
판단했다. 2004년 중국인 시위대가 센카쿠 열도에 상륙하는 사건이 발
생했을 때 오키나와 현은 시위대를 체포했지만 검찰에 송치하지 않고 강
제 송환했었다. 하지만 일본 정부는 해상보안청 순시선에 충돌한 어선의
선장은 공무집행 방해 용의자로서 강제송환으로 끝낼 수 있는 사안이 아
니라고 판단했다. 이에 대해 중국은 "일본이 대중정책을 강경노선으로
끌고 갈 가능성이 있다"고 판단했다.

둘째, 사법부의 위상이다. 중국에서는 사법 및 검찰도 공산당의 지휘
를 받기 때문에 '정치적 결정'이 가능하다. 일본이 '검찰의 독립성'을 설
명해도 외국 사정에 밝지 못한 공산당 간부들은 이해하지 못했다. 변명
으로만 들렸던 것이다. 중국 정부 관계자의 말에 따르면 중국이 선장 석
방을 위해 다양한 조치를 취하며 "정치적 결단을 내려라"고 일본을 압박
한 이유는 간 나오토 정권이 중국을 중시하기 때문에 정치적 결단을 통
해 석방할 것이라고 판단했기 때문이다.

셋째, 중국은 일본 정부의 뒤에 미국이 있다고 생각했다. 간 나오토 정
권은 하토야마 정권의 전철을 밟지 않기 위해 미일 동맹을 중시했고 미
국도 동아시아 전략을 강화해 중국을 견제하고 있었다. 이런 상황에서
중국은 일본이 강경노선으로 선회한 배경에 미국의 지원이 있다고 판단
한 것이다. 센카쿠 열도문제는 중일관계를 넘어 동아시아 지역에서의 미

국과 중국의 공방 국면으로 확대됐다.

9월 19일 일본 이시가키 간이재판소는 중국인 선장의 구치 기간 연장을 받아들였다. 구치 연장을 알리는 일본 언론의 보도가 나간 지 한 시간도 채 지나지 않아 중국 외교부는 '각료급 이상 교류의 잠정 중단' 등 대응 조치를 발표했다. 이례적으로 신속한 항의 표명은 중국이 선장의 구치 연장에 대비해 주도면밀하게 대응 조치를 준비했음을 보여주었다. 그러나 대일외교가 급격히 악화되는 사태는 피하고 싶었던 후진타오 지도부는 외교부를 통해 추가로 '정부 간 교섭의 일부 연기' 조치를 발표했다. 예상을 밑도는 '약한 펀치'였다. 중국은 각료급 이상의 교류 중단에도 '잠정적'이란 표현을 붙였다. 협조와 강경 사이에서 흔들리는 후진타오 지도부의 고민을 엿볼 수 있었다.

온건파이기에 더욱 강경하게

★*   2010년 9월 21일 뉴욕.

"일본이 계속 모른 척한다면 중국은 사태 해결에 필요한 강제 조치를 취할 수밖에 없다."

유엔총회에 참석하기 위해 미국을 방문하고 있던 원자바오 총리는 미국에 거주하는 중국인들과 만난 자리에서 "선장을 석방하지 않을 경우 대응 조치를 취하겠다"는 의지를 밝혔다.

다소 이례적이었던 것은 중국 외교부가 센카쿠 열도문제에 대해 원자바오 총리의 당시 발언만을 홈페이지에 공표했다는 사실이다. 대일 온건파인 원자바오 총리의 발언이었기 때문에 더욱 일본에 대한 강경한 자세를 중국 국내에 과시할 필요가 있었던 것이다. 후진타오 총서기 및 원자바오 총리가 추진한 대일 협조노선에 대한 비판이 중국 정계에서 상당히 고조됐었음을 알 수 있다.

그날 중국 외교부가 발표한 담화는 "일본의 교활한 변명은 통하지 않는다"는 등 매우 노골적인 표현을 담고 있다. 9월 20일에는 허베이 성 스자좡 시의 군사관리 구역을 침범했다는 이유로 건설회사 후지타의 직원 등 4명의 일본인을 구속했다.

일본 외무성 간부는 문제가 발생했을 때 나타나는 중국의 행동 패턴으로 ①사실을 부인하고 책임을 전가한다 ②자신들의 주장을 언론을 통해 널리 알려 기정사실화한다 ③다른 주제로 반격한다 등 세 가지를 들었다. 센카쿠 열도 어선 충돌 사건에 대한 대응이 그 전형적인 예다.

일본은 '중국 포위망'을 구축하기 위해 움직이기 시작했다. 니와 대사는 베이징에 있는 미국, 유럽, 아세안 대사 10여 명과 개별적으로 만나 당시 사건과 센카쿠 열도문제에 대한 일본의 입장을 설명했다. 각국 대사는 이해를 표시했다고 한다. 당시 미국과 유럽 국가들은 티베트문제로 중국에 불만을 갖고 있었다. 중국은 해양문제와 티베트 인권문제를 계기로 중국에 대한 공동 전선을 펴는 것을 경계했다.

높아가는
영토의 비중

일본과의 영토 분쟁

02::

2010년 9월 24일 일본 나하 법원은 중국인 선장의 석방을 발표했다. 일본 정부는 석방을 계기로 사태가 종결되길 기대했다. 그러나 중국 외교부는 25일 새벽 일본의 사죄와 배상을 요구하는 성명을 발표했다. 성명은 중국 외교부의 그간 '보도관 담화'보다 격상된 것이었다.

당시의 성명에서 중국은 사건에 대한 총괄적 입장을 밝히면서 "영토와 관련된 주권문제에서 양보하지 않겠다"고 선언했다. 중국이 대일외교에서 주권문제의 비중을 높였음을 의미하며, 이는 중일관계 악화가 장기화되는 것도 불사하겠다는 선언이었다.

중국 외교부에서는 연일 아시아국 등 담당 부서가 모여 회의를 열었다. 중국 정부 관계자는 취재를 간 내게 "사건은 중국, 일본 양국의 외교 문제에서 중국 국내문제로 변질됐다"고 설명했다. 중국에서는 논점이 선장의 석방 여부가 아니라 (센카쿠 열도와 관련된 주권문제가) 어떻게 해결되느냐로 변해 있었다.

중국은 선장 구속이 센카쿠 열도에 대한 영유권이 일본에 있음을 중국이 승인하게 만들려는 의도라고 파악했다. 즉 일본으로부터 사죄나 배상을 얻어내지 못한 상황에서 선장의 석방으로 사태가 종결되면, '일본 영토인 센카쿠' 침범자에 대한 일본의 사법 조치를 중국이 인정하고 묵인하는 결과가 되고 만다. 선장은 불법적으로 일본 영토를 침범했고 일본은 자국 영토를 침범한 중국인에 대해 정당하게 사법적 조치를 취했으며, 중국은 그저 선처를 촉구했다는 결론으로 연결된다는 것이었다.

결국 중국 농업부 어업행정지휘센터는 센카쿠 해역에 대해 상시적인 어업 감시선 순시활동에 들어간다고 발표했다. 중국 농업부는 감시선 파견 목적을 '중국 어선에 대한 조업 보호와 어민 구조'라고 밝혔다. 9월 29일 밤에는 어업 감시선이 센카쿠 열도 최동단인 다이쇼지마大正島 섬 (중국에서는 츠웨이도赤尾島라고 부른다) 부근 해역에서 순시활동을 벌였다. 다이쇼지마 섬까지 중국 어업 감시선이 들어온 것은 이때가 처음이었다. 과거 중국의 어업 감시선은 일본과의 마찰을 우려해 동부 지역에서의 활동을 자제하고 있었다. 중국 언론은 어업 감시선이 일본 순시선의 감시를 뿌리치고 '역사적인 순항을 달성했다'고 강조했다. 센카쿠 열도 주변 해역에 대한 순시라는 '기정사실화 작업'을 차근차근 쌓아가고 있다.

일본에서는 9월 17일 간 나오토 2차 내각이 발족했다. 외상은 오카다 가쓰야에서 마에하라 세이지前原誠司로 교체됐다. 중국에는 두 사람 모두 강경파로 비쳤다. 중국 정부는 일본 외무성과의 공식 루트로는 사태 해결이 불가능하다고 판단하고 정치·정부·재계 등 모든 선을 동원해 실마리를 찾으려 했다. 그중 하나가 호소노 고시細野豪志 민주당 의원이었다. 그는 간 나오토 정권의 실력자인 센고쿠 요시토仙谷由人 관방장관으로부터 중국을 방문하라는 지시를 받았다.

호소노 의원은 9월 29일 베이징 댜오위타이釣魚台 영빈관에서 다이빙궈 국무위원과 회담했다. 센고쿠 관방장관과 긴밀한 사이인 민간 컨설팅 회사 대표인 시노하라 쓰카사篠原令도 동석했다. 중국은 어선 충돌 사건을 기록한 비디오영상을 공개하지 말 것을 요청했다.

9월 30일 중국은 구속 중이던 일본인 4명 중 3명을 석방했다. 10월 1일에는 센고쿠 관방장관이 다이빙궈 국무위원과 전화로 직접 협의했다. 며칠 뒤 브뤼셀에서 열릴 아시아-유럽정상회의ASEM 정상회담에 맞춰 간 나오토 총리와 원자바오 총리가 회담을 갖기로 하고 사전 협의를 한 것이었다.

10월 4일 브뤼셀 정상회담 만찬이 끝난 뒤 간 나오토와 원자바오 총리는 왕궁 내 복도의 의자에 마주 앉았다. 센카쿠 열도 영유권문제에서 상호 원칙론을 펼쳤지만 전략적 호혜관계를 진전시킨다는 점은 확인했다.

중국 외교부는 정식 총리회담의 경우에 사용하는 '회담'이 아닌 스탠딩 대화 정도의 '교담交談'이란 표현을 사용했다. 하지만 교담 내용을 굳이 공개한 것은 이례적이었다. 이는 중국 내 여론을 겨냥한 조치로, 센카쿠 열도문제에서 원칙적인 입장을 과시함과 더불어 국제사회에 대해 일본과의 관계 회복을 추진하겠다는 입장을 보여준 것이었다.

반일시위 제2탄

★*　　　이후 한동안 중일관계는 수복을 모색하는 단계로 접어든 것처럼 보였다. 하지만 10월 16일의 반일시위를 계기로 다시 악화 국면을 맞는다.

"센카쿠 열도를 반환하라." "일본인은 나가라."

10월 16일 오후 2시 쓰촨 성 청두 시, 산시 성 시안 시, 허난 성 정저우 鄭州 시에서 반일시위가 열렸다. 청두 시에서는 1만 명이 넘은 것으로 추산됐고 일본의 아울렛 체인점인 이토요카도 점포 유리가 깨져 영업이 중단됐다. 2~3일 전부터 인터넷에는 일본 시민단체들이 도쿄에서 개최하는 센카쿠 항의시위와 같은 시각에 반일시위를 하자는 내용이 올라왔다. 청두 시위대의 플래카드에는 '바링허우는 나라를 사랑한다'는 내용도 있었고, 애국심이 강한 젊은이가 시위대의 다수를 차지했다.

중국은 집회를 엄격히 규제해왔기 때문에 대규모 반일시위가 벌어진 것은 2005년 4월 이후 처음이었다. 2010년 9월 18일에도 항의시위가 벌어졌지만, 베이징에서는 당국의 규제로 100명 정도만 모인 소규모 시위에 그쳤다. 9월에는 반일시위를 보도하지 않던 국영 신화통신이 10월 16일의 반일시위에 대해서는 영문판에 상세히 보도했다. 도쿄에서 열린 대중 항의시위 주최자를 '우익'이라고 단정하고 반일시위가 발생한 원인은 일본에 있다고 보도했다.

중국 정부는 반일시위를 사실상 용인했다. 정부계의 싱크탱크연구소에 따르면 반일감정의 분출구를 마련해주고 또 시위를 통해 마에하라 세이지 외상 등 대중 강경파를 견제하려는 계산이 깔려 있는 듯했다. 중국 외교부가 17일 새벽에 발표한 담화에는 "일부 군중이 일본의 잘못된 언동에 분개하는 것은 이해할 수 있다"며 국민 감정을 자극하는 표현도 있었다. 한편으론 "이성을 잃은 위법행위는 동의할 수 없다"며 국민에게 냉철한 행동을 호소했다.

17일 쓰촨 성 몐양 시, 18일 허베이 성 우한 시, 23일 쓰촨 성 더양 시, 24일 간쑤 성 란저우 시와 산시 성 바오지 시, 26일 충칭 시……. 중국 당국은 베이징 및 상하이 등지에서는 경비를 강화해 항의시위를 대부분 봉쇄했지만 내륙부에서는 여전히 확산됐다. 일본 제품을 판매하는 대리점에 돌이 날아들었고 일본 자동차도 파손됐다. 시위대가 폭도로 변해 '반일'이 '반정부'로 변질될 징조가 나타나면서 중국 공산당과 정부는 반일시위를 철저히 단속하기 시작했다. 국유기업 및 학교에 일본과의 관계 안정 임무를 부여받은 팀을 발족시켜 반일시위 움직임을 파악하고 대처 방침을 지시했다.

베이징에서는 10월 15일부터 18일까지 중국 공산당 제17기 중앙위원회 5차 전체회의(5중전회)가 열리고 있었다. 5중전회에서는 "반일시위는 후진타오 총서기 및 원자바오 총리 등 대일 온건파를 흔드는 기도"라는 시각도 나왔다고 한다. 후진타오 지도부로서는 반일시위를 완전히 봉쇄하는 대신 일본에 강경한 태도를 보이는 선택지밖에 없었을 것이다.

돌연 취소된 정상회담

★＊ 10월 29일 베트남의 수도 하노이. 중국과 일본 양국 정부는 동아시아 정상회담 등 국제회의를 이용해 간 나오토 총리와 원자바오 총리간의 회담을 추진했다. 그러나 막판에 중국은 돌연 회담을 취소하겠다고 통보해왔다. 간 총리와 동행했던 후쿠야마 데쓰로福山哲郎 관방부장관은 기자단에게 "한중일 정상회담 직전에 중국 관리들이 회담이 불가능하다는 취지의 연락을 해왔다. 현재 진의를 파악하고 있다"고 밝혔다.

중국 정부 관계자에 따르면 정상회담 취소는 원자바오 총리가 현장에서 즉각적으로 결정한 것이라고 한다. 중국은 회담 직전까지 일본의 '진의'를 파악하려 했지만 결국 뿌리 깊은 중국 인민의 반일감정과 보수파를 의식해 강경노선을 과시하는 길을 택했다는 것이다.

원자바오 총리를 수행했던 후정웨 외교부장 조리(차관보)는 정상회담 취소 이유로 세 가지를 들었다.

첫째, 10월 27일 미일 외무장관 회담에서 확인된 센카쿠 열도에 대한 양국의 연대 때문이다. 중국 외교부는 "센카쿠 열도가 미일 안보조약 5조의 적용 범위가 된다"는 클린턴 미 국무장관의 발언을 비판하는 담화를 발표하며 중국을 이용해 미일 동맹을 강화하려는 일본을 견제했다.

둘째, 10월 29일 오전에 열린 중일 외무장관 회담에 대해 일본이 "센카쿠 열도문제에 대해 중일 쌍방이 (각자의) 입장을 주장했다"고 설명한 것을 회담 취소 이유로 들었다. 일본 주장이 보도되는 것만으로도 "일본이 영토문제에서 공세를 취하고 있다"는 식으로 중국 내에서 받아들여질 위험이 있다는 것이다.

셋째, 동중국해 가스전에 관한 것이다. 양국 외무장관 회담에 대한 일본 측의 설명이 "동중국해문제에서 원칙적인 합의를 이행하고 있는 중국의 입장을 왜곡했다"고 지적했다. 당시 일본은 "마에하라 외상이 동중국해 가스전 개발과 관련된 조약 체결 교섭 재개를 요청했다"고 설명했다. 따라서 일본은 중국이 도대체 무엇을 문제 삼고 있는지 알지 못했다.

이에 대해 후정웨 조리는 명확히 설명하지는 않았다. 다만 프랑스 AFP통신의 보도가 정상회담 취소에 영향을 미친 것은 분명하다. AFP통신은 중일 외상회담 뒤 "양국이 동중국해 가스전 교섭 재개에 합의했다"고 보도했는데, 이는 오보였다. 나중에 정정은 됐지만 중국은 이 기사에 격분했다. 중국에서는 가스전 교섭 재개에 대한 반발이 뿌리 깊다. 관련 보도가 나올 때마다 정상회담 개최가 흔들렸다. 중국 정부 관계자에 따르면 이 오보가 회담 취소의 결정적인 계기가 됐다고 한다.

마에하라 외상이 중일 외상회담 뒤 "정상회담은 아마도 하노이에서 열릴 것"이라고 언급한 점도 중국의 불신을 키웠다. 그러나 하루 지난 10월 30일 원자바오 총리는 태도가 급변해 간 나오토 총리와의 비공식 회담에 응했다. 물론 회담의 격은 정식 회담이 아니라 '형식적으로 인사를 나누는 자리'였다.

중국 국영 언론은 하노이에서 열린 원자바오-간 나오토 총리의 비공식 회담을 일체 보도하지 않았다. 또 기자단이 양국 총리가 악수하는 장면을 촬영하지 못하도록 막았다. 이는 중국 내 대일 강경파의 비난을 피하기 위한 것이었다. 회담 시간도 10분에 불과했고, 일본이 센카쿠 열도 및 동중국해 가스전 개발문제 등 주권과 관련된 테마에 대해 언급할 기회를 주지 않았다.

다른 한편으로 중국은 갑작스러운 정상회담 취소로 인해 국제사회에서 '중국 이질론'이 확산되는 것을 우려했다. 미국 정부까지 나서 대화를 통한 긴장 완화를 촉구하는 가운데, 중국은 "향후 간 나오토 총리와 정식 회담을 모색할 것"이라며 대화에 응할 자세를 보였다. 후진타오 국가주석이 11월 요코하마에서 열린 아시아태평양경제협력체APEC 정상회담에 참석한 것은 중국으로선 중요한 정치 외교적 행보였다. 이를 통해 일본과 최소한도의 우호관계는 유지했다.

강경과 온건 사이에서

★* 일련의 대응 방식을 통해 중국 공산당과 정부가 대일정책을 놓고 국내 여론을 의식하면서 강경과 온건 노선 사이에서 흔들렸음을 알 수 있다. 중국 국내에서는 대일정책을 둘러싼 논쟁이 진행 중이었고, 선불리 온건정책을 폈다가는 불붙은 정국에 기름을 끼얹는 결과가 될 수도 있었다. 또 강경파를 지지하는 분위기가 확산되면서 원자바오 총리 등 온건파는 운신하기 힘들었다.

중국 공산당 소식통에 따르면 10월 15일에서 18일 베이징에서 열린 당 제17기 중앙위원회 5차 전체회의에서 대일정책과 관련된 논의가 오갔고, 후진타오 총서기 및 원자바오 총리가 주도한 온건 노선에 대해 '이론'이 제기됐다고 한다.

같은 시기 내륙부에서는 반일시위가 이어졌고, 시위가 '반일'에서 '반정부'로 바뀌는 움직임도 눈에 띄었다. 센카쿠 열도문제로 강경론을 주장하던 세력은 동중국해 가스전 개발을 둘러싼 중일 합의에 대해서도 이전부터 반발해왔다. 강경파의 주장이 힘을 얻는 분위기였고 온건파는 밀릴 수밖에 없었다. 중일관계는 중국 내정과 연결된 '정치 안건'이 돼 있었다.

2010년 11월 13일 요코하마에서 열린 APEC 정상회담을 이용해 중일 정상회담이 열렸다. 미소를 감추고 무미건조하게 간 나오토 총리와 악수하던 후진타오 국가주석의 표정이 인상적이었다. 두 정상 앞에는 양국의 소형 국기가 놓였다. 대형 국기를 설치하는 것이 관례지만 중국이 사전에 "화려한 장식은 피해달라", "참석자는 양측에서 5명 정도로 해달라"고 요청했기 때문에 '중일 우호관계가 두드러지게 나타나지 않는 방향으로' 회담이 준비됐던 것이다.

후진타오 주석은 정상회담 하루 전에도 과연 회담에 응할지 알려주지 않았다. 중국이 회담을 열자고 알려온 것은 회담 당일 새벽이다. 더구나 "회담이 열렸다는 사실을 대외적으로 발표하지 말아달라"고 요청했다. 후진타오 주석 등 방일단 일행에게선 긴장감이 감돌았다. 중국 정부 당국자에 따르면 후진타오 주석은 간 나오토 총리가 진심으로 대중관계를 개선할 의지를 갖고 있는지, 회담 뒤에 다시 중국을 자극하는 발언을 하는 것은 아닌지 마지막 순간까지 파악하려 했다고 한다.

감기에 걸렸던 간 나오토 총리는 힘이 없어 보였고, 메모를 보면서 "일본과 중국은 진정으로 일의대수—衣帶水의 관계입니다"라고 읽기만 했다. 회담은 22분 만에 끝났지만 센카쿠 열도 사태로 냉각된 중일관계를 개선한다는 '전략적 호혜관계'의 중요성은 확인됐다. 하지만 센카쿠 열도와 관련해서는 여전히 원칙적 입장과 대립만 오갔을 뿐이다.

　시종일관 웃음을 보이지 않고 신중에 신중을 거듭하던 후진타오 국가주석의 뇌리에는 자신을 주석 자리에 앉힌 후야오방 전 총서기의 얼굴이 떠올랐을지도 모른다. 후야오방은 1985년 나카소네 야스히로中曾根康 총리의 야스쿠니 신사 참배를 계기로 중국 정계에서 '친일파' 낙인이 찍혔다. 후야오방이 1987년 총서기를 사임했을 때 붙여진 죄목 중 하나가 1984년 '중일 3,000명의 청년 교류 사업'을 추진해 국가재정에 부담을 주었다는 것이다. 당시 공산주의청년단에서 3,000명의 청년 교류 사업을 담당했던 인물이 바로 후진타오 주석이었다. 후진타오 주석은 일본문제 때문에 '제2의 후야오방'이 되는 사태는 피하고 싶었을 것이다.

3·11 대지진 지원으로 돌파구 마련

★＊　요코하마에서 열렸던 정상회담 이후 중일관계는 '해빙' 모드로 들어갔지만 중국 측의 눈은 녹는 데에 상당한 시간이 걸렸다. 중국인의 반일감정은 눈에 덮인 땅과 같고 꽁꽁 언 땅은 대일정책 및 중국 국내 정국에 영향을 미친다. 그런 상황에서 2011년 3월 11일 일본 동부 지역에서 발생한 대지진은 양국의 관계에 돌파구를 가져다주었다.

　"마지막으로…… 여기 일본인 기자가 있습니까? 얘기를 하고 싶습니다. 질문은 하지 않아도 됩니다."

　해마다 한 차례 개최되는 전국인민대표대회가 폐막하고 3월 14일에 열린 기자회견에서 원자바오 총리는 질문이 나오지 않았는데도 3·11 대지진에 대해 얘기했고 희생자에 대한 애도의 뜻을 표명했다. 추가 지원 용의도 있다고 강조했다.

원자바오 총리는 "(2008년의) 쓰촨 성 대지진 때 일본 정부는 중국에 구조대를 보냈고 물자를 지원해주었다"고 덧붙였다. 쓰촨 성 대지진 당시 일본 구조대가 사망자 앞에서 고개 숙이고 묵념하던 모습은 중국 언론에 크게 보도됐고, 중국인의 반일감정을 개선하는 데 크게 기여했다. 이후 중국 정부는 3·11 지진 발생 뒤 일본에 역사상 처음으로 구조대를 파견했고 지원 물자도 보냈다. 원자바오 총리의 발언에는 3·11 대지진을 계기로 중일관계를 개선하겠다는 뜻이 담겨 있었다.

3월 18일에는 후진타오 국가주석이 3·11 대지진 희생자에게 조의를 표하기 위해 베이징의 일본 대사관을 찾아 묵념했다. 방명록에 붓으로 천천히 '심절애도일본 3·11지진우난자深切哀悼日本 3·11 地震遇难者(일본 3월 11일 지진 희생자에게 깊은 애도의 뜻을 표합니다)'라고 적었다. 니와 일본 대사와의 회담에서는 "그 고통을 마치 우리가 겪은 것 같다. 일본이 반드시 고난을 극복하고 재건하리라 믿는다"고 말했다. 일본에 대한 지원을 계속할 생각이라고도 강조했다. 니와 대사는 중국 측 지원에 사의를 표명했다. 최정상 차원에서 대일관계 개선을 바란다는 메시지를 국내외에 보낸 것이다.

중국 지도부 입장에서 높아지는 반일감정은 '반공산당 반정부'로 변질될 위험이 있다. 반일감정이 높아지면 일본에 양보할 수 없게 되고 대일외교의 손발도 묶이게 된다. 중국인의 반일감정을 개선한다는 것은 대

| 3·11 대지진 후 애도의 뜻을 표하고 있는 후진타오 국가주석(2011년 3월 18일).

일관계 발전을 위한 환경 정비이며 동시에 국내 정국 안정을 도모하는 조치이기도 하다.

중국군이 구조활동에 적극적으로 나선 것도 주목된다. 3월 15일 중국 국방부는 "중국 국민과 중국 군대는 자신이 피해를 입은 것과 같이 느낀다"며 의료구조대, 방역대, 해군 병원선을 파견할 용의가 있다고 발표했다. 후진타오 지도부의 지시를 받아 군부도 일본 지원에 나선 것이다.

대지진을 통해 일본 사회의 좋은 면이 세계에 전달됐다. 혼란 속에서도 일본 국민은 약탈 등 불법행위를 저지르지 않았고 구호물자도 차분히 줄을 서서 받아갔다.

"일본은 배워야 할 나라다. 국민의 자질은 국가 발전의 원천이 된다."

인터넷에는 일본에 대한 솔직한 평가와 칭찬의 댓글이 넘쳐났다. 그러나 지진 발생 3개월 뒤 〈환구시보〉 인터넷판이 실시한 인터넷 여론조사에 따르면 '3·11 대지진이 중일관계 개선의 계기가 될 것'이라고 대답한 사람은 전체의 16퍼센트에 불과했다. '그렇지 않다'라는 응답은 84퍼센트였다. 일본에 대한 경계심이 강한 중국 인터넷 여론의 특성이 반영된 결과였다.

후쿠시마 제1원자력발전소 1호기 사고로 중국 정부는 일본 농산물 수입을 규제했다. 일본이 방사능에 오염된 냉각수를 바다로 방출했다는 사실에도 불쾌감을 나타냈다. 일본에서 급거 귀국하거나 일본행을 꺼리는 중국인도 늘었다.

2011년 5월 22일 도쿄에서 열린 한중일 정상회담에서는 핵발전소 사고에 따른 일본 상품의 피해 방지에 협력하기로 합의했고, 원자바오 총리는 일본 상품의 수입 규제를 완화할 것이라고 밝혔다. 그러나 완화는 중국 국민의 안전 확보가 조건이며 완화 대상도 일부에 그쳤다. 규제의 전면 해제 전망은 보이지 않으며 중일관계의 앞날은 원전 사고의 수습에 달려 있다.

하나의 동아시아는
불가능한 미래?

역사문제 재인식

:: 03

GDP에서 중국이 일본을 제치면서 중일관계의 위상은 달라졌다.

"이 합의는 공표하지 않습니다."

2009년 4월 29일 베이징 인민대회당. 아소 타로 총리와 원자바오 총리의 회담은 참석자를 최소한으로 줄였고 언론에 공표하지 않기로 합의한 뒤 한 가지 사안에 합의했다.

그 합의는 한국, 중국, 일본과 아세안이 참석하는 '창마이 이니셔티브 CMI'의 핵심 내용에 관한 것이었다. 통화 폭락 등 금융위기가 발생했을 때 부족한 외화를 빌려주기로 한 CMI 협정의 핵심은 각국의 자금 갹출

비율이었다. 사실상의 비밀회담에서 두 정상은 "일본과 중국은 일대일로 한다"고 약속하고 악수를 나누었다. 동아시아 경제위기를 방지할 장치를 만들면서 중국과 일본이 대등한 입장에 선다는 사실이 결정된 순간이었다.

4일 뒤인 5월 3일 인도네시아 발리에서 열린 한·중·일 3국과 아세안 재무장관 회담에서 중국과 일본은 각각 384억 달러를 갹출하기로 정식 합의했다. 총 1,200억 달러인 CMI의 80퍼센트를 한국, 중국, 일본 3국이 부담하고 그 비율을 '1:2:2'로 결정했다.

갹출 비율 순위는 국가의 경제력을 반영했다. 일본은 중국보다 조금이라도 더 많이 갹출하기를 원했다. 당시 일본의 GDP는 여전히 중국에 앞서 있었다. 또 1990년대 후반부터 아시아의 금융 시스템 안정에 노력해왔다는 자부심도 있었다. 반면 중국은 처음부터 '일대일'을 고수하려 했던 것 같다. "홍콩을 포함하면 중국 GDP가 일본을 추월한다"고도 주장했다.

결국 원자바오 총리가 조기 합의 쪽으로 방향을 잡았다. 장기적으로는 달러 기축통화 체제에서 벗어나고 위안화의 국제화를 모색하는 것에 비중을 두었기 때문이다. 일본에서는 "GDP는 수년 내에 중국에 추월당할 것이기 때문에 이번에 비율을 고정하는 편이 낫다"는 판단도 있었다. 최종적으로는 일본이 중국(홍콩 포함)과 같은 금액을 갹출하는 '일대일' 방안에 합의했다.

대등한 입장이 되면서 중국과 일본은 서로 양보하기가 힘든 상황에 놓이게 됐다. 우선 CMI에서 각국의 경제 상황을 감시하는 새 기구(AMRO,

거시경제감시기구)의 최고책임자 인선문제가 나왔다. 일본인을 임명할 예정이었지만 중국이 대항마를 내세우면서 조정이 어려워졌다.

결국 2011년 5월, 3년 임기 중 전반부 1년은 중국, 나머지 2년은 일본이 맡기로 합의했다. 중국으로선 최초의 국제금융기관 책임자였다. 반면일본이 아시아를 대표해 국제금융기관 요직에 앉던 관례는 무너졌다. 앞으로도 아시아 경제 대표 자리를 놓고 주도권 쟁탈전이 치열할 전망이다.

우호에서 호혜로

★* 중일관계는 재정의 과정에 있다. 1972년 중일 공동 성명과1978년 중일 평화우호조약에 규정된 중일관계를 상징하는 키워드는 '평화우호'였다. 1998년 중일 공동 선언도 '우호 협력 파트너십'이 키워드였고, 무게는 역시 '우호'에 놓았다.

2006년 10월 아베 신조 총리가 중국을 방문했을 때 나온 중일 공동 언론 발표는 '공동의 전략적 이익에 입각한 호혜관계 구축'에 의견이 일치했다며 중일관계의 키워드를 '전략적 호혜관계'로 수정했다. 일본의 입장에서는 '우호 지상주의'에 결별을 선언하고, 고이즈미 정권에서 장애가 됐던 역사문제의 비중을 낮추려는 계산이 있었다. 이에 비해 중국은환경 및 에너지 절약 기술을 일본에서 받아들이는 등 경제적 실익을 확보하려는 전술이었다. 대만문제와 관련해 일본을 중국 측으로 끌어들이자는 계산도 작용했다. 중일관계는 슬로건인 '우호'에서 내실을 다지는'전략적 호혜관계'로 이동했다.

중일관계는 1972년 국교 정상화 이후 약 30년간 대만문제와 역사문제를 양대 주제로 삼았다. 그러나 2002년 발족한 후진타오 정권은 "일본은 다시 군국주의 길을 걸을 것"이라는 대일관을 수정했다. 역사문제의 비중을 상대적으로 낮춘 것이다. 대만문제도 2008년 대만에서 마잉주馬英九 정권이 탄생하면서 양안 관계는 비교적 안정되었다.

대신 중일관계에서 비중이 높아진 것이 주권 및 해양문제다. 2010년 9월 센카쿠 열도에서 발생한 중국 어선 충돌 사건이 상징적이다. 중국 정부는 주권문제에서는 결코 양보하지 않는다는 원칙을 세우고 있어 동중국해에서 중일관계를 냉각시킬 사건이 재발할 가능성은 상존한다.

일본에서는 대중관계를 담당하는 주체가 관에서 민으로 중심축을 옮기고 있다. 대중정책의 지주를 정부개발원조로 삼고 관 주도로 중일관계의 흐름을 좌우하던 시대는 끝났다. 이제 일본의 대중관계에서 주인공은 민간기업이다. 세계 각국 기업과의 치열한 경쟁 속에서 이익을 올리고 살아남기 위해 고투하는 '민'의 파워가 향후 중일관계와 일본 경제의 향배를 좌우하게 된다.

반면 관의 대중외교 업무는 '돈'에서 '지혜'로 옮겨간다. 중국에 대해선 더 이상 정부개발원조가 제공되지 않는다. 따라서 그동안 경제 지원을 통해 형성된, 즉 '돈'이 기준이 되는 양국의 상하관계는 붕괴되고 대등한 경제협력 관계로 이행하게 된다. 중국은 상법 등 경제 관련 법제 정비 및 에너지 절약 기술, 환경정책, 재해정책 등의 기획과 입안에서 일본의 노하우를 바라고 있다. 이제 돈이 아닌 지혜 분야에서 일본이 중국을 지원하는 시대로 넘어가고 있다.

중국 수뇌의 역사 인식

★* 　　중국의 역사 인식은 어떻게 바뀌고 있을까. 장쩌민 주석은 중국 국가원수로서는 처음으로 1998년에 일본을 방문했는데, 일본의 역사 인식을 강하게 몰아붙였다. 이때 나온 중일 공동 선언에도 역사문제가 담겨 있다.

일본 측은 1995년 무라야마 총리 담화의 정신을 이어받아 "과거 한 시기에 중국을 침략한 데 대한 깊은 반성"을 명기했다. "중국은 일본이 역사의 교훈을 배우고 평화 발전의 길을 견지할 것을 희망한다"는 내용도 들어 있다. 중국은 마지막 순간까지 (반성 대신) '사과'라는 표현을 반드시 집어넣을 것을 요구했지만, 결국 정상회담에서 오부치 게이조小淵惠三 총리가 구두로 사과하는 선에서 합의했다.

중국이 강경하게 나온 것은 '일본의 군국주의 부활'이란 비판이 단지 중국 외교부가 갖고 있는 외교 협상 카드가 아니라 중국에 진지하게 그런 우려를 하는 사람이 많기 때문이다. 장쩌민의 일본관은 1995년에 출간된 지식인 논문집 〈대동아전쟁 총괄大東亞戰爭の総括〉에 영향을 받은 것으로 알려져 있다.

2006년 10월 아베 신조 총리가 중국을 방문했을 때 나온 '중일 공동 언론 발표'에서는 "일본은 패전 후 60여 년간 일관되게 평화 국가의 길을 걸어왔고, 앞으로도 평화 국가로서 계속 걸어가리란 점을 강조했다. 중국은 이를 적극적으로 평가했다"고 명기했다. 그리고 "과거 침략에 대한 깊은 반성"이란 상용구는 사라졌다.

2008년 5월 후진타오 국가주석이 일본을 공식 방문했을 때 나온 '전

략적 호혜관계의 포괄적 추진에 관한 중일 공동 성명'에서는 "중국은 일
본이 패전 후 60여 년간 평화 국가로서 위치를 견지하고, 평화적 수단에
의한 세계평화와 안정에 공헌하고 있음을 적극적으로 평가했다"고 표현
돼 있다. 좀 더 주체적으로 일본의 행동을 평가한 것이다.

가해자의 시각 반영

★* 　　후진타오 지도부는 사실史實과 객관성을 중시하며 역사 재인식
을 추진하고 있다. 공산당의 '성과'를 강조함으로써 왜곡된 역사를 수정
하려 하고 있다. 그 결과 중국 각지의 항일기념관에서 (일제의 만행을 보여
주는) 잔혹한 인형 전시물이 줄었다고 한다. 베이징 루거우차오盧溝橋에
있는 '중국 인민 항일전쟁 기념관'도 2005년 개조 작업을 하면서 일본군
의 잔혹 행위와 관련된 전시물을 줄였다.

항일전쟁의 승리 내용을 전시하는 중국의 항일기념관은 전국에 약
150곳이 있다. 1989년 톈안먼 사태나 구소련 붕괴로 공산당의 구심력이
위협받자, 장쩌민 국가주석이 애국심을 불러일으키기 위해 중국 각지에
만들었다. "일본군에 대한 철저한 항전을 통해 새 중국을 건국했다"는
논리로 공산당의 정통성을 강화하자는 계산도 있었다. 그러나 민중의 관
심은 '항일전쟁 승리'보다 '안정된 경제 발전' 및 '격차 완화'로 옮겨갔
다. 항일을 통해 정통성을 강화하려는 시도는 이전만큼 효과를 보지 못
했다.

소년 시절 중일전쟁을 경험한 1926년생의 장쩌민과 1942년에 태어난

후진타오 사이에는 세대차가 있고 대일감정에도 온도차가 있다. 혁명 1세대인 마오쩌둥 등과는 달리 혁명 4세대인 후진타오 세대는 반일이나 친일이 아닌 안정 성장을 위한 일본의 협력 도출이라는 실리를 추구한다. 그 결과 일본 중시 노선으로 기울기 쉽다.

서민의 감정도 반일 일변도는 아니다. 일본의 만화영화나 패션의 영향으로 일본에 호의적인 젊은이도 많다. 2009년 4월 중국에서 개봉한 영화 〈난징! 난징! 南京! 南京!〉은 일본군의 난징 학살을 소재로 하고 있는데 침략을 반성하고 자살하는 일본군도 등장한다. 난징 사건을 다룬 영화는 과거에도 있었지만 '침략하는 악역 일본인'과 '저항하는 좋은 중국인'이란 단순 구도가 대부분이었다. 그러나 〈난징! 난징!〉에서는 '가도카와角川'라는 일본군이 영화 마지막 부분에서 침략에 대한 죄의식을 통감하며 포로를 풀어주고 자살한다. 피해자인 중국인의 시각뿐 아니라 가해자의 시각을 넣어 다각적으로 보여주고 있다.

희생자 30만 명 강조하는 난징대학살 기념관

그러나 이 영화는 '일본인을 미화했다'는 비판을 불러일으켰다. 저장 성 항저우 시에서는 관객들이 "멍청이"라고 외쳤고 산둥 성 중산中山 시에서도 일본인에게 증오를 느낀 한 관객이 스크린에 병을 던지는 일이 발생했다.

〈난징! 난징!〉은 포로 대학살과 여성에 대한 폭력 등 잔혹함을 기본 구성으로 한다. 과거 난징 학살을 주제로 한 영화들과 별로 다를 게 없다.

실제 중국 정부는 건국 60주년을 맞아 〈난징! 난징!〉을 '10대 영화' 중 하나로 선정하고 애국 교육 캠페인에 활용했다. 〈난징! 난징!〉을 둘러싼 반응을 보면 전략적 호혜관계를 추구하는 중일관계가 역사문제라는 시한폭탄을 여전히 안고 있음을 알 수 있다.

일본군의 난징 점령 70주년을 맞은 2007년 12월 13일, 장쑤 성 난징 시의 난징대학살기념관이 보수 작업을 마치고 다시 개장했다. 제2차 세계대전이 끝난 뒤의 중일관계를 소개하는 코너도 신설됐고 일본의 대對중 정부개발원조를 설명하는 코너도 마련되었다. 기념관 전시 중 난징 사건 희생자를 '30만 명'이라고 강조한 내용이 주목할 만했다. 검은 벽에 중국어, 일본어 등 12개국 언어로 '희생자 300000'이라고 새겼다. 6주간 30만 명을 살해했다면 12초마다 한 명의 생명이 사라졌다는 계산이 나온다. 그래서 입구에 있는 홀에서는 12초마다 종소리가 울렸다.

사진에 나왔던 한 일본군이 "사실이 아니다"라며 부인했던 '100명 목베기 경쟁' 사진도 여전히 전시돼 있다. 사진의 등장인물과 그림자 방향이 일치하지 않아 신빙성 논란이 일었던 사진을 내걸고 "일본군이 살인을 즐기고 있는 증거"라고 설명하고 있다. "일본군은 원 없이 사람을 죽였다"는 내용도 있다.

난징 사건은 일본군이 중국 국민정부의 수도였던 난징을 침략했을 때 중국군 포로와 시민 등을 살상한 사건이다. 일본 정부는 "비전투원 살해와 약탈의 구체적인 규모에 대해선 여러 주장이 있고 (사실을) 단정하기 힘들다"는 입장이다. 중국 각지의 역사박물관은 '30만 학살'이란 역사관이 관철돼 있다. 참고로 홍콩에 있는 '홍콩역사박물관'에도 '30만 명 학

살'이 명기돼 있다. '1국 2제도' 아래서도 홍콩은 중국 공산당의 역사관
을 따르고 있다.

중국이 역사를 인식하는 방식은 일본과 다르다. 주젠룽朱建榮 동양학
원대학東洋學園大學 교수는 "수천 년의 역사에서 중국의 동서남북에는
중국보다 우월한 고도의 문명이 존재하지 않았다. 따라서 중국은 자국
의 역사 속에서 미래에 대한 교훈과 힌트를 찾아야 했다"고 지적한다.
역사를 잊는다는 것은 자신의 선조와 문화, 정체성을 잊는 것을 의미한
다고 한다.[45] 시진핑 시대에도 역사의 재인식이 추진되겠지만 난징의
'30만 명 학살' 등을 수정하기는 어려울 전망이다.

공동 역사 연구 논쟁

★* 　역사문제가 불씨가 되는 구도는 중일 양국 지식인의 역사 공동
연구 작업에서도 나타났다. 2010년 1월 역사공동연구위원회는 최종 보
고서를 발표했지만 1937년 난징 사건 희생자 규모를 둘러싸고 큰 견해
차이를 보였다. 3년여 계속됐던 역사 공동 연구의 무대 뒤편에서는 주도
권을 놓고 양국의 치열한 경쟁이 벌어졌다.

양국 정부는 2006년 10월 아베 신조 총리의 전격적인 중국 방문, 그리
고 베이징에서 열렸던 정상회담에서 공동 연구에 착수하기로 합의했다.
공동 연구를 내켜하지 않던 아베 총리가 이를 받아들인 것은, 자신이라
면 중국의 페이스에 말려들어가지 않을 인물을 고를 수 있고 주도권을
장악할 수 있을 것이라고 판단했기 때문이다. 일본의 역사관을 중국에

알려주겠다는 계산이었다.

그러나 일본 총리가 아베에서 지중파知中派인 후쿠다 야스오福田康夫
로 바뀌면서 중국은 공세로 나왔다. 당초 중국과 일본 지식인의 논문을
모두 발표하는 '양론병기兩論倂記' 방식에 동의했음에도 2008년 7월 중
국은 양론병기를 거부했다. "논문을 모두 발표하지 않았으면 한다"고 나
왔던 것이다. 또 논문들을 몇 장의 요약문으로 줄이고 논문 발표는 제2기
연구팀에게 넘기자고 제안했다. 연구 작업은 암초에 부딪혔다.

2009년 여름 중국은 연구 내용 중 현대사에 해당하는 부분을 공표하
지 않는 선에서 합의하자는 타협안을 내놓았다. 일본은 양국의 상호 이
해가 심화됐으며, 상호 이해가 달성된 내용을 담을 '보고서'의 조기 작성
및 발표가 중요하다고 주장했다. 결국 2009년 9월 4일 최종 전체회의를
열기로 결정했다.

그러나 전체회의 3일 전인 9월 1일에 중국은 일방적으로 회의를 취소
한다고 통보했다. 외교부 공무원 차원이 아닌 중난하이의 정치권이 정치
적으로 연기 결정을 내린 것으로 판단됐다. 하루 전인 8월 30일 일본 중
의원 선거에서 민주당이 압승했고, 중국을 중시하는 하토야마 정권이 출
범할 것으로 예상됨에 따라 중국은 당분간 사태 추이를 지켜보기로 한
것이다. 중국의 강경노선에 밀리는 식으로 일본은 양보했다.

중국은 공동 연구의 성과로 일본이 난징 사건 등 일본군의 침략 행위
를 인정한 것에 역점을 두었다. 반면 난징 사건 희생자 수를 놓고 양국의
견해가 다르다는 사실은 언급하지 않았고, 보도되는 것도 막았다.

역사문제는 중국 공산당의 정통성과 관련되는 민감한 주제이며 역사

공동 연구의 난항은 중국 정치의 벽이 얼마나 높은지 보여준다. 공산당이 '정사正史'라고 인정한 역사관에 이론을 제기하는 것은 공산당의 정통성에 의문을 던지는 것과 같다. 중국에서 역사 평가는 '과거의 분석'이 아니라 통치체제로 직결되는 '현재의 과제'다. 중일관계는 역사문제의 저주에서 벗어나지 못하고 있다.

외교정책 결정의
프로세스

수뇌 공략이 관건

04 ::

중국이 외교정책을 결정하는 방식은 일본과 다른 점이 많다. 중국에서는 공산당 정치국 상무회의(후진타오 지도부에서는 9명)와 정치국 위원회(25명)가 모든 정책의 최고 결정기관이다. 그 아래 정책별로 '영도소조領導小組'라 불리는, 일본식으로 말하자면 '○○대책에 관한 정부 여당 수뇌 연락회의'가 있다. 외교정책에 대해서는 '중앙외사공작中央外事工作영도소조'라 불리는 간부회의가 있고, 조장은 후진타오 총서기, 부조장은 시진핑 국가부주석이 맡고 있다. 다른 멤버는 공표되지 않지만 〈표 16〉에서 정리한 진용일 것으로 파악되고 있다. 비서장(사무국장) 겸 판공

| 표 16 | 중앙외사공작 영도소조의 구성원

조장	후진타오 총서기(국가주석, 중앙군사위원회 주석)
부조장	시진핑 국가부주석(중앙서기처 서기)
기타 구성원	류윈산 공산당 선전부장
	량광례 국방부장(국무위원)
	멍젠주 공안부장(국무위원)
	다이빙궈 국무위원(외교담당)
	왕광야 국무원 홍콩마카오 판공실 주임
	양제츠 외교부장
	왕이 중앙대만공작판공실 주임
	왕자루이 대외연락부장
	왕천 대외선전판공실 주임
	겅후이창 국가안전부장
	천더밍 상무부장
	리하이펑 국무원 교무판공실 주임
	마샤오톈 인민해방군 부총참모장

실 주임은 다이빙궈 국무위원이 담당한다.

중국 각료와 국장의 격

★* 　　중국 외교부장(외무장관)의 위상은 어느 정도일까. 양제츠 외교부장은 공산당 상위 약 200명에 속하는 중앙위원이긴 하지만 25명의 정치국 위원에는 포함되지 않는다. 따라서 공산당 서열에서 26위 이하인 셈이다. 일본의 경우 2011년 1월 간 나오토 정권의 두 번째 개각에서 마에하라 세이지 외상은 '서열 4위'였다.

일본에서는 새 내각의 첫 각료회의에서 총리가 해외 출장 중이거나 유고 사태로 집무가 어려울 때를 대비해 임시 총리대리를 맡을 5명의 각료를 지명한다. 최근에는 관방장관이 선임을 맡았고 국회의원 당선 횟수와 경력을 고려해 순서를 결정한다. 간 나오토 1차 개각 때 임시 총리대리 순위는 1위가 관방장관, 2위 법무상, 3위 외상, 4위 농상, 5위 국가공안위원장이었다. 간 나오토 정권 발족 당시에는 외상이 임시대리 순위 2위로, 실질적인 3인자였다. 외상에는 의원 중 중진급 실력자가 임명되는 경우가 많아 일본 외상의 위상은 높다. 결론적으로 중일 양국의 외무장관은 격이 다르다.

중국 정부부처의 국장 직책도 일본에 비하면 격이 낮다. 중국 외교부에는 장관인 외교부장과 국장 사이에 부부장(차관), 조리(차관보)가 12명이나 있다. 또 중국 외교부에 '국局'은 약 30개에 달한다. 일본 외무성의 국(대신관방 포함)은 11개로 중국 외교부의 3분의 1이다. 일본에서는 국장이 총리에게 직접 정책을 설명하지만 중국에서는 중난하이의 최고지도부 앞에서 정책 설명을 할 수 있는 사람은 부부장이나 조리, 즉 차관과 차관보 이상이다. 국장의 위상이 현격한 차이가 나는 것이다. 일본에서 외무성 국장이나 과장은 상당한 발언권을 가지고 있다.

일본 외무성 간부는 "중국의 국장은 실질적으로 일본 국장보다 격이 낮다"고 지적한다. 이는 양국의 현안을 외무장관이나 국장급 협의를 통해 해결하는 데는 한계가 있음을 의미한다.

양국 관료의 차이에 대해 알아보자.

첫째, 일본의 '정치인'에 해당하는 중국 공산당 최고지도부의 '정政'에는 당과 정부의 관료 중에서 선발된 '관官'이 그대로 올라간다. 관 이외에는 인재 공급원이 없기 때문이다. 이 경우 실무 능력이 뛰어난 인물로 지도부가 구성되며 또 그들이 승진한다는 장점이 있다. 반면 관에 대한 정치의 견제 기능은 작동하지 않으며, 부패와 유착의 여지가 생겨난다.

둘째, 정치적 중립 여부다. 일본의 경우 관료는 당파성이 없고 특정 정당이나 의원의 편을 들지 않는 것이 원칙이다. 국회의원 및 정치적 결단으로 발탁되는 민간 관료와 처음부터 관료로서 사회생활을 시작하는 공무원들이 주류인 관료기구 사이에는 커다란 차단막이 있다. 반면 중국은 최고지도부 구성원인 공산당 정치국 상무위원이 거대한 관료 조직 속에서 선발된다. 따라서 관료 조직 전체가 다양한 정치적 파벌에 편입되기 쉽다. 중국 최고지도자들은 자신의 부하가 다른 지도자와 인간적으로 가깝게 지내는 건 아닌지 의심하는 경우도 있다. 중립성을 유지하는 우수한 관료기구를 활용할 수 있다는 것은 일본 정치인의 강점이기도 하다.

중국 국내 여론도 관리해야

★* 급속한 경제 발전에 따라 중국의 외교정책 결정에는 다양한 이해관계가 개입하며 결정 과정은 갈수록 복잡해지고 있다. 왕이저우 베이징대학 국제관계학원 부원장에 따르면 과거에는 외교부 등 3~5개 기관이 외교정책에 영향을 미쳤지만 현재는 그 수가 30~50개에 달한다고 한다.

장리리張歷歷 외교학원外交學院 교수의 설명에 따르면 중국의 외교정
책 결정 메커니즘에 관련된 부국部局은 〈표 17〉처럼 공산당·정부·군부
등 약 20개 기관에 달한다.[46] 관청의 영역 다툼은 일본보다 심하며 그만
큼 현안 해결을 어렵게 만든다.

중국 기업은 해외투자를 늘리고 있고 자원 수입 및 해외 광산 개발도
활발하다. 기업에 대한 감독관청인 국가발전개혁위원회, 상무부 등은 이
권 확보라는 관점에서 외교정책에 자신들의 입장을 반영하려 하고 실제
발언권을 강화하고 있다. 바다에서의 활동 범위가 확대되면서 군부의 영
향력도 커지고 있다.

| 표 17 | **중국의 외교정책 결정 메커니즘에 관여하는 부국**

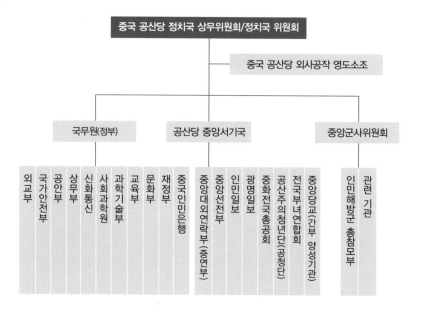

왕이저우 부원장은 "31개의 성·자치구·직할시, 지방 등에 있는 대외 교류 기관은 '준중앙기관'이다. 이들은 새로 등장한 압력 집단으로, 중국 외교에 강력한 영향을 미치고 있다"고 본다.[47]

외교정책 결정 과정에서 인터넷 여론의 영향력도 커지고 있다. 후진타오 총서기는 2007년 6월 20일 공산당 기관지를 발행하는 인민일보사를 방문하여 〈인민일보〉 인터넷판의 게시판 '강국논단強國論壇'을 통해 처음으로 네티즌과 대화했다. 후진타오는 "네티즌의 관심 사항과 생각을 알고 싶다. 인터넷 의견에 큰 관심을 갖고 있다"며 인터넷 여론을 중시하겠다는 뜻을 비쳤다. 강국논단은 반일 내용의 댓글이 많은 인기 사이트다. 후진타오 주석은 강국논단을 곧잘 본다고 밝혔고 "인민의 의견을 폭넓게 들어야 한다. 인터넷에서 국민의 감정을 파악하는 것은 중요한 (의견 수렴) 방법"이라고 강조했다.

중국 외교부 간부에 따르면 중국 정부가 민의를 파악하는 방법은 ①보도 ②인터넷 ③학자의 보고 등의 크게 세 가지가 있다. 학자의 보고는 대학교수나 싱크탱크 연구원이 리포트를 제출하는 방식이다. 객관적인 내용도 있지만 외교정책과 관련해선 강경한 논조가 많다고 한다. 선거를 통해 민의를 파악할 수 없기 때문에 중국 지도자는 이렇게 모아진 강경한 의견이나 인터넷 여론을 참고할 수밖에 없다.

2008년 5월 쓰촨 성 대지진 때 일본 정부는 자위대 항공기로 지원 물자를 수송하는 방안을 검토했다. 그러나 중국 네티즌들이 격렬하게 반발하자 철회했다. 물론 네티즌 중에는 자위대의 물자 수송을 허락해야 한다는 의견도 있었다. 중국 정부가 강경론으로 흐르기 쉬운 인터넷 댓글에 과민 반응했다는 견해가 있다.

양제츠 외교부장은 2011년 2월 공산당 이론지 〈구시〉에 중국의 이미지 개선을 위한 홍보 문화 전략인 '공공외교'를 강화해야 한다는 글을 실었다. 국제사회에는 '중국 강경론' 등의 편견이 존재한다며 정보 발신과 여론 유도를 강화하는 방안을 제시한 것이다. 논문은 중국 국내 여론의 관리에도 역점을 두고 있어 눈길을 끈다. 양제츠는 "국내문제의 국제화와 국제문제의 국내화 경향이 현저하다"는 인식을 나타냈다. 그리고 "외국인들에게 중국을 정확히 알림과 동시에, 중국 민중은 국제 정세와 중국 외교를 보다 잘 이해하도록 노력해야 한다"고 강조했다.

극단적인 강경론으로 흐르는 것을 막으려면 중국과 일본 모두 중국의 국내 여론에 대한 완벽한 대책을 수립해야 한다.

수뇌의 정치 판단이 핵심

★ 　 중국 외교부 관료들을 공략해도 현안 해결에는 한계가 있다. 결국 관건은 최고지도부를 설득해 정치적 판단을 끌어낼 수 있느냐 하는 것이다.

"밤 10시 30분까지 외교부로 와주십시오."

2010년 3월 26일 오후 8시 무렵, 베이징 일본 대사관의 와다 미쓰히로 공사(정치 담당)의 휴대전화로 중국 외교부가 연락해왔다. "용건이 무엇이냐"고 물었지만 일체 설명이 없었다. 시간에 맞춰 도착한 공사에게 중국 외교부 아시아 국장이 밝힌 내용은 "중국제 냉동만두 중독 사건 용의

자를 구속했다"는 것이다(일본인들이 중국에서 수입한 냉동만두를 먹고 중독을 일으키는 사건이 발생하자 일본은 만두 수입을 전면 중단했다. 당시 만두에 독극물이 들어간 장소가 일본이냐 중국이냐를 놓고 양국 사이에 치열한 논쟁이 오갔다-옮긴이).

일본 정부로선 아닌 밤중에 홍두깨였다. 하지만 여러 중국 당국자에 따르면 중국은 사건 발생 직후부터 주도면밀하게 움직이고 있었다. 진두지휘한 것은 원자바오 총리였다. 그는 그해 2월 공안부에 철저한 수사를 지시했다. 5월로 예정된 일본 방문을 앞두고 '만두문제'를 해결해야 했기 때문이다.

중국에서 수뇌의 비중은 절대적이다. 사실상 일당 지배여서 일본과 달리 정치인과 관료의 구분이 없다. 일본 정부는 만두 사건을 해결하려면 '중국 수뇌'를 대상으로 공작을 펼쳐야 한다고 판단했다. 그리고 용의자 체포는 중국 수뇌에 대한 하토야마 유키오 총리와 오카다 가쓰야 외상의 끈질긴 공작의 결실이었다.

용의자가 체포된 지 두 달 뒤인 5월에 원자바오 총리는 일본을 방문했고 동중국해 가스전 개발에 대한 조약 체결 교섭을 시작하기로 하토야마 총리와 합의했다. 당시 합의는 원자바오 총리의 결단 덕분에 가능했다. 교섭 시작을 일본 측에 알려준 시점은 총리회담 당일이었다. 원자바오는 가스전 개발에 대한 중국의 소극적 자세가 "일본의 국민감정에 악영향을 미치고 있다"고 우려했다.

대일정책에서 정치적 결단을 내릴 수 있는 것은 후진타오 국가주석과 원자바오 총리 2명뿐이다.

집요함은 역효과를 낳을 수도

★*   집요하게 요구하면 반발을 불러일으키기도 한다. 2010년 9월 센카쿠 열도 사건이 발생하자 중국 세관은 일본으로 수출되는 희토류에 대한 통관 검사를 강화했다. 중국인 선장을 체포한 데 대한 대항 조치로 판단되었다. 하지만 희토류가 표적이 된 데는 또 다른 배경이 있었다.

"희토류 같은 사소한 얘기는 각료급에서 해달라."

8월 28일 베이징, 중국과 일본의 경제 각료들이 참석한 '중일 하이레벨 경제 대화'에서 나온 중국 측 발언이다. 일본 측 의장인 오카다 가쓰야 외상이 중국 정부에게 희토류 수출 규제를 풀어달라고 요구하자 중국 측 의장인 왕치산 부총리가 차갑게 일축한 것이었다.

중국에서는 각료를 '부장'이라고 표현한다. 부총리보다 격이 아래다. 왕치산 부총리의 발언은 오카다 외상(외무장관)을 하나 아래로 보는 발언으로 받아들여졌다. 회의장에 긴장감이 흘렀고 이 발언은 공표되지 않았다.

중국은 전 세계 희토류 수출의 90퍼센트 이상을 차지하며 중국의 수출 규제로 희토류 가격이 급등했다. 일본 정부는 희토류 수출 규제 완화를 중점 토의 과제로 삼으려 했고, 중국 측에 수출 규제 완화를 강력히 촉구했음을 일본 국내에 알리고 싶었다.

왕치산 부총리의 발언에 대해 중국 경제부처 당국자는 "일본 정부의 외교 교섭 방식에 불만이 쌓여 있었다. 희토류 건은 왕 부총리에게는 개별 사안에 대한 민원청구 정도로 비친다"고 설명했다.

결국 하이레벨 경제 대화 발표문에는 양국 쌍방에 이익이 되는 경제 협력 협의가 강조됐고, 희토류에 대해서는 단 한마디도 나오지 않았다. 사소한 것을 집요하게 요구하는 일본의 태도에 반응하지 않았을 뿐이지만, 결과적으로는 희토류에 대한 통관검사 강화가 센카쿠 충돌 사건에 대한 중국의 조치라는 다소 왜곡된 분석을 낳았다는 것이다.

중국 경제정책의 결정 과정에서 왕 부총리의 존재감은 크다. 그렇기 때문에 더욱 오카다 외상은 하이레벨 경제 대화 때 "5분만이라도 개별 회담을 하자"고 요청했지만 왕치산 부총리는 거부했다. 그해 5월에도 오카다 외상이 왕치산과 회담하기 위해 중국 방문을 타진했지만 중국은 단번에 거절했다. 끊임없이 중국산 냉동만두 중독 사건을 문제 삼는 오카다 외상에 대한 반감 때문이었다고 한다.

중국은 체면을 중시하는 나라다. 상대가 집요하게 요구하면 체면을 잃는다고 생각한다. 일본 총리를 역임한 한 인사는 "대중정책은 중국 내정을 배려하면서 추진해야 한다. 무대 위에선 중국의 체면을 살려주면서 무대 뒤에서 원하는 것을 요구하며 다른 안건과 거래하는 외교전술이 필요하다. 그런데 민주당 정권은 그런 노하우가 없다"고 말했다.

중국 최고지도자들의 활발한 외교활동

★★ 중국의 수뇌급 외교는 일본과 비교할 때 세 가지 점에서 차이가 난다. 첫째, 일본과 달리 국회 일정에 따른 제약이 없기 때문에 방문 시기를 자유롭게 결정하며 방문 기간에도 여유가 있다.

2010년 후진타오 국가주석이 방문한 나라는 10개국이며, 원자바오 총리는 14개국에 달한다. G20 및 BRICs 등 정례 정상회담을 위한 외국 방문은 기본이다. 후진타오 국가주석은 여기에 카자흐스탄, 프랑스, 포르투갈을, 원자바오 총리는 일본, 몽골, 미얀마, 그리스, 이탈리아, 터키, 인도, 파키스탄을 방문했다. 이 때문에 일본의 하토야마 유키오 총리와 간 나오토 총리의 2010년 외국 방문은 G20과 아세안 관련 정상회담, 핵안전 서미트 등 일곱 차례의 국제회의뿐이다. 방문국은 5개국이다. 중국의 경우 이들 국제회의에 후진타오 주석이나 원자바오 총리 중 한 명이 반드시 참석하고 있다.

일본 총리나 각료가 외국을 방문할 때는 국회의 의원운영위원회議院運營委員會 이사회 승인이 필요하다. 국회법 등에 명문 규정이 있는 것은 아니지만, 총리나 각료가 "답변 또는 설명을 위해 국회 출석을 요구받았을 때는 출석해야 한다"는 헌법 63조 규정에 따른 관례라고 한다. 이 때문에 일본 총리나 외상의 외국 방문은 당일로 오갈 수 있는 한국이나 중국을 제외하면 국회가 휴회 중인 연말연시, 4월 말부터 시작되는 연휴, 임시국회가 시작되기 전인 7~9월로 한정된다.

간 나오토 총리의 경우 정국 불안으로 내정에 몰두할 수밖에 없어 사정은 더 심각했다. 국제회의를 제외한 외국 방문 횟수를 보면 고이즈미 준이치로 총리는 연간 1~5회였고 아베 신조, 후쿠다 야스오, 아소 타로 총리는 5회, 하토야마 유키오는 1회였다. 내정의 안정도와 외교에 대한 열의가 외국 방문 횟수에 반영된다.

둘째, 중국에서 '수뇌급' 인사는 국가원수인 후진타오 주석과 원자바오 총리 등 2명이다. 2010년 두 사람이 방문한 외국은 중복된 것을 빼도

20개국에 달했다. 일본 총리의 4배다.

셋째, 수뇌부의 외국 방문에 전략성이 있느냐 하는 차이가 있다. 최고 지도부인 공산당 정치국 상무위원의 외국 방문은 공산당 중앙외사공작 영도소조가 연초에 기본 계획을 결정한다. 중복을 피하기 위해 수년 단위로 방문국 명단을 만들고 과제별로 9명에게 할당한다.

일본 각료는 정부 부처가 멋대로 정한다. 외국 방문 전체를 총괄하는 조정 시스템이 없기 때문에 방문국이 구미나 중국, 한국에 집중된다. 개발도상국 방문은 빈도가 낮다. 중국은 지도자가 국회의장 등 담당 직책 외에 '공산당 정치국 상무위원' 신분으로 방문한다. 그래서 외국 요인과 협의할 의제와 시찰지의 폭이 넓다. 외교부나 중앙대외연락부, 상무부, 문화부 등의 간부도 동행한다. 2010년 중국 공산당 정치국 상무위원 9명이 방문한 국가는 중복된 것을 제외해도 50개국에 달한다. 그중에는 이란, 벨로루시, 캄보디아, 라오스 등 친중국 성향의 국가도 많다. 수뇌부의 외교 방문은 총력전 양상을 띠고 있다.

낮아지는 일본의 전략적 가치

★★   일본 입장에서 대중외교의 핵심은 무엇일까. 최대 과제는 국력을 강화하고 정권의 안정을 유지하는 것이다.

중국 공산당 서열 4위인 자칭린 전국인민정치협상회의 주석은 2007년 9월, 정협 주석으로는 8년 만에 일본을 방문했다. 대일관계 개선을 위한 방문이었는데 9월 12일 방문 당일, 아베 신조 총리는 사의를 표명했다. 비행기에서 사임 소식을 들은 자칭린은 도착하자마자 중국대사관 및 중국 외교부의 정보수집 능력을 질타했다고 한다. 해프닝 이후 중국은 일본 총리가 사임하는 'X데이'를 알아내는 데 필사적이다. 일본에서 총리 사임은 해마다 일어나는 연례행사다. 총리나 외상의 외교 방침도 1년마다 바뀐다. 중국 외교부 간부는 "일본에선 총리가 자주 바뀌기 때문에 협상에서 회심의 카드를 꺼내기 힘들다"고 말한다.

2011년 3월에 발생한 대지진은 외교에도 영향을 미쳤다. 일본의 경제력과 정치력에 어떤 영향을 미칠지 중국 공산당과 정부는 유심히 지켜보고 있다. 지지율이 낮았던 역대 정권이 외교에서 성과를 올린 적은 없다. 내각 지지율이 30퍼센트대로 떨어지면 외교력도 떨어진다. 중국을 포함한 외교정책을 생각할 때 정치 안정은 중요하다.

중국은 거대한 코끼리다

2007년 3월부터 약 4년에 걸친 중국 특파원 생활 중 가장 긴장했던 순간은 2007년 10월의 제17차 공산당 대회였다.

공산당 대회가 개막하기 약 일주일 전 〈일본경제신문日本經濟新聞〉 1면에 '중국 공산당 최고지도부, 포스트 후진타오 세대 기용'이란 기사가 실렸다. 정치국 위원도 아닌, 중앙위원에 불과했던 시진핑과 리커창이 '2계급 특진' 해 후진타오 국가주석과 원자바오 총리의 후계자로 유력시된다는 분석 기사였다.

그 기사를 본 일본 외무성 굴지의 '중국 워처watcher'인 한 간부는 주위 사람들에게 "그럴 리 없다"고 말했다고 한다. 시진핑과 리커창을 동시에 '2계급 특진'시키는 것은 불가능하다는 견해가 많았던 것이다. 또 포스트 후진타오 자리를 놓고 경쟁관계에 있는 차세대 지도자 2명을 한 꺼번에 최고지도부에 입성시킬 경우 파벌 싸움이 격렬해지기 때문에 '특진'은 1명으로 국한될 것이란 관측이 지배적이었다.

이 외무성 간부는 당시 중국을 직접 담당하고 있지는 않았지만 오랜 기간 베이징 대사관에 근무한 적이 있다. 중국의 대일 관계자들도 "유능하고 만만치 않은 인물"이라고 평가하는 중국통이었다. 그의 발언은 오랜 기간 중국을 분석해온 중국 워처라도 중난하이의 움직임을 읽는 것이 얼마나 어려운지 상징적으로 보여준다.

중국의 일본 대사관에서 근무했던 한 외교관은 "중국은 6개월 단위로 크게 변한다. 6개월 정도라도 중국 관측을 소홀히 하면 정확한 분석이 불가능하다"고 털어놓았다.

중국의 변화는 빠르고 변화의 방향성도 복잡하다. 중국인 관계자를 통해 정보를 수집하는 '인적 정보(휴민트HUMINT)'의 세계에서는 의도적으로 그릇된 정보를 흘리는 사람이 있기 때문에 흐름을 오관하는 경우도 많다.

중국은 거대한 코끼리다. 코에 상처를 입어도 다리를 다쳐도 거대한 몸의 일부가 아플 뿐 전체적으론 건강할 수 있다. 작은 나라에서는 정권 붕괴로 이어질 대형 사건일지라도 중국에서는 그런 상황까지는 가지 않는다. 티베트 소요나 반일시위를 통해 일본에 전해지는 모습은 중국의 한줌 단편에 지나지 않는다.

중국문제를 분석할 때 특정된 분야만을 보는 '부분 균형 분석'에서는 옳을지 몰라도 전체를 종합적으로 판단하는 '일반 균형 분석'으로는 최적이 아닌 경우가 있다. 중국 연구는 부분 균형의 함정에 빠지기 쉽다. 이

책에서 제시한 '시진핑 시대의 중국'의 모습도 나의 관점에서 본 부분
균형에 불과한 것이 아닌지 자문자답하고 있다. 이 책을 손에 쥔 독자들
에게 깊이 감사드리며 질책을 기다린다.

사토 마사루

주

1 미야모토 유지宮本雄二,《앞으로 어떻게 중국과 더불어 살아갈 것인가これから中國とどう付き合うか》, 일본경제신문출판사, 2011년, 40쪽.

2 미야모토 유지, 일본국제문제연구소 2010년 8월 25일 강연.

3 간 나오토菅直人,《대신大臣》증보판, 이와나미 신서, 2009년, 132~133쪽.

4 다나카 오사무田中修,《검증 현대중국의 경제정책 결정檢證 現代中國の經濟政策決定》, 일본경제신문출판사, 2007년, 460쪽.

5 시바타 사토시柴田聰,《차이나 임팩트チャイナ・インパクト》, 중앙공론사, 2010년, 77, 79쪽.

6 세리카와 요이치芹川洋一,《정치를 보는 눈 24 경험칙政治を見る眼24の經驗則》, 일본경제신문출판사, 2008, 185~190쪽.

7 일본국제문제연구소,〈국제문제國際問題〉No. 598, 2011년 1~2월호.

8 내각부,〈세계경제 조류 1 世界經濟の潮流〉, 2010년 상반기.

9 히로세 노리키廣瀨哲樹,《2025년의 세계 경제와 중국 경제2025年の世界經濟と中國經濟》, 내각부 경제사회총합연구소, 2009년.

10 왕샤오루王小魯・판강樊綱・류펑劉鵬,《중국 경제의 성장 패턴 전환과 성장의 지속 가능성中國經濟の成長パターンの轉換と成長の持續可能性》, 2009년.

11 관즈슝關志雄·주젠룽朱建榮, 일본경제연구센터, 칭화대학 국정연구센터, 《중국은 선진국인가中國は先進國か》, 게이소서방, 2008년, 7쪽.

12 〈인민일보人民日報〉, 2010년 12월 27일.

13 허칭리엔何清漣, 《중국의 어둠中國の闇》, 후쇼샤, 2007년, 138~140쪽.

14 다나카 오사무田中修, 《검증 현대 중국의 경제정책 결정檢証現代中國の經濟政策決定》, 일본경제신문출판사, 2007년, 138~140쪽.

15 샤페이夏飛, 양윤楊韻, 바이샤오윈白曉雲, 《태자당공청단 시진핑PK 리커창太子黨和共青團: 習近平PK李克强》, 명경출판사, 2007년, 92쪽.

16 우밍吳鳴, 《시진핑전習近平傳》, 홍콩문화예술출판사, 2008년, 69~70쪽.

17 우밍, 《시진핑전習近平傳》, 홍콩문화예술출판사, 2008년, 89쪽.

18 앤드루 네이선Andrew J. Nathan, 《중국 권력자들의 신상조서CHINA'S NEW RULES》, 한큐커뮤니케이션스, 2004년, 144쪽.

19 가와시야 이즈루茅澤勤, 《시진핑의 정체習近平の正体》, 쇼가쿠칸, 2010년, 17쪽.

20 우밍, 《리커창전李克强傳》, 홍콩문화예술출판사, 2008년, 47~48쪽.

21 양중메이楊中美, 다카하시 히로시高橋博, 《중국지도자 상관도中福國指導者相關圖》, 소소샤, 2008년, 427쪽.

22 런화이任華一, 《제6대第六代》, 명경출판사, 2010년, 240쪽.

23 자위민賈玉民, 《제5대第五代》, 명경출판사, 2010년, 54쪽.

24 우쥔화吳軍華, 《중국 조용한 혁명中國靜かなる革命》, 일본경제신문출판사, 2008년, 138~142쪽.

25 〈염황춘추炎黃春秋〉, 2009년 제1기, 5쪽.

26 쩡용녠, 《중국 모델, 경험과 어려움中國模式 經驗与困難》, 저장인민출판사, 2010년, 90쪽.

27 로버트 케이건Robert Kagen, 《민주국가 vs 전제국가The Return of History and the End of Drama》, 도쿠마서점, 2009년, 108쪽.

28 중국현대국제관계연구원, 〈현대국제관계現代國際關係〉, 2010년 특별호, 3쪽.

29 중국국제문제연구소, 〈국제문제연구國際問題研究〉, 2011년 제1기, 2쪽.

30 중국국제문제연구소, 〈국제문제연구〉, 2011년 제2기, 4~6쪽.

31 아키다 히로유키秋田浩之, 《암류暗流》, 일본경제신문출판사, 2008년, 202~203쪽.

32 리처드 아미티지Richard Armitage, 조셉 나이Joseph S. Nye Jr., 스노하라 쓰요시春原剛, 《미

일동맹 vs 중국·북한美日同盟 vs 中國北朝鮮》, 문춘신서, 2010년, 106쪽.

33 가야하라 이쿠오茅原郁生 편, 《중국군사용어사전中國軍事用語辭典》, 소소샤, 2006년, 85, 218쪽.

34 가와시마 신川島眞 편, 《중국의 외교中國の外交》, 야마카와출판사, 2007년, 117~118쪽.

35 우밍, 《시진핑전習近平傳》, 홍콩문화예술출판사, 2008년, 195쪽.

36 가야하라 이쿠오茅原育生, 《중국의 군사력 2020년의 장래 예측中國の軍事2020年の將來力豫測》, 소소샤, 2008년, 205~206쪽.

37 중국현대국제관계연구원, 〈현대국제관계〉, 2010년 특별호, 30쪽.

38 오니시 야스오大西康雄 편, 《중국 조화사회로의 모색中國調和社會への模索》, 아시아경제연구소, 2008년, 72쪽.

39 펑커푸平可夫, 《호가과인적중국 외교弧家寡人的中國外交》, 한화출판사, 2010년, 51~53쪽.

40 다케다 준이치竹田純一, 《인민해방군人民解放軍》, 비즈니스사, 2008년, 354쪽.

41 방위청防衛廳, 〈2010년판 일본의 방위2010年版日本の防衛〉, 54쪽.

42 〈학습시보學習時報〉, 2011년 1월 3일.

43 스기모토 노부유키杉本信行, 《대지의 포효, 전 상하이 총영사가 본 중국大地の咆哮 元上海總領事が見た中國》, PHP연구소, 2006년, 56~64쪽.

44 같은 책.

45 주젠룽朱建榮, 《후진타오 대일 전략의 본심胡錦濤 対日戰略本音》, 가도카와학예출판, 2005년, 107쪽.

46 중국사회과학원, 〈세계경제여정치世界經濟与政治〉, 2009년 제9기, 26쪽.

47 왕이저우王逸舟, 《중국 외교의 신사고中國外交の新思考》, 도쿄대학출판회, 2007년, 144쪽.

찾아보기

용어

지은이_ 사토 마사루佐藤賢

니혼게이자이신문(日本經濟新聞, 일본경제신문) 정치부 기자. 도호쿠대학교 경제학부를 졸업하고 베이징대학교에서 유학했다. 니혼게이자이신문에 입사해 정치부 기자로 활동하고 있다. 2007년부터 2011년까지 4년 동안 니혼게이자이신문 베이징 특파원으로 근무했다. 2011년 4월 일본으로 돌아가, 현재 민주당 담당으로 활약하고 있다.

옮긴이_ 이혁재

조선일보 사회부 강원취재본부장. 서강대학교에서 정치외교학을 전공했다. 조선일보에 입사해 사회부, 국제부 등을 거쳐 도쿄 특파원으로 4년간 근무했다. 특파원 시절 일본 현지 저자들과 《모바일 경제》《오프 더 레코드》 등의 저서를 공동 집필했다. 옮긴 책으로 《경영자가 된다는 것》《바보의 벽을 넘어서》《명탐정의 규칙》 외 다수가 있다.

시진핑 시대의 중국

1판 1쇄 발행 2012년 2월 17일
1판 3쇄 발행 2012년 2월 27일

지은이 사토 마사루
옮긴이 이혁재
해　제 권성용
펴낸이 고영수
펴낸곳 청림출판
등록 제406-2006-00060호
주소 135-816 서울시 강남구 도산대로 남25길 11번지(논현동 63번지)
　　　413-756 경기도 파주시 교하읍 문발리 파주출판도시 518-6 청림아트스페이스
전화 02)546-4341 **팩스** 02)546-8053

www.chungrim.com
cr1@chungrim.com

ISBN 978-89-352-0909-5 93340